U0561382

清单

Lists of Note

124张小纸条

关于爱与奇想的

Shaun Usher

[英] 肖恩·厄舍 著

海明 译

GUANGXI NORMAL UNIVERSITY PRESS
广西师范大学出版社
·桂林·

清单：关于爱与奇想的 124 张小纸条
QINGDAN: GUANYU AI YU QIXIANG DE 124 ZHANG XIAO ZHITIAO

出 品 人：赵运仕
责任编辑：徐 婷
　　　　　刘 涓
装帧设计：储 平
责任技编：伍智辉

图书在版编目（CIP）数据

清单：关于爱与奇想的 124 张小纸条 / （英）肖恩 • 厄舍（Shaun Usher）著 ； 海明译. —桂林：广西师范大学出版社，2018.11（2024.8 重印）
书名原文：Lists of Note
ISBN 978-7-5598-0857-8

Ⅰ. ①清… Ⅱ. ①肖…②海… Ⅲ. ①原始记录一汇编 Ⅳ. ①C811

中国版本图书馆 CIP 数据核字（2018）第 099250 号

广西师范大学出版社出版发行
（广西桂林市五里店路 9 号　邮政编码：541004
网址：http://www.bbtpress.com）
出版人：黄轩庄
全国新华书店经销
广西广大印务有限责任公司印刷
（桂林市临桂区秧塘工业园西城大道北侧广西师范大学出版社集团有限公司创意产业园内　邮政编码：541199）
开本：787 mm × 1 092 mm　1/16
印张：25　　　　字数：250 千字
2018 年 11 月第 1 版　　　2024 年 8 月第 12 次印刷
定价：138.00 元

此书献给我最亲爱的人：

1. 卡琳娜
2. 比利
3. 丹尼

序言

自从我们的祖先开始在地球上行走，他们便开始制作各种清单，在短暂的一生中把有限的生活物品分门别类，将待办的生活琐事区分先后。不敢想象，如果没有这些清单，我们的生活将会变成什么样子。如果没有这些购物清单、待办事项、法律条文、字典、预测列表、决议清单、地址列表、内容列表、建议清单等，世界将变得一团糟，生活将失去明确的目标，集体的秩序也会消失。

为了进一步阐明制作清单的好处，下面我将列举一些原因：

1. 我们的生活总是乱糟糟的，有时令人难以忍受。把这些乱七八糟的事情列成清单，不仅会让生活变得更有条理，一些突发事件也可以妥善处理，大大减轻我们的压力。

2. 人们会对未知的事物感到恐惧，正因如此，我们更应该将它们整理分组，然后归类到适合的清单中。

3. 列清单可以使我们的工作更加高效，这同时也是治疗拖延症的好方法。如果你想让工作变得轻松些，除了辞职信，我相信世界上只有条理清晰的任务清单可以做到。

4. 每个人都是评论家。将事情从好到坏，由大到小，由快到慢地进行排列，这样的行为有时甚至会令人上瘾，因为这样做会让我们觉得自己很有学问。

5. 时间就是金钱，将生活中纷繁复杂的信息变成可以轻松消化的清单，这样剩下的时间就可以让我们用来享受生活，或者，制作另一个清单！

5 年之前，我才真正意识到清单在人类历史中充当了怎样的角色。当时我正在写我的第一本书《见信如晤》（*Letters of Note*），书中收集了一些有趣的信件，这些信件来自各个年龄段的不同类型的人。为了收集资料，我游遍世界各地，拜访了数不清的档案室、图书馆和博物馆。在令人难忘的旅途中，还有些意想不到的收获，那就是大量的清单。它们长度不一，有的是手写的，有的则是打印出来的，这些清单同样出自那些信件的主人之手，其中许多清单都莫名深深地吸引着我。

现在您手上的这本书，收集了 124 份迄今为止我发现的最有趣的清单，它们相隔的时间跨度长达千年，最古老的一份是一位古埃及工人的请假条，最新的一份则创作于数年前。

下面是几个简单的例子：

· 一份关于谋杀嫌疑犯的名单，是在约翰 · 肯尼迪被谋杀的几个小时之后，由他的秘书在匆忙之中写下的；

· 一份法国作家乔治 · 佩雷克的《试着列出在 1974 年中被我吃掉的食物的清单》；

· 一份伽利略的购物单，清单中提到了伽利略发明他开创性的望远镜时需要的各种零部件；

· 一份写于公元前 1220 年前后的关于梦的解析；

· 一份著名台词："Frankly, my dear, I don't give a damn."（坦白说，亲爱的，我不在乎。）的替换台词备份，这份清单是在好莱坞审查员认为"damn"的表达具有攻击性之后匆忙写成的。

还有更多各式各样的清单，不胜枚举。

在书中的清单里，能够找到让你终身受益的建议。有的清单描述了某段尚未被发掘的历史，有的就只为了图个乐子。无论如何，本书介绍的每一份清单都值得你细细品味。

目录

清单 No.001 **给琼的吻** 1
约翰尼·卡什

清单 No.002 **切肉技艺的专业术语** 3
温金·德·沃德

清单 No.003 **佩雷克的食物** 6
乔治·佩雷克

清单 No.004 **谁杀了肯尼迪?** 12
伊芙琳·林肯

清单 No.005 **军械库艺术展** 14
巴勃罗·毕加索

清单 No.006 **反调情俱乐部** 16
爱丽丝·雷利

清单 No.007 **波义耳的心愿清单** 18
罗伯特·波义耳

清单 No.008 **敦煌购物之路** 21
RATNAVR.KS.A 和 PRAKETU

清单 No.009 **酒徒词典** 23
本杰明·富兰克林

清单 No.010 **禁止的词汇** 34
埃德蒙·威尔逊

清单 No.011 **死亡清单** 37
E. 柯特斯

清单 No.012 **华盛顿的奴隶清单** 39
乔治·华盛顿

清单 No.013 **牛仔准则** 42
吉恩·奥特里

清单 No.014 **给女摇滚乐手的忠告** 44
克里希·海德

清单 No.015 **罗热的词库** 46
彼得·罗热

清单 No.016 **海因莱因的预言** 48
罗伯特·海因莱因

清单 No.017 **梦之书** 51
作者未知

清单 No.018 **尼克·凯夫的手写字典** 54
尼克·凯夫

清单 No.019 **小矮人** 56
迪士尼

清单 No.020 **战时高尔夫规则** 58
里士满高尔夫俱乐部

清单 No.021 **父母的守则** 60
苏珊·桑塔格

清单 No.022 **坦白说，亲爱的……** 62
塞尔兹尼克国际影片公司

清单 No.023 **咖啡馆** 64
唐·萨尔特罗

清单 No.024 **童谣暴力** 71
杰弗里 · 汉德利 · 泰勒

清单 No.025 **黑手党十诫** 74
黑手党

清单 No.026 **“七个小矮人帮助一个女孩”** 76
埃德 · 冈伯特

清单 No.027 **为那些不会说俚语的人** 78
哈里 · 吉布森

清单 No.028 **爱因斯坦的条件** 81
阿尔伯特 · 爱因斯坦

清单 No.029 **掌握法式烹饪的艺术** 83
茱莉亚 · 蔡尔德

清单 No.030 **失踪的士兵** 86
克拉拉 · 巴顿

清单 No.031 **塞勒姆女巫** 88
作者未知

清单 No.032 **我喜欢的，我不喜欢的** 91
罗兰 · 巴特

清单 No.033 **工人请假单** 93
作者未知

清单 No.034 **乘坐公交车的建议** 98
马丁 · 路德 · 金

清单 No.035 **骗子十诫** 101
维克多 · 拉斯体格

清单 No.036 **好心眼儿巨人** 103
罗尔德 · 达尔

清单 No.037 **研究的课题** 106
列奥纳多 · 达 · 芬奇

清单 No.038 伊丽莎白女王的新年礼物 109
伊丽莎白一世

清单 No.039 父亲的异议 129
查尔斯 · 达尔文

清单 No.040 新年计划 131
伍迪 · 格思里

清单 No.041 下定决心 134
玛丽莲 · 梦露

清单 No.042 朋友守则 136
诺埃尔 · 科沃德

清单 No.043 食物清单 138
马克 · 吐温

清单 No.044 牛顿的忏悔 142
艾萨克 · 牛顿

清单 No.045 枕草子 145
清少纳言

清单 No.046 意味深长的沉默 148
沃尔特 · 惠特曼

清单 No.047 给年轻淑女的建议 153
淑女杂志

清单 No.048 十本最喜欢的美国小说 155
诺曼 · 梅勒

清单 No.049 小姐名单 157
作者未知

清单 No.050 红鼻子驯鹿鲁道夫 162
罗伯特 · 梅

清单 No.051 达 · 芬奇的待办事项列表 164
列奥纳多 · 达 · 芬奇

清单 No.052 **改变了的生活** 166
希拉里 · 诺斯

清单 No.053 **远足设备** 169
亨利 · 戴维 · 梭罗

清单 No.054 **现代散文的理念与技巧** 172
杰克 · 凯鲁亚克

清单 No.055 **回到校园的戒律** 175
西尔维娅 · 普拉斯

清单 No.056 **当我老了** 177
乔纳森 · 斯威夫特

清单 No.057 **胡迪尼的舞台需求清单** 179
哈里 · 胡迪尼

清单 No.058 **入院原因** 181
西弗吉尼亚州精神病院

清单 No.059 **八类醉汉** 184
托马斯 · 纳什

清单 No.060 **俘获情郎的秘诀** 186
作者未知

清单 No.061 **你得绞尽脑汁去想** 193
塞隆尼斯 · 蒙克

清单 No.062 **伽利略的购物清单** 195
伽利略 · 伽利雷

清单 No.063 **美国圣心学院艺术系准则** 197
科瑞塔 · 肯特

清单 No.064 **杜鲁门的爱情清单** 199
哈里 · 杜鲁门

清单 No.065 **如何写作** 203
大卫 · 奥格威

清单 No.066 **维特根斯坦的情妇** 205
戴维 · 马克森

清单 No.067 **洛夫克拉夫特的怪诞念头** 208
霍华德 · 菲利普 · 洛夫克拉夫特

清单 No.068 **语法规则** 224
威廉 · 萨菲尔

清单 No.069 **希钦斯的戒律** 230
克里斯托弗 · 希钦斯

清单 No.070 **奥林匹克胜利者名单** 232
作者未知

清单 No.071 **如何变得时尚** 234
埃德娜 · 伍尔曼 · 蔡斯

清单 No.072 **波希米亚晚餐** 239
查尔斯 · 格林 · 肖

清单 No.073 **我最喜欢的十位作曲家** 241
卢卡斯 · 阿莫里

清单 No.074 **瑟伯的法则** 245
詹姆斯 · 瑟伯

清单 No.075 **教父** 247
弗朗西斯 · 福特 · 科波拉

清单 No.076 **鸦片的秘密** 249
约翰 · 琼斯

清单 No.077 **可用的名字** 253
查尔斯 · 狄更斯

清单 No.078 **活得如你所愿** 257
西德尼 · 史密斯

清单 No.079 **爱情清单** 259
埃罗 · 沙里宁

清单 No.080 鸡尾酒! 261
弗朗西斯·斯科特·菲茨杰拉德

清单 No.081 亨利·米勒的十一条戒律 264
亨利·米勒

清单 No.082 大脑 266
医疗行业从业者

清单 No.083 伦敦生活守则 268
鲁德亚德·吉卜林

清单 No.084 查尔斯·狄更斯的假书 270
查尔斯·狄更斯

清单 No.085 不要做的事和要谨慎考虑的事 273
美国电影制片商和发行商协会

清单 No.086 结婚，还是不结婚 276
查尔斯·达尔文

清单 No.087 冯内古特的承诺 278
库尔特·冯内古特

清单 No.088 现实生活中需要遵循的十诫 281
托马斯·杰斐逊

清单 No.089 吉他演奏的十诫 283
牛心上校

清单 No.090 正在做和将要做的 286
托马斯·爱迪生

清单 No.091 票房号召力的十一个规则 296
普雷斯顿·斯特奇斯

清单 No.092 乞丐的分类 298
托马斯·哈曼

清单 No.093 迷魂记 300
派拉蒙

清单 No.094 **社会七大罪状** 302
莫罕达斯·甘地

清单 No.095 **珍爱自己** 304
蒂娜·菲

清单 No.096 **米开朗基罗的购物清单** 307
米开朗基罗

清单 No.097 **比喻修辞** 309
雷蒙德·钱德勒

清单 No.098 **菲茨杰拉德的火鸡食谱** 311
弗朗西斯·斯科特·菲茨杰拉德

清单 No.099 **埃尔维斯：胖子** 314
约翰·列侬

清单 No.100 **该读的书** 316
欧内斯特·海明威

清单 No.101 **篮球** 318
詹姆斯·奈史密斯

清单 No.102 **女骑手不要做的事** 321
芝加哥非凡自行车俱乐部

清单 No.103 **富兰克林的十三种美德** 324
本杰明·富兰克林

清单 No.104 **营救礼节** 326
马克·吐温

清单 No.105 **我最喜爱的书** 329
伊迪丝·华顿

清单 No.106 **天朝仁学广览** 331
豪尔赫·路易斯·博尔赫斯

清单 No.107 **自由思想十诫** 333
伯特兰·罗素

清单 No.108 **亨斯洛的清单** 335
菲利普 · 亨斯洛

清单 No.109 **中西部口音** 338
大卫 · 福斯特 · 华莱士

清单 No.110 **留声机的命名** 341
托马斯 · 爱迪生

清单 No.111 **菲茨杰拉德的家书** 346
弗朗西斯 · 斯科特 · 菲茨杰拉德

清单 No.112 **玛丽莲·梦露的梦中情人** 349
玛丽莲 · 梦露

清单 No.113 **文明人的品质** 351
安东 · 契诃夫

清单 No.114 **总统罗斯福的观鸟清单** 354
西奥多 · 罗斯福

清单 No.115 **学员的信条** 359
弗兰克 · 劳埃德 · 赖特

清单 No.116 **书店** 361
伊塔洛 · 卡尔维诺

清单 No.117 **动词汇编：和自身相关的行为** 363
理查德 · 塞拉

清单 No.118 **梦幻龟甲** 367
玛丽安 · 穆尔

清单 No.119 **编剧建议** 370
比利 · 怀尔德

清单 No.120 **是什么让南茜这么棒?** 372
席德 · 维瑟斯

清单 No.121 **少年心气** 374
科特 · 柯本

清单 No.122 **遗憾的事** 376
埃德蒙·威尔逊

清单 No.123 **美好生活法则** 378
萨奇·佩吉

清单 No.124 **我们在煮饭!** 380
理查德·瓦特

THINGS TO DO TODAY! Date:

Urgent ✓ | Done ✓

1. Not Smoke
2. Kiss June
3. Not kiss anyone else
4. Cough
5. Pee
6. Eat
7. Not eat too much
8. Worry
9. Go See Mama.
10. Practice Piano

NOTES:

Not write notes

给琼的吻

约翰尼·卡什 （Johnny Cash）

日期不详

美国乡村音乐的传奇创作歌手约翰尼·卡什，在与他的妻子、著名乡村歌手琼·卡特相识 13 年后，于 1968 年，在舞台上向她求婚。在婚后的岁月中，他们的爱情经受住了时间的考验，直到 35 年后，琼离开人世。卡什平日里十分浪漫，他为妻子琼写了无数张充满爱意的小纸条，甚至在他的待办事项清单中，也洋溢着对琼的浓厚感情。

今天的待办事项

1. 戒烟
2. 亲吻琼
3. 不再亲吻其他人
4. 咳嗽
5. 尿尿
6. 吃饭
7. 不暴饮暴食
8. 焦虑
9. 去看妈妈
10. 练钢琴

备注：

别写备注

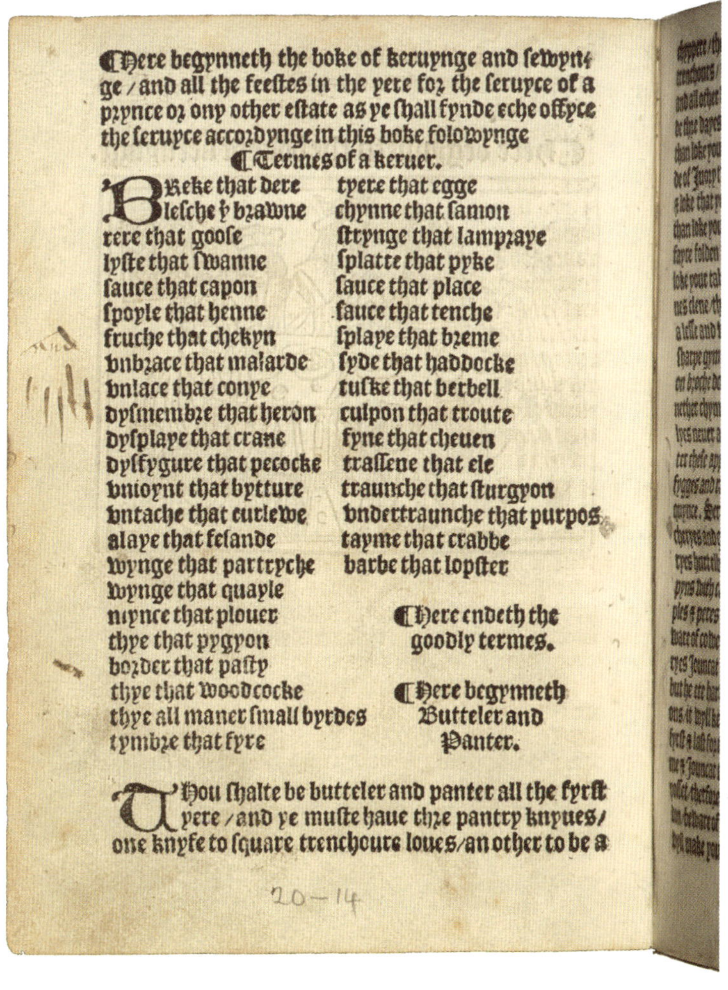

Here begynneth the boke of keruynge and sewynge / and all the feestes in the yere for the seruyce of a prynce or ony other estate as ye shall fynde eche offyce the seruyce accordynge in this boke folowynge

Termes of a keruer.

Breke that dere
lesche y brawne
rere that goose
lyste that swanne
sauce that capon
spoyle that henne
fruche that chekyn
unbrace that malarde
unlace that conye
dysmembre that heron
dysplaye that crane
dysfygure that pecocke
unioynt that bytture
untache that curlewe
alaye that fesande
wynge that partryche
wynge that quayle
mynce that plouer
thye that pygyon
border that pasty
thye that woodcocke
thye all maner small byrdes
tymbre that fyre

tyere that egge
chynne that samon
strynge that lampraye
splatte that pyke
sauce that place
sauce that tenche
splaye that breme
syde that haddocke
tuske that berbell
culpon that troute
fyne that cheuen
trassene that ele
traunche that sturgyon
undertraunche that purpos
tayme that crabbe
barbe that lopster

Here endeth the goodly termes.

Here begynneth Butteler and Panter.

Thou shalte be butteler and panter all the fyrst yere / and ye muste haue thre pantry knyues / one knyfe to square trenchoure loues / an other to be a

切肉技艺的专业术语

温金 · 德 · 沃德 （Wynkyn De Worde）

1508 年

餐桌上的切肉技艺，被中世纪的人看作是一门精湛的艺术，特别是在那些经济富裕、食物充足的家庭中备受追捧。在那些家庭的餐桌上，经验丰富的管家们会把动物的肉流畅而精准地切成均匀的肉块，并向众人展示，分发给在座的用餐者。1508 年，资深出版商温金 · 德 · 沃德将这一系列切肉技艺和肉类烹饪的前期准备技术加以整理，在《切割书》（*The Book of Carving*）中，向大家列举了分切各种肉类的专业术语。

切肉者的专业术语

- 切开整只鹿
- 漂洗腌猪肉
- 抬起整只鹅
- 吊起整只天鹅
- 腌制阉鸡肉
- 切开母鸡肉
- 将雏鸡肉切片
- 拍松野鸭肉
- 切开兔肉
- 切碎苍鹭肉
- 摊开鹤肉
- 剁烂孔雀肉
- 分切麻鸦肉
- 拍松麻鹬肉
- 安抚野山鸡
- 切下鹧鸪翅膀
- 切下鹌鹑翅膀
- 剁碎凤头麦鸡肉
- 切下鸽子腿
- 给馅饼捏边
- 切下丘鹬腿
- 切下各种小鸟的腿
- 向火堆里添柴
- 打散鸡蛋
- 沿背鳍切开鲑鱼
- 串起七鳃鳗
- 摔打梭子鱼
- 腌制鲽鱼
- 腌制鲤鱼

- 将鲷鱼展平
- 刨平黑线鳕鱼的侧面
- 撕开鲃鱼
- 切碎鳟鱼
- 切下雅罗鱼的鳍
- 处理鳗鱼
- 鲟鱼切片
- 切开海豚肉
- 驯服螃蟹
- 修剪龙虾

以上即是五花八门的切肉者的专业术语。

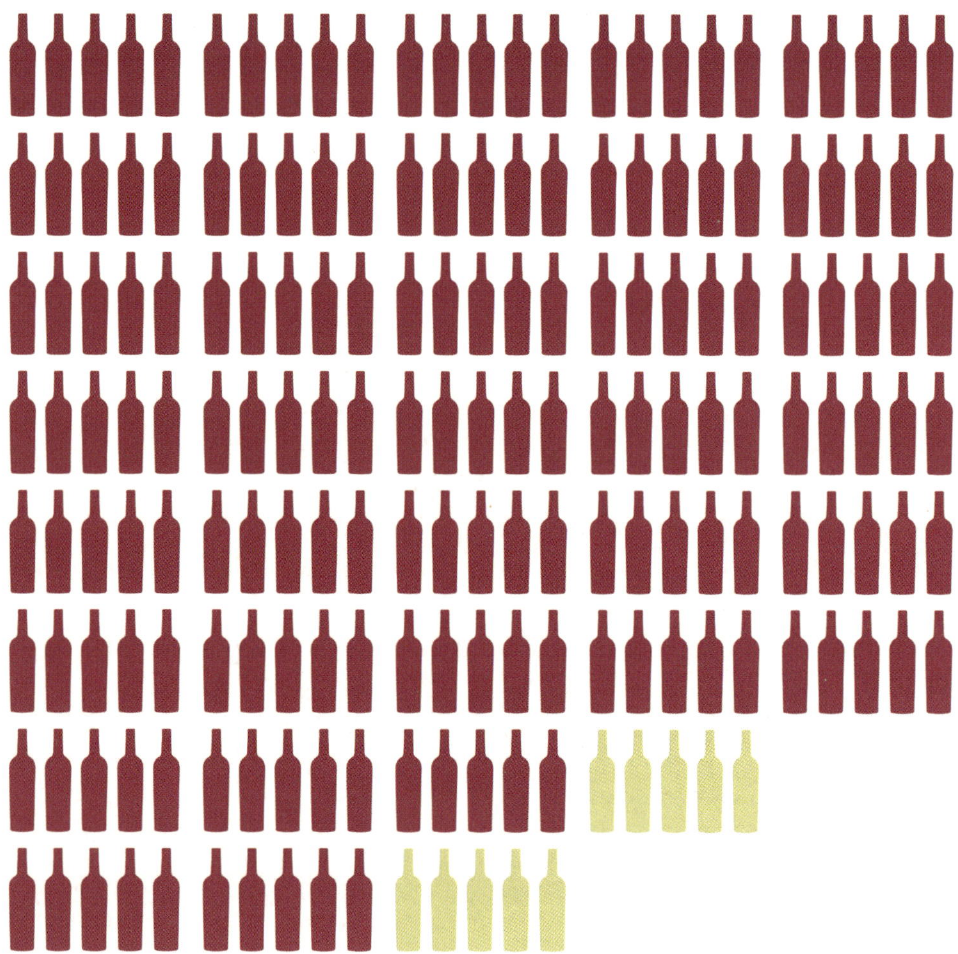

佩雷克的食物

乔治·佩雷克 （Georges Perec）

1974 年

法国作家乔治·佩雷克在创作过程中非常重视实践，他对罗列清单的狂热程度可以说是无人能及。1974 年他尝试记录下了自己一年之中所有吃过和喝过的东西，而后将其制作成了一份别出心裁的趣味清单，并被约翰·斯特罗克翻译成了英文版本。清单的标题非常直观 :《试着列出在 1974 年中被我吃掉的食物的清单》。

9 碗牛肉汤、1 份冰镇黄瓜汤、1 碗贻贝汤、2 根德国香肠、1 份肠包肚肉冻、1 份意大利熟猪肉、1 根干腊肠、4 份混合猪肉熟食、1 根风干脖肉、3 盘猪肉、1 份鹅肝、1 块猪头肉冻、1 个野猪头、5 份帕尔马火腿、5 块馅饼、1 块鸭肉馅饼、1 份肝脏馅饼配松露、1 份硬皮馅饼、1 份祖母馅饼、1 只鸫肉馅饼、6 份兰德馅饼、4 份腌制野猪肉、1 份鹅肝慕斯、1 只猪蹄、7 份熟肉酱、1 根意大利腊肠、2 根红肠、1 根热香肠、1 份鸭肉冻、1 份鸡肝冻。

1 份薄饼、1 块馅饼、1 块牛肉干、3 只蜗牛。

1 只贝隆牡蛎、3 只扇贝、1 份虾肉、1 块油炸虾酥、1 份炸物、2 条炸小鳗鱼、1 条鲱鱼、2 只牡蛎、1 只贻贝、1 只香蒜焗青口、1 只海胆、2 个肉丸、3 份油炸沙丁鱼、5 份熏鲑鱼、1 份希腊红鱼子酱、1 份鳗鱼冻、6 条金枪鱼、1 块凤尾鱼烤面包、1 只螃蟹。

2 条鳕鱼、1 条鲈鱼、1 条鳐鱼、1 条鲷目鱼、1 条金枪鱼。

4 份洋蓟、1 根芦笋、1 根茄子、1 份蘑菇沙拉、14 份黄瓜沙拉、4 份奶油黄瓜、14 盘芹菜配蛋黄酱、2 盘白菜、1 份棕榈嫩芽、11 盘生菜、2 盘绿豆沙拉、13 个西瓜、2 份尼斯沙拉、2 份培根蒲公英沙拉、14 盘黄油水萝卜、3 根黑萝卜、5 碗稻米沙拉、1 份俄式沙拉、7 份番茄沙拉、1 块洋葱塔。

1 块羊乳干酪炸丸子、5 个法式三明治、3 块洛林蛋糕、1 份马鲁瓦耶馅饼、1 盘酸奶黄瓜葡萄沙拉、1 份罗马尼亚酸奶。

1 盘螺旋意面沙拉配螃蟹和羊乳奶酪。

1 份鸡蛋配鳀鱼、2 个煮鸡蛋、2 个红酒煮鸡蛋、1 份火腿鸡蛋、1 份培根配鸡蛋、1 碗鸡蛋菠菜汤、2 份鸡蛋肉冻、2 份炒蛋、4 份法式煎蛋饼、1 份类似法式煎蛋饼的煎蛋、1 份豆芽煎蛋饼、1 大份煎蛋、1 只鸭皮煎蛋饼、1 份肥鹅肝配煎蛋、1 只香草蛋饼、1 个土豆煎蛋饼。

1 份西冷牛排、3 份西冷牛排配葱、10 块牛排、2 块黑椒牛排、3 份全牛餐、1 份牛腿排配芥末、5 块烤牛肉、2 份牛排骨、2 块牛腿排、3 份碳烤牛肉、2 份烤大牛排、1 份鞑靼牛排、1 份烤牛肉、3 份冷烤牛肉、14 份牛排骨肉、3 份连骨髓的牛排、1 盘牛肉片、3 个汉堡、9 份牛脖肉、1 份牛腹肉。

4 份砂锅炖菜、1 份炖肉、1 份炖牛肉冻、1 份炖牛肉、1 份烩牛肉、1 份粗盐腌牛肉、1 份薄面包夹牛肉。

1 份炖小牛肉配面条、1 份油煎小牛肉、1 份小牛排、1 份小牛排配贻贝意面、1 份小牛排骨肉、6 份炸肉块、6 份米兰薄肉片、3 份奶油小牛排、1 盘炸肉块配羊肚菌、4 份白葡萄酒煨小牛肉。

5 份小牛肚香肠、3 份血肠、1 份血肠配苹果、1 块炸猪排、2 盘德国酸菜、1 盘南希酸菜、1 块猪排、11 根法兰克福香肠、2 份碳烤猪肉、7 只猪蹄、1 盘冷猪肉、3 份烤猪肉、1 份烤猪肉配菠萝和香蕉、1 份猪肉香肠配扁豆。

1 份嫩羊羔肉、3 块羊排、2 盘咖喱羊羔肉、12 份羊后腿肉、1 份羊脊肉、1 块羊肉饼、1 盘羊肩肉。

5 只整鸡、1 份鸡肉串、1 份柠檬鸡、1 份炖鸡、2 份巴斯克鸡、3 份冷鸡肉、1 只填馅鸡、1 份栗子鸡、1 份香草鸡、2 份鸡肉冻。

7 份鸡肉配米饭、1 份砂锅炖鸡肉。

1 份小母鸡肉配米饭。

1 份雷司令干白葡萄酒炖鸡肉、3 份红酒炖鸡、1 份香醋鸡肉。

1 份鸭肉配橄榄、1 份鸭胸肉。

1 份砂锅炖珍珠鸡。

1 份珍珠鸡配卷心菜、1 份珍珠鸡配面条。

5 只兔子、2 份白葡萄酒炖兔肉、1 份兔肉配面条、1 份奶油兔肉、3 份芥末兔肉、1 份铁锅兔肉、1 份兔肉炖龙蒿、1 份拉杜蓝乔兔肉、3 份兔肉配梅子。

2 份野兔肉配梅子。

1 份阿尔萨斯炖野兔肉、1 份烤野兔肉、1 份焖野兔肉、1 份野兔肉。

1 份砂锅炖野鸽。

1 串烤腰子、3 个烤羊肉串、1 份什锦烤肉、1 份腰子配芥末、1 份小牛犊腰子、3 份小牛肉、10 份小牛犊的肝脏、1 份小牛舌、1 份小牛杂配萨尔拉土豆、1 份砂锅小牛杂、1 份羊羔脑髓、2 份鲜鹅肝配葡萄、1 份油焖鹅胗、2 份鸡肝。

12 份什锦冷肉拼盘、2 份英式冷盘、1 份冷切肉、2 份蒸粗麦粉、1 份西兰花泥、1 份披萨、1 份三明治、1 份塔津焖锅、6 份三明治、1 份火腿三明治、1 份熟肉酱三明治、3 份坎特尔干酪三明治。

1 份牛肝菌、1 份芸豆、7 份青豆、1 个甜玉米、1 份菜花浓汤、1 份菠菜浓汤、1 份茴香浓汤、2 份填馅青椒、2 份薯条、9 份多菲内奶油烘土豆、4 份土豆泥、1 份土豆丸子、1 份土豆千层酥、1 份土豆奶酥、1 份烧烤土豆、1 份煎土豆、4 份米饭、1 份野稻米饭。

4 份意大利面、3 份面条、1 份意大利宽面配奶油、1 份奶酪通心粉、1 份通心粉、15 份鲜面条、3 份粗通心面、2 份馄饨、4 份细通心粉、1 份意式饺子、

5 份意式菠菜通心面。

35 份绿色沙拉、1 份法式蔬菜沙拉、1 份特雷维索奶油沙拉、2 份菊苣沙拉。

75 块奶酪、1 份羊乳酪、2 份意大利奶酪、1 块奥弗涅奶酪、1 份布鲁西干酪、2 份布里亚 - 萨瓦兰奶酪、11 份布里干酪、1 份山羊干酪、4 份山羊奶乳酪、2 份克罗坦山羊奶酪、8 份卡门贝软酪、15 份坎特尔干酪、1 份西西里奶酪、1 份撒丁岛奶酪、1 份艾帕歇丝奶酪、1 份米罗尔奶酪、3 份白奶酪、1 份山羊奶白奶酪、9 份枫丹白露奶酪、5 份马苏里拉奶酪、5 份曼斯泰奶酪、1 份瑞布罗申奶酪、1 份瑞士拉可雷特奶酪、1 份斯蒂尔顿奶酪、1 份圣马尔瑟兰奶酪、1 份圣内克泰尔奶酪。

1 份酸奶酪。

1 份新鲜水果、2 份草莓、1 份醋栗、1 份橙子、3 份手工巧克力（混合了杏仁、无花果干、榛子、葡萄干）。

1 份酿蜜枣、1 份糖浆梨子、3 份酒浸梨子、2 份酒浸桃子、1 份蜜渍葡萄园鲜桃、1 份桑塞尔白葡萄酒浸桃子、1 份苹果诺曼底派、1 份焦糖兰姆香蕉。

4 份炖煮水果、2 份炖煮苹果、2 份李子白兰地煮大黄。

5 份水果蛋糕、4 份梨子蛋糕。

1 份蜜渍无花果。

6 份水果沙拉、1 份热带水果沙拉、1 份橙子沙拉、2 份草莓和覆盆子和醋栗混合沙拉。

1 份苹果派、4 份水果挞、1 份热果酱挞、10 份英式蛋挞、7 份梨子挞、1 份英式梨子蛋挞、1 份柠檬挞、1 份果仁苹果挞、2 份苹果挞、1 份蛋白霜苹果挞、1 份草莓挞。

2 份法式薄煎饼。

2 份法式水果奶油布丁、3 份巧克力水果奶油布丁。

3 份甜兰姆糕。

1 份法式牛奶布丁。

1 份主显节国王烘饼。

9 份巧克力慕斯。

2 份浮岛甜点。

1 份越橘蛋糕。

4 块巧克力蛋糕、1 块芝士蛋糕、2 块橙子蛋糕、1 份意大利蛋糕、1 块威尼斯蛋糕、一个布列塔尼奶油蛋糕、1 块奶酪蛋糕、1 个东欧扁圆甜面包。

3 个冰淇淋、1 份柠檬果汁冰沙、2 份番石榴果汁冰沙、2 份梨子冰沙、1 个巧克力泡芙、1 片覆盆子吐司、1 个巧克力雪梨香草冰淇淋。

13 杯博若莱红葡萄酒、4 杯博若莱新贵葡萄酒、3 杯布鲁依葡萄酒、7 杯希露薄葡萄酒、4 杯谢纳葡萄酒、2 杯弗勒伊葡萄酒、1 杯朱里耶纳葡萄酒、3 杯圣爱姆葡萄酒。

9 杯隆河丘葡萄酒、9 杯教皇新堡葡萄酒、1 杯 1967 年的教皇新堡葡萄酒、3 杯瓦给拉斯红葡萄酒。

9 杯波尔多葡萄酒、1 杯波尔多淡红葡萄酒、1 杯 1964 年的玛泽勒葡萄酒、3 杯圣埃美隆葡萄酒、1 杯 1961 年的圣埃美隆葡萄酒、7 杯 1970 年代兰柏特利酒庄的葡萄酒、1 杯 1962 年的嘉隆酒庄葡萄酒、5 杯耐基特酒庄的葡萄酒、1 杯拉朗德 - 波美侯葡萄酒、1 杯 1967 年的拉朗德 - 波美侯葡萄酒、1 杯 1964 年的梅多克葡萄酒、6 杯 1962 年的玛歌葡萄酒、1 杯 1968 年的玛歌葡萄酒、1 杯 1969 年的玛歌葡萄酒、1 杯 1961 年的圣爱斯特菲葡萄酒、1 杯 1959 年的圣朱利安葡萄酒。

7 杯萨维尼葡萄酒、3 杯阿罗克斯 - 科尔登葡萄酒、1 杯 1966 年的阿罗克斯 - 科尔登葡萄酒、1 杯 1961 年的博纳葡萄酒、1 杯 1966 年的夏山 - 蒙哈榭葡萄酒、2 杯莫克利葡萄酒、1 杯波马特葡萄酒、1 杯 1966 年的波马特葡萄酒、2 杯 1962 年的桑特奈葡萄酒、1 杯 1959 年沃尔奈葡萄酒。

1 杯 1970 年的香波 - 慕西尼葡萄酒、1 杯 1970 年的香波 - 慕西尼挚爱葡萄酒、1 杯 1962 年的香贝丹葡萄酒、1 杯罗曼尼 - 康帝葡萄酒、1 杯 1964 年的罗曼尼 - 康帝葡萄酒。

1 杯贝尔热拉克葡萄酒、2 杯红色布奇葡萄酒、1 杯布尔盖葡萄酒、1 杯沙罗斯葡萄酒、1 杯香槟酒、1 杯夏布利葡萄酒、1 杯红色普罗旺斯丘葡萄酒、26 杯卡奥尔葡萄酒、1 杯尚佩葡萄酒、4 杯嘉美葡萄酒、2 杯马迪朗葡萄酒、1 杯 1970 年的马迪朗葡萄酒、1 杯黑皮诺葡萄酒、1 杯帕赛特格雷葡萄酒、1 杯佩夏蒙葡萄酒、1 杯索米尔白葡萄酒、10 杯图尔桑葡萄酒、1 杯托拉米诺葡萄酒、1 杯撒丁岛葡萄酒、许多其他种类的葡萄酒。

9 杯啤酒、2 杯乐堡啤酒、4 杯吉尼斯黑啤酒。

56 杯阿马尼亚克白兰地、1 杯波旁酒、8 杯卡巴度斯苹果白兰地、1 杯樱桃白兰地、6 杯绿色查特酒、1 杯芝华士、4 杯干邑、1 杯德拉曼干邑、2 杯柑曼怡、

1 杯粉红色杜松子酒、1 杯爱尔兰咖啡、1 杯杰克丹尼、4 杯马克酒、3 杯比热渣酿白兰地、1 杯普罗旺斯马克酒、1 杯李子酒、9 杯苏亚克李子酒、1 杯李子白兰地、2 杯梨子生命水、1 杯波特酒、1 杯东欧梅子白兰地、1 杯苏士酒、36 杯伏特加、4 杯威士忌。

不计其数的咖啡、1 杯草本茶、3 杯维希矿泉水。

Lyndon -
KKK -
Dixiecrats -
Hoffa -
John Birch Society
Nixon
Diem
Rightist
CIA in Cuban fiasco
Dictators
Communists

谁杀了肯尼迪?

伊芙琳·林肯 (Evelyn Lincoln)

1963 年 11 月 22 日

1963 年 11 月 22 日，美国总统约翰·F. 肯尼迪遭遇枪击并当场身亡，当时他正乘坐一辆敞篷车经过德克萨斯州达拉斯市的迪利广场，这场谋杀也是历史上最具争议性的案件之一。在那个宿命般的午后时分，为肯尼迪工作了 10 年的秘书伊芙琳·林肯也在车队之中。在枪击发生后的几小时内，她已经乘着空军一号飞回了华盛顿特区。在飞机上，伊芙琳列出了谋杀总统的嫌疑犯名单 ，这份名单上的第一位便是当时的副总统林登·B. 约翰逊。[1] 数年后，伊芙琳在这份名单背面添加了一些笔记。

1 编者注：伊芙琳列出的疑犯名单仅为其个人猜测，并无实据。这也侧面反映出了在 20 世纪中叶，美国麦卡锡主义余波尚未终结。（如无另外说明，本书注释均为编者注。）

• 林登
• 三 K 党
• 南方民主党
• 霍法
• 约翰 · 伯奇协会
• 尼克松
• 迪姆
• 右派分子
• 猪湾事件中的中情局雇员
• 独裁政府
• 共产主义分子

谋杀肯尼迪总统的嫌疑人名单的长度远不止于此，许多组织派系都有理由想要了结这位年轻总统的性命。这场悲剧让我们看到世界在暴力面前是多么的不堪一击。

There is no end to the list of suspected conspirators to Pres. Kennedy's murder. Many factions had their reasons for wanting the young President dead. That fact alone illustrates how the world suffers from a congenital proclivity to violence.

EL. AF-1 11/22/63

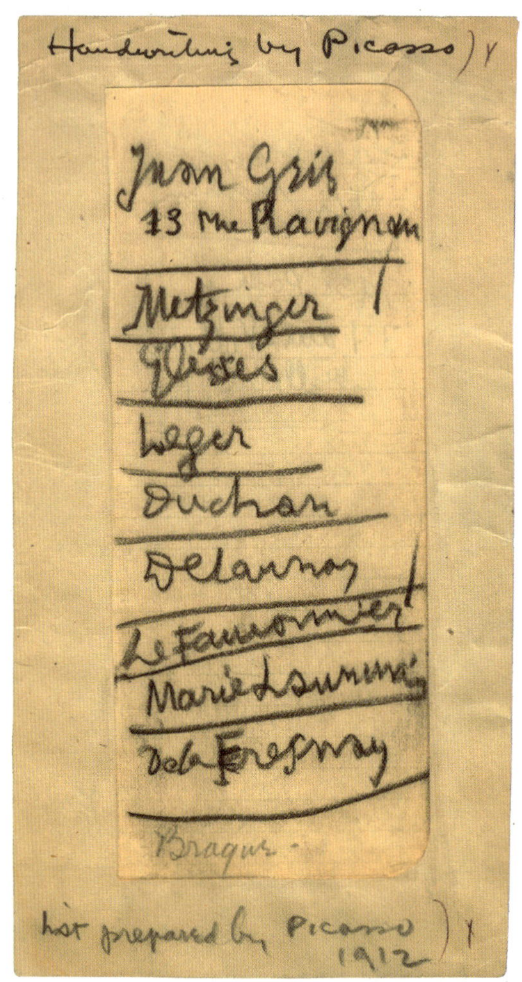
Handwriting by Picasso) X

Juan Gris
13 rue Ravignan

Metzinger

Gleizes

Leger

Duchan

Delaunay

Le Fauconnier

Marie Laurencin

de la Fresnay

Braque

List prepared by Picasso
1912) X

军械库艺术展

巴勃罗·毕加索 （Pablo Picasso）

1912 年

1913 年的军械库国际现代艺术展是世界现代艺术运动的一大盛事。这是美国史上第一场大型现代艺术展，全新的艺术类型给从未见过类似作品的美国民众带来了极大的震撼，在美国艺术史上有着重要的地位。美国画家沃尔特·库恩组织了这场展会，在制定欧洲艺术家的邀请名单时，由于无法确定需要邀请哪些欧洲艺术家参会，便去寻求巴勃罗·毕加索的建议，毕加索手写了这份推荐名单。为了表述清晰，此处附加了艺术家们的全名。

- 胡安 · 格里斯

  拉维尼昂 13 街
- 梅钦赫尔（让 · 梅钦赫尔）
- 格莱兹（阿尔贝 · 格莱兹）
- 莱热（费尔南德 · 莱热）
- 杜尚（马塞尔 · 杜尚）
- 德劳内（罗伯特 · 德劳内）
- 勒福科尼耶（亨利 · 勒福科尼耶）
- 玛丽 · 洛朗桑
- 德 · 拉 · 弗雷斯内依（罗杰 · 德 · 拉 · 弗雷斯内依）
- 布拉克（乔治 · 布拉克）——沃尔特 · 库恩添加

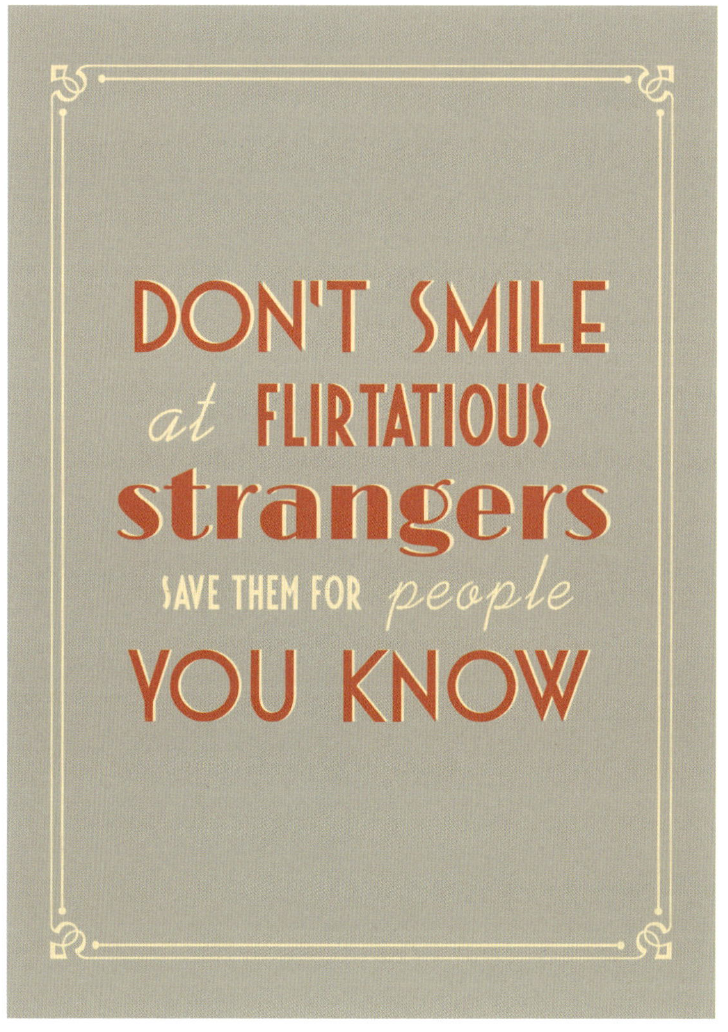

反调情俱乐部

爱丽丝 · 雷利 （Alice Reighly）

1923 年

20 世纪 20 年代初，有一群受到来自异性没完没了的骚扰的女人，在华盛顿成立了一家名为“反调情”的俱乐部，成员“由年轻的妇人和少女组成，她们无论在汽车还是在街角，都曾遭遇过令人窘迫的骚扰”。这个俱乐部的宗旨就是为了保护那些已经忍耐到了极限的女性。正如其他优秀的俱乐部一样，它也有一些需要所有成员遵守的准则。

1. 禁止调情——一旦调情就会有后悔的一天。
2. 别轻易搭男人的车——你不知道他的车到底会去哪里。
3. 不要抛媚眼——你的眼睛应该用来做更有价值的事。
4. 别和陌生人约会——他可能已经有老婆了，也可能只想和你上床。
5. 别暗送秋波——可能最后会因此而流泪。
6. 不要随便对调情的陌生人微笑——将笑容省下来多给你的亲人和朋友。
7. 别痴心妄想得到所有男人的关爱——很有可能会因此而错失真爱。
8. 不要被外表光鲜的男人迷住——一个真正的男人就像未经打磨的黄金，比散发光泽的花花公子更有价值。
9. 别被那些经常用眼神和动作安慰你，给你父爱般关怀的老男人迷惑——这些老家伙有时候会忘了自己早就是父亲。
10. 不要因为调情而忽视那个真正爱你的人——当你有一天回头，他可能已离你而去。

208

The Prolongation of Life.
The Recovery of Youth, or at least some of ye Marks of it, as new Teeth, new Hair colour'd as in youth.
The Art of Flying.
The Art of Continuing long under water, and exercising functions freely there.
The Cure of Wounds at a Distance.
The Cure of Diseases at a distance or at least by Transplantation.
The Attaining Gigantick Dimensions.
The Emulating of Fish without Engines by Custome & Education only.
The Acceleration of ye Production of things out of Seed.
The Transmutation of Metalls.
The makeing of Glass Malleable.
The Transmutation of Species in Mineralls, Animals, & Vegetables.
The Liquid Alkaest and Other dissolving Menstruums.
The making of Parabolicall and Hyperbolicall Glasses.
The making Armour light and extremely hard.
The practicable & certain way of finding Longitudes.
The use of Pendulums at Sea and in Journeys, and the Application of it to watches.
Potent Druggs to alter or Exalt Imagination, Waking, Memory, and other functions, and appease pain, procure innocent sleep, harmless dreams &c.

波义耳的心愿清单

罗伯特 · 波义耳 （Robert Boyle）

1662 年

罗伯特 · 波义耳被视为现代化学的奠基人。1662 年，他写下了一份希望在未来可以通过科学实现的愿望清单，上面记录的是在他看来尚未解决的最迫切的问题，在他死后这份清单公布于世。在 300 多年后的今天，GPS、电灯泡、器官移植、整形手术等，很多设想都已经实现了。

- 延长寿命。
- 重获青春，至少表面上看起来更年轻，例如换牙，或拥有更显年轻的发色。
- 飞向蓝天。
- 在水下长时间停留，或者自由移动。
- 远距离治疗。
- 通过器官移植治愈疾病。
- 抵达更遥远的距离。
- 不需要引擎，经过教学和训练就可以模拟鱼的技能。
- 加快种子生长的速度。
- 转化金属。
- 使玻璃具有可塑性。
- 矿物、动植物之间不同种类的相互转化。
- 液体的万能溶剂或其他溶解溶剂。
- 制造出抛物面和双曲面镜片。
- 制造出既轻便又坚实的盔甲。
- 找到一种可行的确定经度的方法。
- 可以用于海上航行或者长途旅行的钟摆，并将其应用在手表上。
- 能激发或提升想象力、记忆力与清醒状态，镇痛，带给人安眠与好梦的特效药。
- 在各种风力状况下都能航行且不会沉没的船只。
- 像刚喝过茶或像精神病人那样不会困倦，吃过后就不需要长时间睡眠的东西。
- 像药糖剂[1]或是法国作家笔下的菌类那样，吃了就能做美梦、增强体能的东西。
- 让人拥有像发狂的癫痫患者或歇斯底里的人一样的身体力量与敏捷度的东西。
- 永恒的光源。
- 擦拭后就会有香味的清漆。

1 埃及的某种加入了糖浆或蜂蜜的口服药。

209

A Ship to saile wth All winds, and A Ship not to be Sunk.

Freedom from Necessity of much Sleeping exemplifyd by the Operaons of Tea and wt happens in mad-men.

Pleasing Dreams & physicall Exercises exemplifyd by Egyptian Electuary and by the Fungus mentioned by the French Author.

Great Strength and Agility of Body exemplifyd by that of Frantick Epileptick and Hystericall persons.

A perpetuall Light.

Varnishes perfumable by Rubbing.

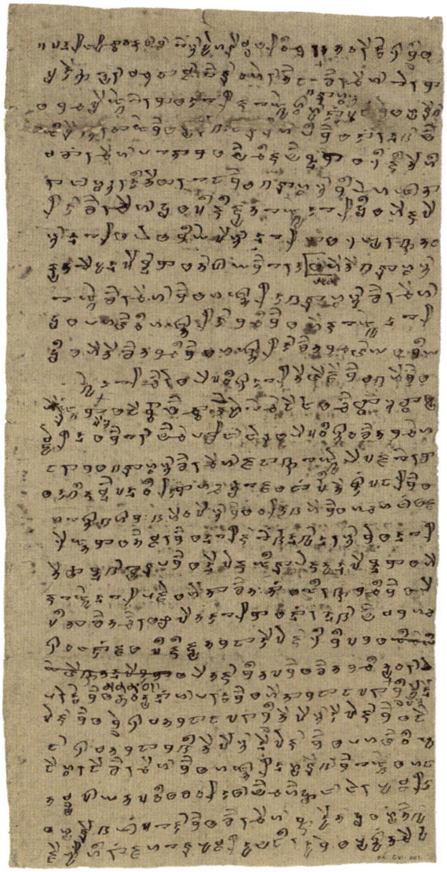

敦煌购物之路

RATNAVR.KS.A 和 PRAKETU

公元 10 世纪

在公元 10 世纪时的中国，一个清晨，藏族僧人 RATNAVR.KS.A 和 PRAKETU 启程前往敦煌古城采购日常的生活用品。敦煌古城是丝绸之路上的一个重要的中转站，他们主要买了一些包括衣服和毛毯在内的纺织品，这些都是为寺庙提供的。这是他们在采购途中记录的采购清单，用于阗语[1]书写，并标注了采购物品的证明人。现在收藏于大英图书馆。

1 塞族方言之一，属于印欧语系伊朗语族东支。其文献存于敦煌文书中，以婆罗米字母书写。

今年是猴年，Cvātaja[1] 月，20 日。

这是喇嘛 RATNAVR.KS.A 和 PRAKETU 敦煌之行所购买的所有物品：

一件……[2] 僧袍；一件……丝制的……僧袍；一条窄毛织裤子，一条宽松的毛织裤子；一件黄色内衣……；一件……黄色衣服；一双皮边的鞋……；一双……；一个黑色皮带的……；两双白色的……；两张毛毯……；一张大红毛毯；一个……和白色的大毛毯；一个……颜色火红的……；一个粗的……平坦的红色的……；两个……平坦的……洗涤用品；一块丝绸……；两张厚毛毯；三件丝质衣服和两条毛巾；四件白色厚上衣；一个……；一个大的……；一件羊毛……毯子；三十个……三十个……；……四个……；一个……十五盎司[3] 的；一件羊毛的……丝绸的……；一件烟灰色的厚羊毛外衣……平坦的……；一个小的……皮制的；……一个大的……一个小的……；……一块狼毛皮地毯；一块羊毛皮地毯；……五个；九件红黑色衣服；一匹金色丝绸；四件羊毛衣服；一块镀银地毯；一双皮的……鞋；一件黄白相间的……；一块白色的……毡子；一件新的……丝制衣物；一件大号的土红色法王袍；一件土黑色的稍大的法王袍；一个比较大的……土黑色的；一件左右……的……头发；一件厚的……洗澡用的……；一个……十七盎司的……；一个……；两个……；一本……皮制的书籍；……一个银杯；一个新的……；一个鸭嘴花木杯；一件……；一个香袋；一个骆驼皮手袋；五个……；一个……；一个大的……和一个小的……；一个汤匙；一个……毡制品的，满的……；三根绳索；一个……的容器。

以上是所有物品。喇嘛 Ratnavṛkṣa's akṣara、Praketu's akṣara。证明人 Kvāṃ Ṣīthau's akṣara.，证明人 Būyunä Śauśū Śvaunaka's akṣara。

1 不详。

2 省略号部分为原文中未能识别的内容。

3 1 盎司约为 28.35 克。

酒徒词典

本杰明·富兰克林 （Benjamin Franklin）

1737 年 1 月 13 日

1737 年 1 月 13 日，本杰明·富兰克林在《宾夕法尼亚公报》上发表了一篇十分具有娱乐性质的文章——《酒徒词典》，一共有 228 句相似词句，这些词句之后在当地的酒馆中经常被用来描述人喝醉后的样子。

*没有什么比一个喝醉酒的男人更像个傻瓜。*可怜的理查德。

有句老话说，恶习总是披上美德的外衣：把贪心说成智慧，把浪费说成是大方，等等。这就导致了这样的结果：人们自然地、普遍地认同他们心中的美德，对恶行表现出厌恶；然而一旦有机会，他们还是会尝试那些恶行，而且如果可能的话，他们还会用其他的说法对自己的恶行加以掩盖。

从这个角度来看，"醉酒"很不走运，因为它与任何可以用来掩饰的美德都不相关。因此，人们不得不用一些听起来距离遥远且不断变化的词句来掩饰自己，而这些词句通常表明他们已经喝醉了。

类似的表述或许每个人都能想到很多，但我认为没人会想到它们被提及的频率如此之高，这或许会让清醒的读者们感到惊讶和有趣。让我们来看看最近发来的一个新作品，名叫：

酒徒词典[1]

A

He is Addled,
He's casting up his Accounts,
He's Afflicted,
He's in his Airs.

B

He's Biggy,
Bewitch'd,
Block and Block,
Boozy,
Bowz'd,
Been at Barbadoes,
Piss'd in the Brook,

1 编者注：本节中的内容均为酒馆中人们使用的俚语，用来表达"喝醉了"的含义，此处保留原文供参考。

Drunk as a Wheel-Barrow,

Burdock'd,

Buskey,

Buzzey,

Has Stole a Manchet out of the Brewer's Basket,

His Head is full of Bees,

Has Been in the Bibbing Plot,

Has drank more than he has bled,

He's Bungey,

As Drunk as a Beggar,

He sees the Bears,

He's kiss'd black Betty,

He's had a Thump over the Head with Sampson's Jawbone,

He's Bridgey.

C

He's Cat,

Cagrin'd,

Capable,

Cramp'd,

Cherubimical,

Cherry Merry,

Crop'd,

Crack'd,

Concern'd,

Half Way to Concord,

Has Taken a Chirriping-Glass,

Got Corns in his Head,

A Cup too much,

Coguy,

Copey,

He's heat his Copper,
He's Crocus,
    Catch'd,
He cuts his Capers,
He's been in the Cellar,
He's in his Cups,
    Non Compos,
    Cock'd,
    Curv'd,
    Cut,
    Chipper,
    Chickery,
    Loaded his Cart,
He's been too free with the Creature,
Sir Richard has taken off his Considering Cap,
He's Chap-fallen.

D

He's Disguiz'd,
He's got a Dish,
    Kill'd his Dog,
    Took his Drops,
It is a Dark Day with him,
He's a Dead Man,
Has Dipp'd his Bill,
He's Dagg'd,
He's seen the Devil.

E

He's Prince Eugene,
    Enter'd,

Wet both Eyes,

Cock Ey'd,

Got the Pole Evil,

Got a brass Eye,

Made an Example,

He's Eat a Toad and half for Breakfast,

In his Element.

F

He's Fishey,

Fox'd,

Fuddled,

Sore Footed,

Frozen,

Well in for 't,

Owes no Man a Farthing,

Fears no Man,

Crump Footed,

Been to France,

Flush'd,

Froze his Mouth,

Fetter'd,

Been to a Funeral,

His Flag is out,

Fuzl'd,

Spoke with his Friend,

Been at an Indian Feast.

G

He's Glad,

Groatable,

Gold-headed,
Glaiz'd,
Generous,
Booz'd the Gage,
As Dizzy as a Goose,
Been before George,
Got the Gout,
Had a Kick in the Guts,
Been with Sir John Goa,
Been at Geneva,
Globular,
Got the Glanders.

H

Half and Half,
Hardy,
Top Heavy,
Got by the Head,
Hiddey,
Got on his little Hat,
Hammerish,
Loose in the Hilts,
Knows not the way Home,
Got the Hornson,
Haunted with Evil Spirits,
Has Taken Hippocrates grand Elixir.

I

He's Intoxicated,

J

Jolly,

Jagg'd,

Jambled,

Going to Jerusalem,

Jocular,

Been to Jerico,

Juicy,

K

He's a King,

Clips the King's English,

Seen the French King,

The King is his Cousin,

Got Kib'd Heels,

Knapt,

Het his Kettle.

L

He's in Liquor,

Lordly,

He makes Indentures with his Leggs,

Well to Live,

Light,

Lappy,

Limber.

M

He sees two Moons,

Merry,

Middling,

Moon-Ey'd,
Muddled,
Seen a Flock of Moons,
Muddled,
Mountous,
Muddy,
Rais'd his Monuments,
Mellow.

N

He's eat the Cocoa Nut,
Nimptopsical,
Got the Night Mare.

O

He's Oil'd,
Eat Opium,
Smelt of an Onion,
Oxycrocium,
Overset.

P

He drank till he gave up his Half-Penny,
Pidgeon Ey'd,
Pungey,
Priddy,
As good conditioned as a Puppy,
Has Scalt his Head Pan,
Been among the Philistines,
In his Prosperity,
He's been among the Philippians,

He's contending with Pharaoh,
    Wasted his Paunch,
He's Polite,
    Eat a Pudding Bagg.

Q

He's Quarrelsome.

R

He's Rocky,
    Raddled,
    Rich,
    Religious,
    Lost his Rudder,
    Ragged,
    Rais'd,
    Been too free with Sir Richard,
    Like a Rat in Trouble.

S

He's Stitch'd,
    Seafaring,
    In the Sudds,
    Strong,
    Been in the Sun,
    As Drunk as David's Sow,
    Swampt,
His Skin is full,
He's Steady,
He's Stiff,
He's burnt his Shoulder,

He's got his Top Gallant Sails out,
Seen the yellow Star,
As Stiff as a Ring-bolt,
Half Seas over,
His Shoe pinches him,
Staggerish,
It is Star-light with him,
He carries too much Sail,
Stew'd,
Stubb'd,
Soak'd,
Soft,
Been too free with Sir John Strawberry,
He's right before the Wind with all his Studding Sails out,
Has Sold his Senses.

T

He's Top'd,
Tongue-ty'd,
Tann'd,
Tipium Grove,
Double-Tongu'd,
Topsy-Turvey,
Tipsey,
Has Swallow'd a Tavern Token,
He's Thaw'd,
He's in a Trance,
He's Trammel'd.

V

He makes Virginia Fence,

Valiant,

Got the Indian Vapours.

W

The Malt is above the Water,
He's Wise,
He's Wet,
He's been to the Salt Water,
He's Water-soaken,
He's very Weary,
Out of the Way.

这些词汇并不是（像我们大多数的术语一样）从外语中借用的，也不是从书本中找到的，而是从四处的小酒馆里收集的，我觉得实际上远不止这些。我甚至在 B 项下自己加了一个酒后语："Brutifyed"（禽兽般的），但是我担心，如果我将醉酒当作禽兽般的恶习，那么可能会对禽兽有些不公平。毕竟，就像众所周知的，禽兽往往都是些清醒的人。

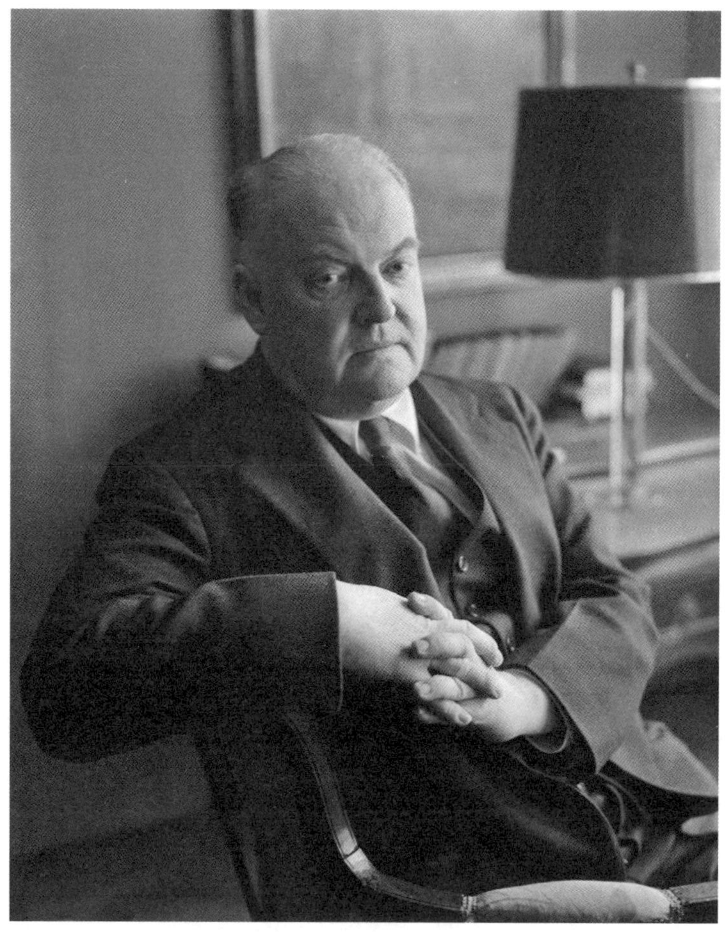

禁止的词汇

埃德蒙 · 威尔逊 （Edmund Wilson）
1927 年

在 1927 年，大概是本杰明·富兰克林写下《酒徒词典》的 200 年后，美国文学评论家埃德蒙 · 威尔逊如法炮制了一篇关于禁酒令的词典[1]，里面罗列了许多形容醉酒的词汇，他说是“按照醉酒的程度排列的，从最微醺阶段开始，到醉到不省人事结束”。

1 内容均为“喝醉了”的不同俚语表达，本节保留原文供参考。

lit
squiffy
oiled
lubricated
owled
edged
jingled
piffed
piped
sloppy
woozy
happy
half-screwe
half-cooked
half-shot
half seas over
fried
stewed
boiled
zozzled
sprung
scooched
jazzed
jagged
canned
corked
corned
potted
hooted
slopped
tanked
stinko
blind
stiff
under the table
tight
full
wet
high
horseback
liquored
pickled
ginned
shichker(意第绪语)
spifflicated
primed
organized
featured
pie-eyed
cock-eyed
wall-eyed
glassy-eyed
bleary-eyed
hoary-eyed
over the Bay
four sheets in the wind
crocked
loaded
leaping
screeching
lathered
plastered
soused
bloated
polluted
saturated
full as a tick
loaded for bear
loaded to the muzzle
loaded to the plimsoll mark
wapsed down
paralyzed
ossifed
out like a light
passed out cold
emblamed
buried
blotto
lit up like the sky
lit up like the Commonwealth
lit up like a Christmas tree
lit up like a store window
lit up like a church
fried to the hat
slopped to the ears
stewed to the gills
boiled as an owl
to have a bun on
to have a slant on
to have a skate on
to have a snootfull
to have a skinful

to draw a blank
to pull a shut-eye
to pull a Daniel Boone
to have a rubber drink
to have a hangover
to have a head
to have the jumps
to have the shakes
to have the zings
to have the heeby-jeebies
to have the screaming meemies
to have the whoops and jingles
to burn with a low blue flame

有些词，例如“full”和“loaded”，现在看来已经有点过时，但是在酒馆里仍然能被听懂。另外一些词，例如“cock-eyed”和“oiled”，曾经被本杰明·富兰克林编入他的《酒徒词典》，如今依然流行。值得注意的是，现在很少听到有人说“sprees”“toots”“tears”“jags”“bats”“brannigans”或“benders”，[1]因为这些词不仅表达了喝到不省人事，还包含了一些特殊的状况，意味着饮酒者的正常生活已经受到影响。这类词语如今的消失，有可能是因为这些长久以来的酗酒现象不再会令人声名狼藉，已经成为普遍社会生活中的常见行为。另一方面，就像上面的清单展示的，饮酒的词语似乎变得更加丰富了，很多词语的意思在禁酒令颁布后出现了细微差别。“fried”“stewed”与“boiled”表达的意思发生了变化；“cock-eyed”“plastered”“owled”“embalmed”和“ossified”的含义与过去截然不同。“wapsed down”是一种乡村式的表达，也指被暴风雨破坏的庄稼；“featured”是一个戏剧化的词，适合用来形容一个喝醉的人强烈相信自己有唱一首歌、讲一个有趣的故事或表演一段舞蹈的能力；“organized”可以用来指为了一个盛大的夜晚做了充分准备；“blotto”则起源于英语，形容一个人丧失意识。

1 这几个词作为俚语使用时均有狂欢豪饮之意。

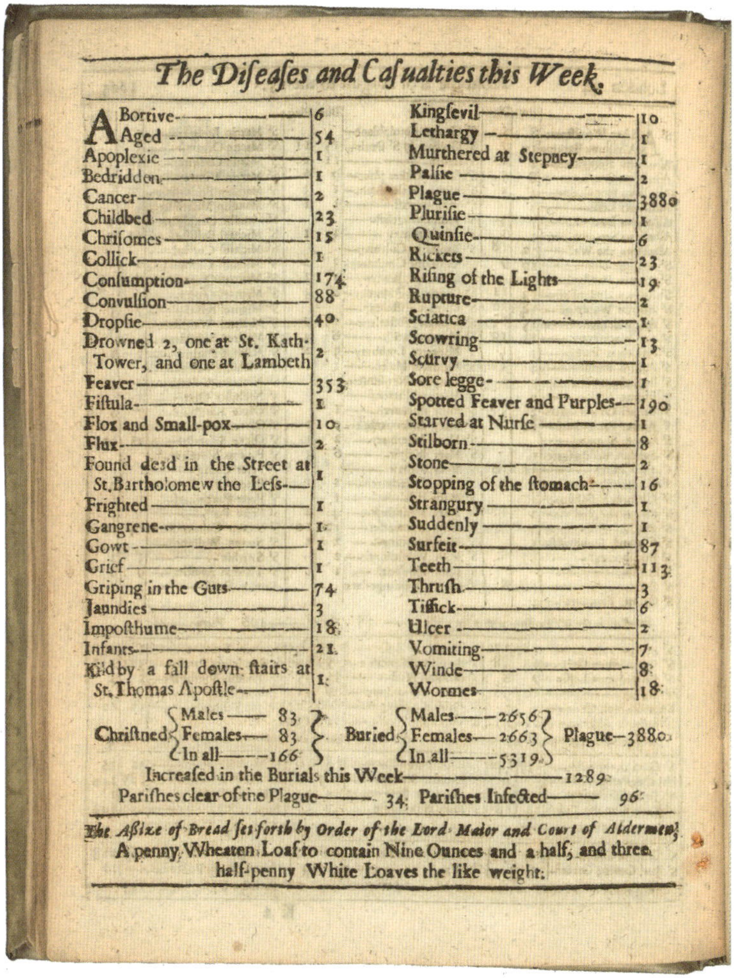

The Diseases and Casualties this Week.

Disease	Number	Disease	Number
Abortive	6	Kingsevil	10
Aged	54	Lethargy	1
Apoplexie	1	Murthered at Stepney	1
Bedridden	1	Palsie	2
Cancer	2	Plague	3880
Childbed	23	Plurisie	1
Chrisomes	15	Quinsie	6
Collick	1	Rickets	23
Consumption	174	Rising of the Lights	19
Convulsion	88	Rupture	2
Dropsie	40	Sciatica	1
Drowned 2, one at St. Kath-Tower, and one at Lambeth	2	Scowring	13
Feaver	353	Scurvy	1
Fistula	1	Sore legge	1
Flox and Small-pox	10	Spotted Feaver and Purples	190
Flux	2	Starved at Nurse	1
Found dead in the Street at St. Bartholomew the Less	1	Stilborn	8
Frighted	1	Stone	2
Gangrene	1	Stopping of the stomach	16
Gowt	1	Strangury	1
Grief	1	Suddenly	1
Griping in the Guts	74	Surfeit	87
Jaundies	3	Teeth	113
Imposthume	18	Thrush	3
Infants	21	Tissick	6
Kild by a fall down stairs at St. Thomas Apostle	1	Ulcer	2
		Vomiting	7
		Winde	8
		Wormes	18

Christned: Males 83, Females 83, In all 166. Buried: Males 2656, Females 2663, In all 5319. Plague 3880.

Increased in the Burials this Week 1289

Parishes clear of the Plague 34. Parishes Infected 96

The Assize of Bread set forth by Order of the Lord Maior and Court of Aldermen, A penny Wheaten Loaf to contain Nine Ounces and a half, and three half-penny White Loaves the like weight.

死亡清单

E. 柯特斯 （E. Cotes）

1665 年 8 月

1665 年的夏季，伦敦的大瘟疫席卷全城，居民像苍蝇一般纷纷死亡。瘟疫夺去了 68,596 人的生命，其中既有年轻人也有老年人。这只是记录在案的死亡数，实际的死亡人数估计接近 10 万。当时，每周都有关于过去 7 天的死亡报告。下面的例子是当年8月15日所在一周的报告，那时鼠疫非常严重，共造成了 3880 人死亡。这张清单是为了那些从来没有听说过像“瘰疬”或“痛性尿淋沥”等疾病的人提供的。

术语表

产褥：分娩后死亡的母亲，通常是由感染引起的

月夭：在出生后一个月内死亡的婴儿

肺痨：死于肺结核的人

水肿：由于液体积聚而引起的器官增大

腹泻：痢疾

脓肿：脓疮肿大

瘰疬：颈部淋巴结病变

肺部增生：肺病

斑疹热和紫斑：脑膜炎

结石：胆结石

痛性尿淋沥：排尿疼痛

饮食过量：吃得太多

牙亡：出牙期死亡的婴儿

肺结核：哮喘 / 结核病

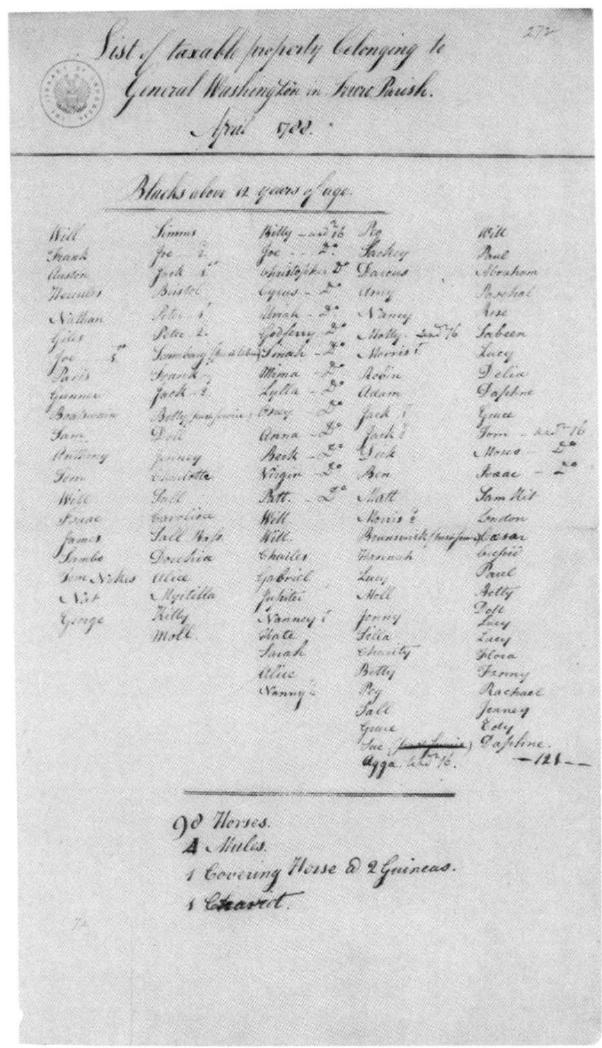

List of taxable property Belonging to General Washington in Truro Parish. April 1788.

Blacks above 12 years of age.

Will, Frank, Austin, Hercules, Nathan, Giles, Joe 1st, Paris, Gunner, Boatswain, Sam, Anthony, Tom, Will, Isaac, James, Sambo, Tom Nokes, Nat, George

Simms, Joe 2, Jack 1st, Bristol, Peter 1, Peter 2, Lomburg [illegible], Frank, Jack 2, Betty [illegible], Doll, Jenny, Charlotte, Sall, Caroline, Sall Brass, Dorchia, Alice, Myrtilla, Kitty, Moll

Billy — under 16, Joe — Do., Christopher Do., Cyrus — Do., Uriah — Do., Godfrey Do., Sinah — Do., Mima — Do., Lylla — Do., Oney — Do., Anna — Do., Beck — Do., Virgin — Do., Bett. — Do., Will, Will., Charles, Gabriel, Jupiter, Nanney 1, Kate, Sarah, Alice, Nanny 2

Peg, Jackey, Darcus, Amy, Nancy, Molly — under 16, Morris 1, Robin, Adam, Jack 1, Jack 2, Dick, Ben, Matt, Morris 2, Brunswick [illegible], Hannah, Lucy, Moll, Jenny, Sella, Charity, Betty, Peg, Sall, Grace, Sue [illegible], Agga — under 16.

Will, Paul, Abraham, Paschal, Rose, Sabeen, Lucy, Delia, Daphne, Grace, Tom — under 16, Moses — Do., Isaac — Do., Sam Kit, London, Caesar, Cupid, Paul, Betty, Doll, Lucy, Lucy, Flora, Fanny, Rachael, Jenney, Edy, Daphne.

—121—

98 Horses.
4 Mules.
1 Covering Horse @ 2 Guineas.
1 Chariot.

华盛顿的奴隶清单

乔治 · 华盛顿 （George Washington）

1788 年 4 月

“美国之父”、第一任总统乔治 · 华盛顿在 11 岁时从父亲那里继承了 10 个奴隶。56 年之后，当他逝世时，他在他的家乡芒特弗农拥有了超过 300 个奴隶。这份奴隶清单写于 1788 年，包含了所有年龄超过 12 岁的黑人奴隶。

在特鲁罗地区华盛顿将军所有可纳税财产

1788 年 4 月

12 岁以上的黑奴

威尔
弗兰克
奥斯顿
海格力斯
内森
吉尔斯
乔
帕里斯
冈纳
波兹 · 旺恩
山姆
安东尼
汤姆
威尔
以撒
詹姆斯
桑博
汤姆 · 努科斯
纳特
乔治
西姆斯
乔
杰克
布里斯托
彼得
彼得
斯坎伯格（过去的工人）

弗兰克
杰克
贝蒂（过去的用人）
多尔
珍妮
夏洛特
萨勒
卡洛琳
萨尔拉
多奇亚
爱丽丝
默蒂拉
凯蒂
莫尔
比利（不到 16 岁）
乔
克里斯托弗
赛勒斯
尤赖亚
戈弗雷
希娜
米玛
里拉
奥妮
安娜
贝克
维珍

帕特
威尔
威尔
查尔斯
加布里埃尔
朱庇特
南尼
凯特
莎拉
爱丽丝
南妮
佩格
萨基
达库斯
艾米
南希
莫莉（不到 16 岁）
莫里斯
罗宾
亚当
杰克
杰克
迪克
本
马特
莫里斯
布伦瑞克（过去的用人）

马特
莫里斯
布伦瑞克（过去的用人）
汉娜
露西
莫尔
珍妮
西拉
夏丽蒂
贝蒂
佩格
赛尔
格里斯
苏
阿加（不到 16 岁）
威尔
保罗
亚伯拉罕
帕斯卡尔
罗斯
撒比恩
露西
迪莉娅
达芙妮
格雷斯
汤姆（不到 16 岁）
摩西
艾萨克
山姆·凯特
伦敦
凯撒

丘比特
保罗
贝蒂
多尔
露西
露西
芙洛雅
范妮
瑞秋
珍妮
艾迪
达芙妮
98 匹马
4 匹骡
一匹价值 2 畿尼的掩护马
一架战车

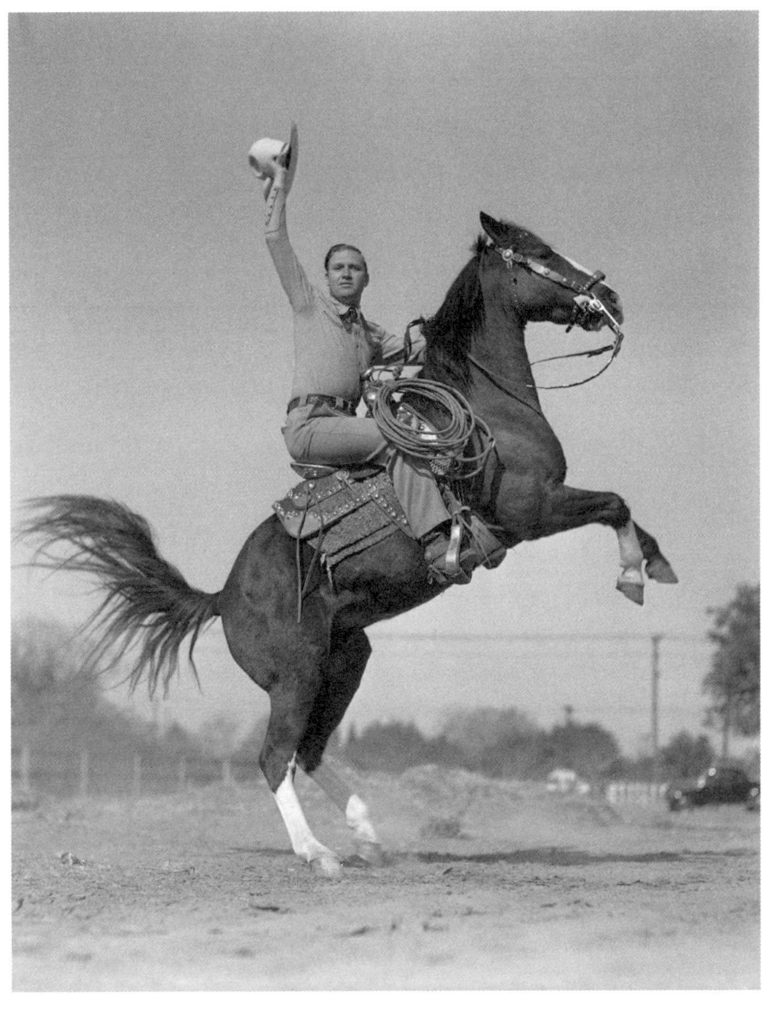

牛仔准则

吉恩·奥特里 （Gene Autry）

1948 年

自 20 世纪 30 年代初后的 30 多年的时间里，美国艺人吉恩·奥特里凭借着哥伦比亚广播公司的电台节目、无数的电视节目和电影，以及他辉煌的乡村音乐事业，受到数百万粉丝的喜爱，被称为“唱歌的牛仔”。在 1948 年，当他获知很多未经世事的年轻人沉迷于模仿他的牛仔形象时，奥特里提出并且推广了牛仔准则——这是一个有 10 条规则的清单，如果能够遵守这些准则，那么这些年轻人将会更加严谨和正直。

1. 牛仔永远不能先开枪，不能欺负弱者，不能不当得利。
2. 牛仔不能食言，不能辜负别人的信任。
3. 牛仔必须说真话。
4. 牛仔应当温柔地对待小孩、长者和动物。
5. 牛仔不能持有或鼓吹偏狭的种族、宗教理念。
6. 牛仔必须帮助困境中的人。
7. 牛仔必须是干活能手。
8. 牛仔的思想、言论、行为和个人习惯都必须干干净净。
9. 牛仔必须尊重妇女、父母和法律。
10. 牛仔应该是爱国者。

给女摇滚乐手的忠告

克里希·海德 （Chrissie Hynde）

1994 年

自 1978 年起，克里希·海德就是一支成功的摇滚乐队的主唱。在这一领域，她很适合为年轻的女摇滚乐手提一些建议。1994 年，她写了一篇著名的《给女摇滚乐手的忠告》，这个清单随后发表在了一本名为《嘴对嘴》的青少年杂志上。

1. 不要抱怨自己是个女人，把女权主义挂在嘴边，或埋怨性别歧视。虽然我们已经被社会看作是下等的，并饱受蹂躏，但没有人爱听这些怨妇的唠叨。把这些写进歌里，顺便大赚一笔。
2. 永远不要不懂装懂。如果你记不住和弦的名字，可以参考乐谱上的附点。如果你不打算当一个工程师，就不要靠近桌边。
3. 让乐队的其他成员都看起来很棒。试着让他们展现出自己最好的一面，因为这是你的工作。噢当然，你也应该看起来很棒。
4. 别固执地坚持只和女人共事，那只会产生更多的废话。你只需要找到适合这个工作的人，如果碰巧是个女人，那很棒——有人可以代替路演的工作人员陪你去逛百货商店了。
5. 不要和你的乐队成员发生性关系，这类故事总是以眼泪结束。
6. 不要认为露出胸部看起来很饥渴就会对你有帮助。记住你是一个摇滚乐手，摇滚不是“干我”，而是“干你”。
7. 别总想着和男人竞争，这不会打动别人。请记住，他们喜欢你的原因之一是你还没有给已经充满竞争的男性世界增加一位竞争者。
8. 唱歌时不要突然勒紧嗓子或者用力尖叫，没人想听这些，那听起来很“歇斯底里”。
9. 把腿毛刮干净，看在上帝的份上。
10. 不要只听别人的忠告（比如我的），做你自己。

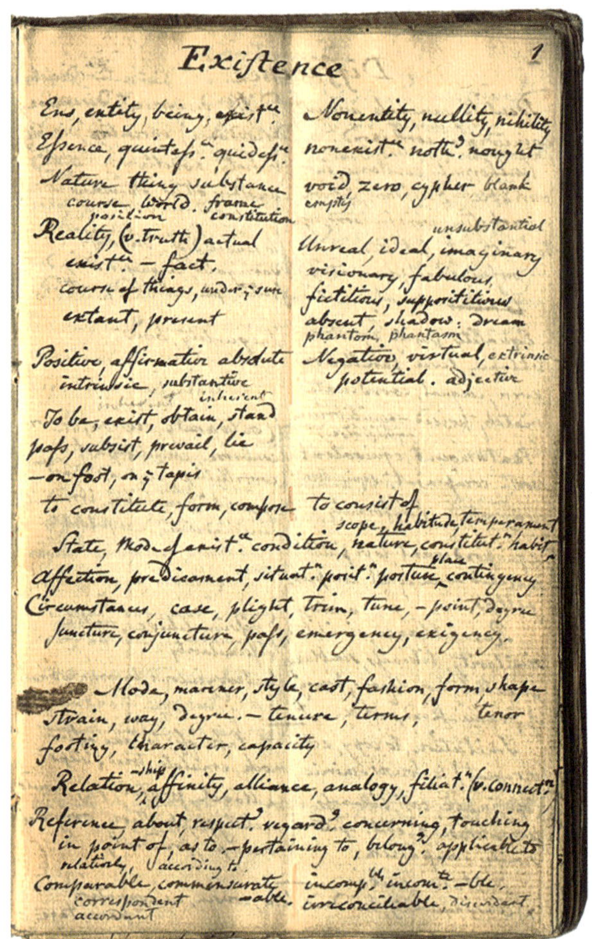

罗热的词库

彼得·罗热 （Peter Roget）

1805 年

生于 1779 年的英国医生彼得·罗热，有着一段不幸的童年，在小的时候就不得不面对亲近家人的死亡，后来又接二连三地受到家人精神问题的困扰——事实上，可能正是他混乱和充满挑战的成长经历，才使得他沉迷于如罗列整齐有序的清单这类活动。在 1800 年前后，为了摆脱抑郁症的困扰，他开始制作当时最长的清单：《罗热的词库》，到 1805 年，他的手写初稿，囊括了 15,000 个单词，这本著作在 47 年后才出版，至今仍在发行。此页以“Existence”（存在）为题，是初稿的第一个章节。

Existence [存在]

end, entity, being, existence [存在]
essence, quintessence [实质]
nature thing substance [自然物质]
reality, (v. truth) actual [现实]
existence——fact [存在——事实]
course of things [事物的发展]
under y[1] sure [确定的]
extantpresent [现存的]
positive, affirmation absolute [确定的、肯定的]
intrinsic substantive [内在本质]
inherent [固有的]

nonentity, nullity, nihility [不存在、虚无]
nonexistence, nothing, nought [不存在]
void, zero, cypher blank [虚空、无]
unreal, ideal, imaginary [不真实的]
visionary, fabulous [空想的]
fictitious, supposititious [虚构、假想的]

absent [不存在的], shadow: dream [隐蔽的:梦]
phantom, phantasm [虚幻的、错觉]
negation, virtual, extrinsic [外在的、非本质的]
potential [潜在的], adjective [从属的]

1 原文如此。

海因莱因的预言

罗伯特 · 海因莱因 （Robert Heinlein）

1949 年

罗伯特 · 海因莱因是伟大的科幻小说家之一，也是众多畅销书的作者。1975 年，他获得“星云奖 · 科幻小说大师奖”。1949 年他编写了一份对 2000 年的预测清单，于 1952 年 2 月发表在了《银河》杂志上。

现在我想对未来做些大胆的预测，有些也许在你看来太过荒唐，但如果预言过于保守，那还是预言吗?

1. 星际旅行是家常便饭，只要你付款就能把你送去，这也是政府正在实验的。
2. 避孕技术和医疗的进步正在改变性别间的关系，这将会改变我们整个社会经济结构。
3. 现在摆在我们眼前最大的军事困境是，如果现在有外星人侵略地球，我们毫无还手之力。
4. 关于美国将会发动一场“防范性战争”的说法是不对的，只有在我们遭到攻击或领土需要保卫时这才会发生。
5. 在 15 年之内，住房短缺问题将会由科技的重大突破解决，现在的房子将变得像户外露天的厕所一样陈旧。拥有房子将被视为理所应当的事。
6. 我们将更容易感到饥饿。
7. 对艺术的狂热崇拜将会消失，只剩下精神病学家会去研究所谓的“现代艺术”。
8. 弗洛伊德的心理学被认为是“前科学的”和依靠直觉的，精神分析学将会被某种不断发展的、基于测量和预测的“操作型心理学”取代。
9. 癌症、感冒和龋齿将被攻克。医学研究要面对的革命性的新问题是实现“再生”。例如，让残疾者长出一条新的腿，而不再需要使用假肢。
10. 到 20 世纪末，人类将完成对太阳系的探索，第一艘前往最近恒星的宇宙飞船将被建造。
11. 你的私人电话将会小到足以放入手提包。你的家庭电话将能够存储信息、回答简单的问题和传递视觉信息。
12. 火星上将发现智慧生物。
13. 以每英里 1 美分的价格就可以乘坐时速 1000 英里[1] 的交通工具；短途运输在速度极快的地铁上就能实现。
14. 应用物理学的主要目标将是控制重力。

1　1 英里约为 1.609 千米。

15. 人口迁移将使更多人失去选举权，1990 年左右，宪法修正案将取消州与州之间的边界。
16. 所有的飞机将在一个巨大的雷达网的控制之下，由一个多电子的“大脑”在大陆上运行。
17. 鱼和酵母将成为我们摄取蛋白质的主要来源，牛肉将变成奢侈品；羊和羊肉会在地球上消失，因为它们会破坏草场。
18. 人类不会毁灭，文明也不会消亡。

以下是我们短期内无法获得的东西：

1. 穿越时空。
2. 超越光速。
3. 对心灵感应或其他超感官知觉的控制。
4. 利用“无线电”进行物质传输。
5. 拥有人类反应力的人性化机器人。
6. 在实验室创造生命。
7. 真正理解“思想”是什么，它与物质有什么联系。
8. 人死后仍在另一个世界存在的科学证据。
9. 永远不再有战争（我和你们一样不喜欢这个预测）。

梦之书

作者未知

约公元前 1220 年

这份有趣的莎草纸文件发现于古埃及村庄德尔麦迪那，年份可以追溯到约公元前 1220 年，文件上特别值得关注的是一个名为“梦之书”的章节——这是一份由佚名作者用中古埃及语和僧侣体写成的清单，在清单中作者赋予了各种梦境的不同寓意，并按“好”和“坏”分类，这份莎草纸文件现收藏于大英博物馆。

吉利的梦

如果人在梦里梦到自己：

坐在阳光下的花园里拆墙	好：意味着好事
拆一堵墙	好：代表罪恶得到净化
（吃）粪便	好：在家消耗自己的财产
与母牛交配	好：在家度过愉快的一天
吃鳄鱼（肉）	好：在当地当（变成）官
提供水	好：将变得富有
在河里溺水	好：净化所有罪恶
在地上睡觉	好：消耗自己的财产
看见角豆树	好：过上好日子
（看见）闪烁的月光	好：被神宽恕
戴上面纱	好：敌人在他面前逃跑
坠落	好：意味着富有
锯树	好：敌人将死去
埋葬老人	好：将变得富有
种菜	好：将找到食物

不祥的梦

如果人在梦里梦到自己：

抓住自己的一条腿	坏：那边（死去）的人对他的调查（或者死亡）
在镜子里看到自己	坏：将有新的妻子
神为自己拭去泪水	坏：将有争斗
看到自己遭受折磨	坏：失去财产
吃烫嘴的肉	坏：意味着有罪
穿白色的凉鞋	坏：意味着漂泊于世
吃掉自己憎恶的东西	坏：意味着会在无知中伤害自己讨厌的东西
与一个女人交欢	坏：意味着哀悼
被狗咬	坏：将会被诅咒

被蛇咬	坏：将会有人针对他造谣
丈量麦田	坏：将会有人针对他造谣
在莎草纸上写字	坏：神将清算他的罪恶
叫醒他的家人	坏：意味着生病
被诅咒折磨	坏：意味着哀悼
在船上做舵手	坏：每次受到审判，都被证明是有罪的
床着火	坏：赶走他的妻子

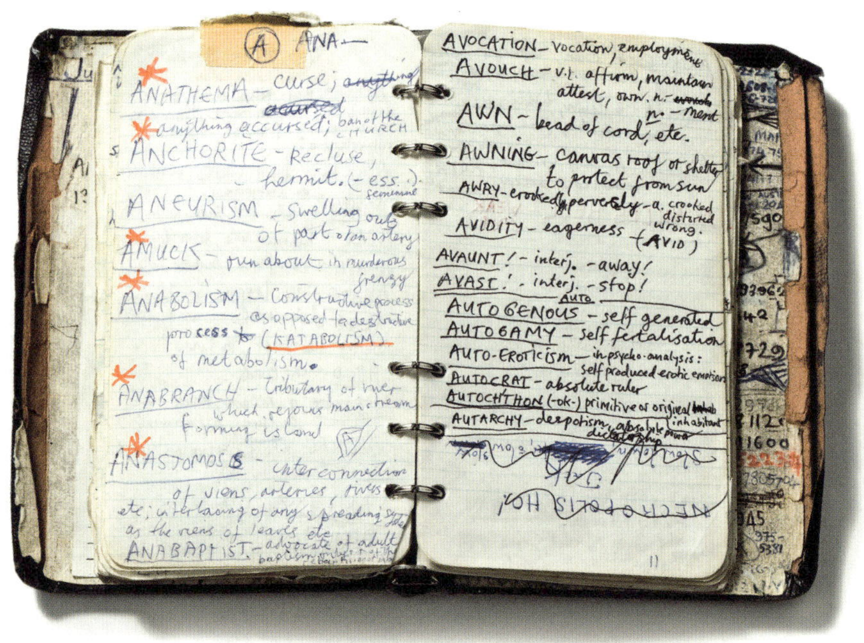

尼克·凯夫的手写字典

尼克·凯夫（Nick Cave）

1984 年

伟大的尼克·凯夫对制作清单非常着迷，他花了几十年的时间写歌、当编剧、写小说，对语言十分着迷。为了更好地学习，他有时会手写记录下一些值得注意的单词——这些词由于某些原因需要被记录在纸上，便于在以后使用时参考。这是其中的一页，记录于 1984 年在柏林旅行时。

• 诅咒（ANATHEMA）——诅咒，被诅咒的东西，革除教门
• 隐士（ANCHORITE）——隐居者，遁世修行的人
• 动脉瘤（ANEURISM）——动脉肿胀的部分
• 嗜杀的（AMUCK）——横行四处疯狂杀人
• 合成代谢（ANABOLISM）——与破坏性过程相反的建设性过程（分解代谢）的新陈代谢
• 再合支流（ANABRANCH）——河流的支流，再次与干流汇合，形成岛屿
• 接合、联结（ANASTOMOSE）——视图、动脉、河流等的相互联结：任何分布系统的交错，如叶脉等
• 再洗礼派教徒（ANABAPTIST）——成人洗礼、再洗礼的拥护者
• 职业（AVOCATION）——职业，就业
• 保证（AVOUCH）——动词：确认，坚持作证；名词形式为 avouchment
• 芒（AWN）——植物的尖
• 遮阳篷（AWNING）——帆布篷顶或遮蔽太阳的遮盖物
• 弯曲的（AWRY）——弯曲的，扭曲的——一个弯曲的、扭曲的错误
• 热望（AVIDITY）——渴望——（渴望的）
• 滚（AVAUNT!）——感叹词——离开!
• 停住（AVAST!）——感叹词——停止!
• 自发的（AUTOGENOUS）——自己发生的
• 自体受精（AUTOGAMY）——自己受精
• 自体性冲动（AUTO-EROTICISM）——心理分析：对自己的性冲动
• 独裁者（AUTOCRAT）——绝对的统治者
• 土著（AUTOCHTHON）—— 原始的或最初的居民
• 专制（AUTARCHY）——独裁，绝对的权利

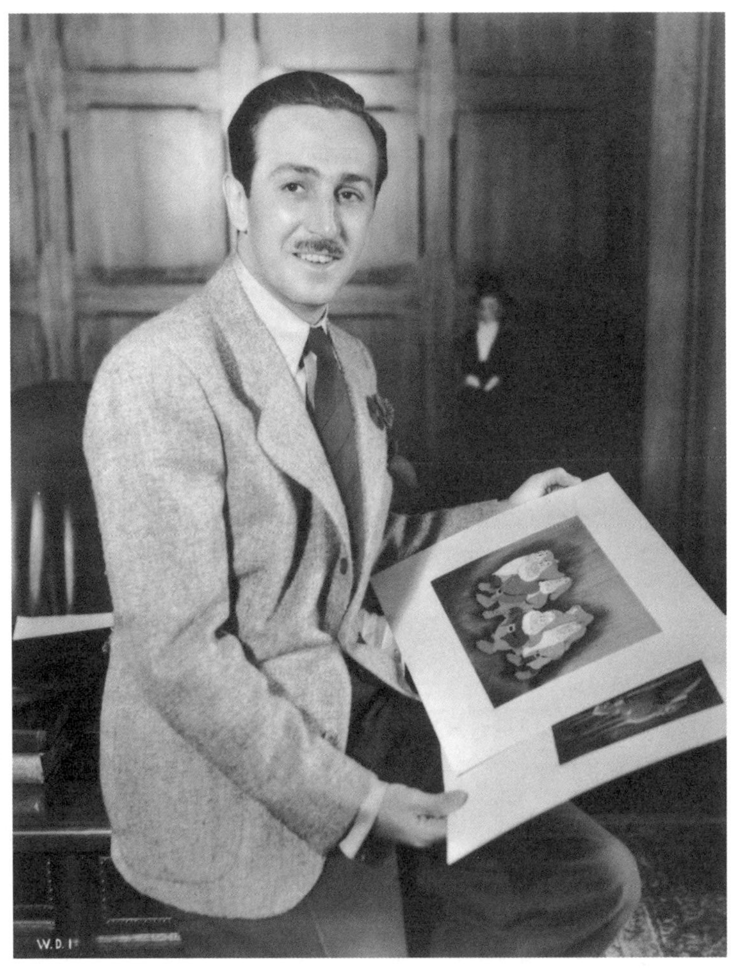

小矮人

迪士尼 （Disney）

19 世纪 30 年代

1812 年，德国童话故事作家格林兄弟创作了家喻户晓的童话《白雪公主》，这是历史上最著名的童话故事之一，在一个世纪之后的 1937 年，这部经典作品由华特·迪士尼改编成电影，搬上了大银幕。1934 年，在动画版创作之初，迪士尼的创作团队为格林兄弟没有取名的“七个小矮人”想出来一系列非常棒的名字，就像现在我们知道的那样，害羞鬼、暴脾气、开心果、瞌睡虫和鼻涕精都是从这个名单中挑选出来的。糊涂蛋和他们的头儿万事通的名字，是在稍晚之后才被选上的。

Awful	[讨厌鬼]
Bashful	[害羞鬼]
Biggo-Ego	[自私鬼]
Biggy	[大名人]
Biggy-Wiggy	[小疯子]
Blabby	[谎话精]
Busy	[工作狂]
Chesty	[自负精]
Crabby	[爱生气]
Cranky	[坏脾气]
Daffy	[小傻瓜]
Dippy	[小疯子]
Dirty	[邋遢鬼]
Dizzy	[小马虎]
Doleful	[不高兴]
Dumpy	[小矮子]
Flabby	[受气包]
Gabby	[唠叨鬼]
Gaspy	[胆小鬼]
Gloomy	[丧气包]
Goopy	[小傻蛋]
Graveful	[阴沉沉]
Grumpy	[暴脾气]
Happy	[开心果]
Helpful	[热心肠]
Hoppy	[调皮鬼]
Hotsy	[多动症]
Hungry	[贪吃鬼]
Jaunty	[欢乐豆]
Jumpy	[爱蹦跶]
Lazy	[大懒虫]
Neurtsy	[神经质]
Nifty	[俏皮精]
Puffy	[圆滚滚]
Sappy	[活力素]
Scrappy	[爱计较]
Shifty	[机灵鬼]
Silly	[小傻瓜]
Sleepy	[瞌睡虫]
Snappy	[鼻涕精]
Sneezy	[喷嚏虫]
Snoopy	[好事精]
Soulful	[痴情汉]
Strutty	[小胖子]
Tearful	[爱哭包]
Thrifty	[吝啬鬼]
Weepy	[爱哭精]
Wistful	[沮丧鬼]
Woeful	[可怜虫]

清单 No. 020

战时高尔夫规则

里士满高尔夫俱乐部 （Richmond Golf Club）

1940 年

1940 年，在英国的战争日益激烈。一枚炸弹掉落在了英国兰萨里郡里士满高尔夫俱乐部，幸运的是没有人受伤。俱乐部的老板们并没有因此停止营业，而是出于安全的考量，向所有会员发布了一个非常独特的临时高尔夫球场规则。

1. 俱乐部成员需要清理有危险的炸弹和榴弹碎片,以免它们对割草机造成破坏。
2. 如果在比赛中听到枪声或看到炮弹坠落，那么比赛应立即停止，玩家不受惩罚。
3. 已知的延时炸弹位置已经用红色的旗子标示出了合理距离，但这并不能保证这个距离是绝对安全的。
4. 如果球道上有弹片，或者在一个球的距离内有沙坑，那么球手可以更换位置并且不受惩罚。
5. 由敌军行动而造成球的位置的移动，球手可以重新摆放球的位置。如果球丢失或损坏，可以在远离球洞的区域重新放球，不受惩罚。
6. 掉入弹坑里的球应被取出并放置于远离球洞的区域，放球位置应和球洞保持在同一直线上，不受惩罚。
7. 球员击球时如果受到炸弹或爆炸声影响,那么可以在同一地点再打一个球，加罚一杆。

父母的守则

苏珊·桑塔格 （Susan Sontag）

1959 年 9 月

苏珊·桑塔格是 20 世纪最重要的知识分子之一，也是重要的记者兼评论家、著名作家，她的作品总是会引发激烈的争论。1952 年 9 月，19 岁的她生下了第一个也是唯一一个儿子，戴维。2004 年苏珊去世后，戴维继续编辑他母亲的日记。日记中有这样一页，记录着父母应遵守的守则，写于戴维出生后的第 7 年。

1. 始终如一。
2. 当他在场的时候，不要在别人面前随便谈论他（例如聊他的糗事），不要让他难为情。
3. 不要因为自己认为不好的事而表扬他。
4. 不要对已经允许他做的事过分严苛。
5. 日常生活：吃饭、做作业、洗澡、刷牙、收拾房间、讲故事、睡觉。
6. 当我和别人在一起的时候，不能让他独占我的时间。
7. 多称赞他做出的努力（不要有糟糕的表情、叹气或不耐烦等）。
8. 不要抑制孩子的幻想。
9. 让他知道成年人有自己的世界，而这个世界暂时与他无关。
10. 不要以为我不喜欢做的事（比如洗头洗澡）他也不喜欢。

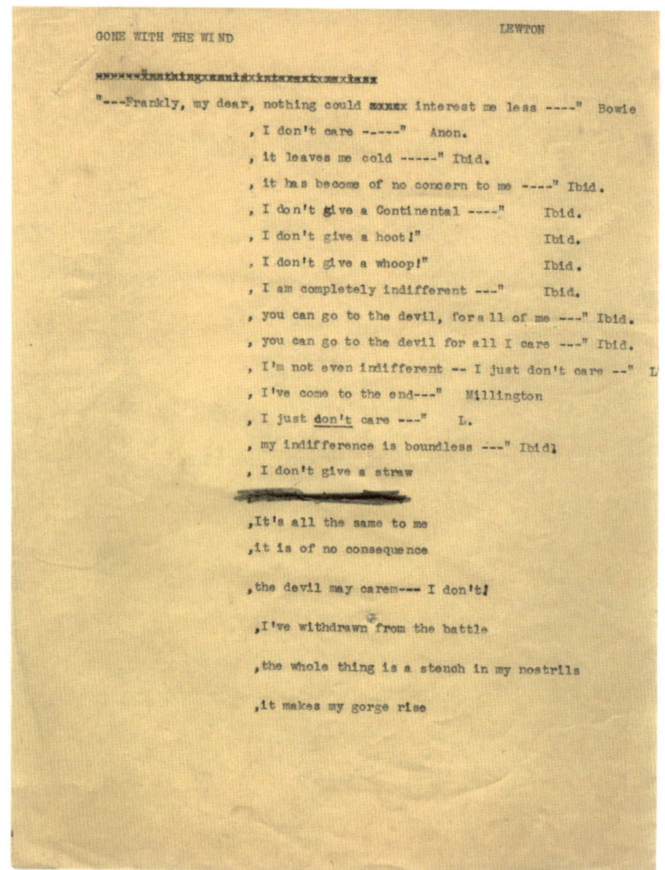

GONE WITH THE WIND　　　　LEWTON

~~xxxxxxXnothingxcouldxinterestxmexless~~

"---Frankly, my dear, nothing could ~~xxxxx~~ interest me less ----" Bowie

, I don't care -----" Anon.

, it leaves me cold -----" Ibid.

, it has become of no concern to me ----" Ibid.

, I don't give a Continental ----" Ibid.

, I don't give a hoot!" Ibid.

, I don't give a whoop!" Ibid.

, I am completely indifferent ---" Ibid.

, you can go to the devil, for all of me ---" Ibid.

, you can go to the devil for all I care ---" Ibid.

, I'm not even indifferent -- I just don't care --" L

, I've come to the end---" Millington

, I just don't care ---" L.

, my indifference is boundless ---" Ibid!

, I don't give a straw

,It's all the same to me

,it is of no consequence

,the devil may carem--- I don't!

,I've withdrawn from the battle

,the whole thing is a stench in my nostrils

,it makes my gorge rise

坦白说， 亲爱的……

塞尔兹尼克国际影片公司

（Selznick International Pictures）

1939 年

在电影史上，很少有台词像《乱世佳人》（*Gone with the Wind*）中的那样有名："坦白说，亲爱的，我一点也不在乎。"（Frankly, my dear, I don't give a damn.）——这是白瑞德对郝思嘉"我该去哪儿？我该怎么办？"的问题做出的回应。2005 年，美国电影协会将其评为最伟大的电影台词之一。然而事实上，这句台词本非如此。在电影上映前的两个月，美国电影审查委员会认为"damn"的表达具有冒犯性，并要求电影公司将其删除，这一决定在电影协会理事会紧急出台的电影制作守则修正案发布后几周被撤销。然而，在修正案推出之前，电影制作方准备了一份备用方案。

《乱世佳人》——劳顿

“——坦白说，亲爱的，没有什么能比这件事让我更不感兴趣了。”（鲍伊）

“——坦白说，亲爱的，我不在乎。”（佚名）

“——坦白说，亲爱的，我对这不感兴趣。”（佚名）

“——坦白说，亲爱的，这已经与我无关。”（佚名）

“——坦白说，亲爱的，我才懒得理会。”（佚名）

“——坦白说，亲爱的，我才不在乎！”（佚名）

“——坦白说，亲爱的，我压根不在意！”（佚名）

“——坦白说，亲爱的，我完全不关心。”（佚名）

“——坦白说，亲爱的，对我而言，见鬼去吧。”（佚名）

“——坦白说，亲爱的，我在乎的是，见鬼去吧。”（佚名）

“——坦白说，亲爱的，我不是冷漠——我就是根本就不在意。”（L.）

“——坦白说，亲爱的，对我来说都结束了。”（米林顿）

“——坦白说，亲爱的，我根本不关心。”（L.）

“——坦白说，亲爱的，我能给的只有冷漠。”（L.）

“——坦白说，亲爱的，我不在意。”

“——坦白说，亲爱的，对我来说没差别。”

“——坦白说，亲爱的，这无关紧要。”

“——坦白说，亲爱的，鬼才会在意——我不关心！”

“——坦白说，亲爱的，这不关我的事。”

“——坦白说，亲爱的，这些事就是我鼻中的烟。”

“——坦白说，亲爱的，这让我反胃。”

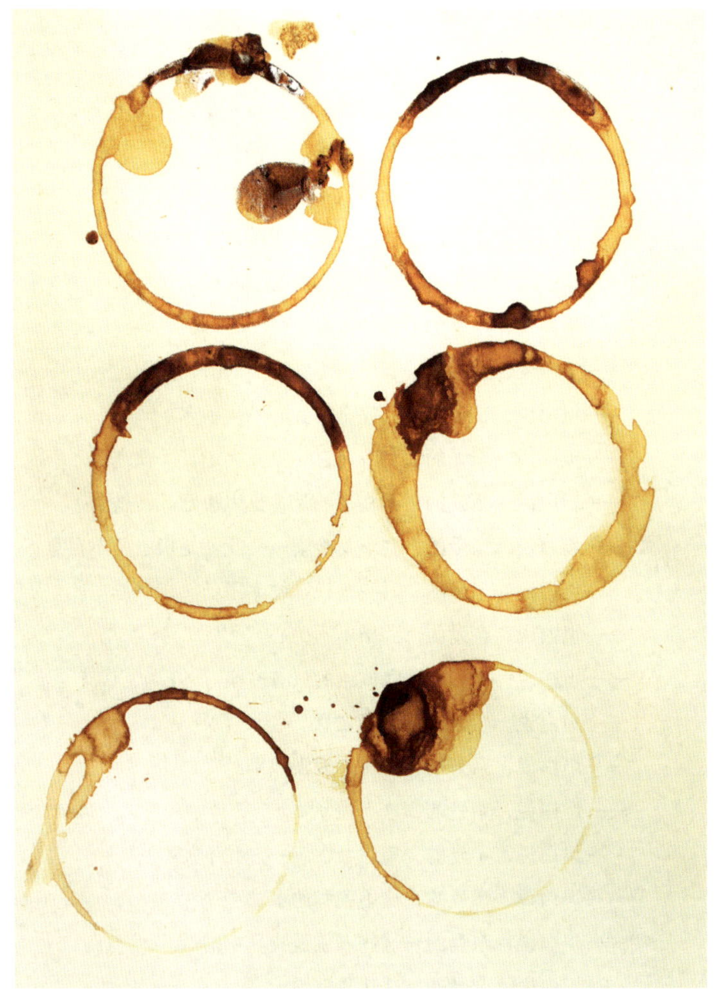

咖啡馆

唐 · 萨尔特罗 （Don Saltero）

约 1700 年

1695 年，伦敦切尔西区的一家名为“唐 · 萨尔特罗”的咖啡馆吸引了大批顾客，他们不是为了到店里品尝点心，而是为了观赏数百件被摆在架子上、挂在墙上和天花板上的有趣而又稀奇古怪的物件。“珍品陈列柜”里摆满了纪念品，这些纪念品都是咖啡馆的主人詹姆斯 · 索尔特从世界各个角落收集来的。进入店内的顾客都会获得一本珍品目录，这是一份不断重印的拥有 40 多个版本的清单，里面包含了几乎所有的藏品，例如下面这一份。

房间墙壁上的所有藏品，从窗间墙开始：

1. 一只苏格兰北部的鹅。
2. 一只雄伟的鹰。
3. 一段 8 英尺[1] 长的甘蔗。
4. 一个令人好奇的浮秤，或者是天气测量器。
5. 一只鹈鹕的喙。
6. 一张奇特的蛇皮，6.5 英尺长。
7. 一个大得惊人的龙虾爪。
8. 一只海扇。
9. 海草。
10. 一只东印度群岛的狐猴。
11. 一头非洲野驴的幼崽。
12. 猫的骨架。
13. 一尊中国佛像。
14. 鲸的阴茎。
15. 格陵兰熊的头和爪子。
16. 一张丝绸制的纸，12 英尺长，4.5 英尺宽，来自中国。
17. 一串天主教的珠子。
18. 一个孩子的干尸。
19. 一只几内亚鹿。
20. 一只詹姆斯二世统治时期议长椅子下的椅套。
21. 维多国王的物件。
22. 大象的耳朵。
23. 在格洛斯特发现的管子。
24. 一份印着戴着飞行帽的猴子的印刷品。
25. 一个上色了的漂亮蜥蜴标本。
26. 一份查理一世的斩首令。

1 1 英尺等于 0.3048 米。

27. 一个上色了的鼯鼠标本。

28. 一个上色了的巨嘴鸟标本。

29. 带扣环的海象的阴茎。

30. 一只大水獭。

31. 一头野牛或水牛的角。

*31. 补鞋匠的锥子和一只千鸟。

32. 一只漂亮的角鸮。

33. 一只中国雉鸡。

*34. 由芦苇制成中国的乐器。

34. 两个来自马洪港的漂亮的贻贝壳，2 英尺长。

35. 犀牛角。

36. 一个有上射水轮的磨盘模型，靠沙子运行（大的一般靠水转动），它的精巧设计令人感到好奇。模型被装置在瓶子里：瓶子的制动器精巧地被交叉的木条和弹簧栓控制，弹簧栓末端挂着许多东西。整个装置是密封的，没有一粒沙子会漏出来。

37. 一个西印度牡鹿的角。

38. 西班牙的一种装置，有时候绑在人身上用来防止出轨，通常被称为西班牙挂锁。

39. 天主教的主教权杖。

40. 一个独角鲸的角，7.5 英尺长。

41. 一条修士的戒鞭。

42. 丹麦入侵英国时期使用的斯塔福德郡年鉴。

43. 一个雕刻精美的修士用的棺材石板。

44. 一节鲸鱼背脊骨。

45. 一把 1745 年间由威廉堡的叛军铸成的铁弩箭。

46. 一头俄罗斯熊的爪子。

47. 一个大海星。

48. 海豹的爪子。

49. 一块被虫啃食的船的龙骨。

50. 海牛的头。

51. 达连湾印第安酋长托·豪·沙姆的长矛，他用这支矛杀死了 6 个西班牙人，并且把每颗头的牙齿都撬了下来，作为胜利的象征镶在了矛上。

52. 一张蛇皮，10.5 英尺长，一个做工精良的液体比重计。

53. 麋鹿的蹄子。

54. 海狮的头和牙。

55. 苏格兰雄獐的头。

56. 鲨鱼的鳍。

57. 一把中式砍刀。

58. 德廷根战役中法国军官戴的帽子。

*58. 大象的臼齿。

59. 鲸鱼的牙齿。

60. 来自中国的刑杖。

61. 被征服者留在战场上的印第安战争之剑。

62. 被当作扇子使用的印第安树叶。

63. 供盲人使用的年鉴。

64. 一把豚鼠皮制的扇子。

65. 羚羊的头和角。

66. 达连湾印第安酋长托·豪·沙姆的腰带、鞋和其他装饰品。

67. 一双鞑靼女鞋。

68. 威廉三世的加冕典礼鞋。

69. 一双的黎波里长袜。

70. 土耳其箭袋。

*71. 做工精美的黄铜克雷莫纳小提琴。

71. 一双来自哈德逊湾的鞋。

72. 圣殿骑士团的骑士铠甲。

73. 一双中国的长袜。

74. 伊丽莎白女王的马镫。

75. 一双中国靴子。

76. 有 280 颗牙齿的鲨鱼嘴。

77. 一件劣质铠甲。

78. 一双土耳其女鞋。

79. 一双中国女鞋。

80. 查理二世与凯瑟琳王后的婚礼鞋。

81. 一双土耳其男鞋。

82. 一双土耳其拖鞋。

83. 一双中国男鞋。

84. 一双西班牙女鞋。

85. 一对在意大利游戏跳芭蕾穿的□□[1]。

86. 一把精美的木制扇子。

87. 一件精美的教堂雕塑。

88. 一幅狐猿的画，画上还有佛罗里达湾的杂草。

89. 祈祷文、信条、十诫、为国王和王室的祈福，以及第 21 篇赞美诗：所有这些都写在乔治国王的半身像上。

90. 三幅精美的画像，画着查理一世和他的两个儿子。

91. 风干了的猫。

92. 一把土耳其弓。

93. 一个长成猪形的树根。

94. 一只獾的头。

95. 锯鳐的锯齿。

96. 国王亨利八世的铠甲。

97. 一副铁手甲。

98. 印第安食人族的刀。

99. 印第安的弓和箭。

100. 两支标枪。

101. 一个黑人男孩的鼠皮帽子。

102. 雪地靴。

103. 一件能防止出汗的中式汗衫。

104. 一个苏格兰高地人的靶子。

105. 一件树皮大衣。

106. 天使长的戒鞭。

---

1 原文为“brashalls”，未详。

107. 马来人的帽子。

108. 伊丽莎白女王侍女的帽子。

109. 印第安酋长的靶子。

110. 伊丽莎白女王的工具袋。

111. 一顶波希米亚的帽子。

112. 一幅精巧的画作，描绘了男人怎样变成女人。

113. 一幅关于胡迪布拉斯与魔法师的动人画作。

114. 一幅关于瓶中魔法师的画作。

115. 一幅羞涩的寡妇的画像。

116. 两只年幼的水龟或陆龟。

117. 两个漂亮的鸵鸟蛋。

118. 太阳鱼。

119. 一只雕刻精美的鸵鸟蛋。

120. 海星。

121. 一个拳手的装备。

122. 巴巴利的靴刺。

123. 国王亨利八世的靴刺。

124. 一幅来自苏里南的红色侏儒鸟的画作，颜色栩栩如生。

125. 两支马达加斯加长矛。

126. 一把印第安弓。

127. 一把土耳其枪。

128. 从那慕尔之围中获得的四滚筒手枪。

129. 四支印第安弓箭，箭翎非常长。

130. 两支古老的罗宾汉的宽头箭。

131. 两支带有芒刺的毒箭。

132. 奥利弗·克罗威尔的阔剑。

133. 一把西班牙铁锹。

134. 国王詹姆斯的加冕典礼剑。

135. 国王威廉的加冕典礼剑。

136. 苏格兰□□[1]。

137. 两把历史久远的毒匕首。

138. 马来人的短剑。

139. 一块旅行用的表。普通的表指针走动，表盘固定，这块正好相反。

140. 一个墨西哥靴刺，海军上将安森在阿卡普尔科的船上获得的。

141. 征服者威廉的火焰之剑。

142. 一幅斑马或是非洲野驴的画作，上色生动。

143. 一只在修缮威斯敏斯特教堂发现的饿死的猫。

144. 羚羊角。

145. 一只漂亮的大水龟，或是陆龟。

146. 一个古老的干酪桶。

147. 一把精致的印第安弓和弓箭，用来射鸟。

148. 在魁北克战场上发现的一把印第安战斧。

149. 纸质的精美蕾丝。

150. 牛椋鸟的头。

151. 琵嘴鸭的头。

152. 海象的牙齿。

1 原文为“dusk”，未详。

童谣暴力

杰弗里 · 汉德利 · 泰勒
（Geoffrey Handley Taylor）
1952 年

1952 年，英国作家杰弗里 · 汉德利 · 泰勒在他的一本关于童谣改革的书中分析了 200 首传统童谣，认为其中大概一半的童谣是“非常好的和非常适合儿童的”，但是“剩下的 100 首则暗含了暴力的元素”。他用下面这份清单说明了这个观点，清单中是他在童谣中发现的暴力元素。

8 例涉及谋杀（未分类）

2 例窒息而死

1 例被死亡吞噬

1 例把人砍成了两半

1 例被斩首

1 例被压死

1 例死于身体萎缩

1 例被饿死

1 例被水煮死

1 例被绞死

1 例被溺死

4 例杀死饲养的动物

1 例死于绑架

21 例死亡（未分类）

7 例涉及割断四肢

1 例中有砍断自己四肢的愿望

2 例自残

4 例涉及四肢折断

1 例中提及流血的心脏

1 例吞食人类血肉

5 例死亡威胁

1 例绑架

12 例对人和动物的虐待

8 例鞭打和辱骂

3 例提及血液

14 例偷盗和说谎

15 例提及人类和动物致残

1 例涉及丧事

2 例提及坟墓

23 例身体暴力（未分类）

1 例精神失常

16 例不幸和悲伤

1 例酗酒

4 例诅咒

1 例提及婚姻是死亡的一种形式

1 例蔑视盲人

1 例嘲弄祷告

9 例遗弃或抛下孩子

2 例火灾

9 例提及贫困

5 例涉及争吵

2 例非法监禁

2 例种族歧视

黑手党十诫

黑手党 （The Mafia）

时间未知

萨尔瓦托雷·洛皮科洛逃亡了 24 年。2007 年被捕时，人们认为他是西西里黑手党的首领，这个世界上最大的犯罪组织和他的家族已经存在了几十年。与大多数组织一样，黑手党也有自己的规矩。然而直到洛皮科洛被捕，意大利警方才在他的藏身之处发现了一份名为“黑手党十诫”的文件，这份文件之后被公之于世，所有人都能看到。

我发誓永远效忠科萨·诺斯特拉[1]，如果背叛，肉体将化为灰烬——就像这张燃烧的纸一样。

权利和义务

1. 禁止直接将人介绍给我们的朋友。必须有第三者做中间人。
2. 不准偷看朋友的女人。
3. 绝不能被警察看见。
4. 不要去酒吧和俱乐部。
5. 随时准备好接受科萨 · 诺斯特拉的指令——即使你的老婆即将分娩。
6. 绝对服从命令。
7. 必须尊重妻子。
8. 在（组织内）被问及任何的信息时，给出的答案必须准确无误。
9. 禁止把他人或他人家庭的财产据为己有。

禁止加入科萨 · 诺斯特拉的人

1. 和警察有亲密关系的人。
2. 对家庭不忠的人。
3. 行为恶劣且没有道德观的人。

1 “Cosa Nostra”，黑手党的秘密代号，意为“我们的行当”。

Walt Disney PICTURES

INTER-OFFICE COMMUNICATION

TO ANIMATION DEPARTMENT DATE February 13, 1986

FROM Peter Schneider EXT. 2630 SUBJECT

Along with the new title for "Basil of Baker Street" it has been decided to re-name the entire library of animated classics. The new titles are as follows...

"SEVEN LITTLE MEN HELP A GIRL"

"THE WOODEN BOY WHO BECAME REAL"

"COLOR AND MUSIC"

"THE WONDERFUL ELEPHANT WHO COULD REALLY FLY"

"THE LITTLE DEER WHO GREW UP"

"THE GIRL WITH THE SEE-THROUGH SHOES"

"THE GIRL IN THE IMAGINARY WORLD"

"THE AMAZING FLYING CHILDREN"

"TWO DOGS FALL IN LOVE"

"THE GIRL WHO SEEMED TO DIE"

"PUPPIES TAKEN AWAY"

"THE BOY WHO WOULD BE KING"

"A BOY, A BEAR AND A BIG BLACK CAT"

"ARISTOCATS"

"ROBIN HOOD WITH ANIMALS"

"TWO MICE SAVE A GIRL"

"A FOX AND A HOUND ARE FRIENDS"

"THE EVIL BONEHEAD"

And of course our latest classic destined to win the hearts of the american public...

"THE GREAT MOUSE DETECTIVE"

“七个小矮人帮助一个女孩”

埃德·冈伯特 （Ed Gombert）

1986年12月13日

早在1986年，迪士尼的高管们决定把即将推出的名为“贝克街的巴兹尔”的动画更名为更加简单直白的“伟大的老鼠神探”，这让它的制作团队非常不满。其中的一位主要画师埃德·冈伯特，通过制作和传播一份虚假的备忘录，向当时的部门主管彼特·施耐德发泄不满。在这张清单上，有一系列迪士尼作品的名录，以同样简单直白的方式重新命名。这份清单广泛流传，很快就传到了迪士尼的CEO杰弗里·卡森伯格那里。他试图通过质问完全无辜的施耐德来发现清单制作者的身份，但是没有成功。

这份清单后来甚至登上了《洛杉矶时报》。令迪士尼公司感到惊讶的是，虽然是出于错误的原因，但电影的名字突然成为街谈巷议。

迪士尼电影公司

公司内部使用

P4188

呈给动画部门

日期：1986 年 2 月

来自：彼特·施耐德

主题：无

按照“贝克街的巴兹尔”换名字的方式来看，所有经典动画的名字都该变成：

“七个小矮人帮助一个女孩”

“木头男孩活了”

“颜色和音乐”

“神奇的会飞的大象”

“长大的小鹿”

“穿透明鞋子的女孩”

“想象世界中的女孩”

“神奇的会飞的小孩”

“坠入爱河的两只狗”

“看起来死了的女孩”

“带走小狗”

“将成为国王的男孩”

“男孩、熊和一只大黑猫”

“贵族猫”

“罗宾汉和动物们”

“两只老鼠救了一个女孩”

“狐狸和猎犬是朋友”

“邪恶的傻瓜”

当然我们最新的经典注定赢得美国民众的心：

“伟大的老鼠神探”

For Characters Who Don't Dig Jive Talk:

A Really In There Solid Chick	An Attractive Young Girl
A Shape In A Drape	Looks Good In Clothes
Ball All Night	An All Night Party
Bring Him	Embarrass Him
Cat	A Jive Fan
Clipster	A Confidence Man
Cut on Down, Cut Out	To Leave
Dig Those Mellow Kicks	Knows How To Live
Dig What I'm Puttin' Down	Pay Attention
Drifter	Floater
Fall In On That Mess	Play That Thing
Fall On Down	Meander
Freakish High	To Get High As A Kite
Get Straight	Work It Out, Make A Deal
Good For Nothin' Mop	No Good Woman
Groovy Little Stash	Cozy Spot
Hipsters	Characters Who Like Hot Jazz
Hold Back The Dawn	Go On This Way Forever
Hype You For Your Gold	Take You For The Bank Roll
I'm Hippn' You Man	Putting You Wise
Joint Is Jumpin'	Place Full Of Customers
Juices	Liquor
Layin' It On You Straight	Telling You The Truth
Like A Motherless Child	Sedate
Lush Yourself To All Ends	Get Very Drunk
Out Of The World Mellow Stage	To Get Ecstatically Drunk
Pitch A Ball	Have A Good Time
Really In There	Knows The Answers
Same Beat Groove	Bored
A Square	Cornfed
Solid Blew My Top	Went Crazy
Solid Give Me My Kicks	Had Lots of Fun
Solid Stud	Influential man in the entertainment field
His Story is Great	A Successful Man About Town
Take It Slow	Be Careful
Your Stickin'	Flush, Carrying A Bankroll

Made In U. S. A.

为那些不会说俚语的人

哈里 · 吉布森 （Harry Gibson）

1944 年

爵士乐钢琴家哈里 · 吉布森是一个与他所处的时代格格不入的人：一个古怪、疯狂的音乐家，在曼哈顿的俱乐部里，演奏充满活力的音乐。在某种程度上可以说，他已经超越了他的时代。对俚语的熟练运用也使得他更受欢迎，他在 1944 年创造了单词“hipster”（喜欢爵士乐的人）。下面的这份清单被称为“初学者的俚语指南”，印在了他的同年专辑《布基伍基蓝调》（Boogie Woogie in Blue）的内封上。

A Really in There Solid Chick.................................. 一个迷人的年轻女孩

A Shape in A Drape.. 穿得很漂亮

Ball All Night... 一整夜的派对

Bring Him.. 让他尴尬

Cat.. 摇摆乐粉丝

Clipster.. 自信的人

Cut on Down, Cut Out... 离开

Dig Those Mellow Kicks.. 知道如何生存

Dig What I'm Puttin' Down .... 注意

Drifter... 过失

Fall in on That Mess.. 演奏那个乐器

Fall on Down... 闲聊

Freakish High.. 到像风筝一样高的地方

Get Straight.. 办好、搞定

Good for Nothin'Mop... 没有好女人

Groovy Little Stash... 舒适的地方

Hipsters.. 喜欢爵士乐的人

Hold Back the Dawn.. 永远如此

Hype You for Your Gold... 把你当作提款机

I'm Hippn' You Man.. 给你智慧

Joint is Jumpin'... 店里满是顾客

Juices... 酒

Layin' It on You Straight... 告诉你真相

Like a Motherless Child... 安静的

Lush Yourself to All Ends... 大醉一场

Out of the World Mellow Stage .... 酩酊大醉

Pitch a Ball.. 过得愉快

Really in There.. 知道答案

Same Beat Groove... 感到厌烦

A Square... 天真

Solid Blew My Top... 发疯了

Solid Give Me My Kicks .... 很愉快

Solid Stud... 娱乐圈里有影响力的人

His Story is Great... 城里的成功人士

Take It Slow.. 小心点

Your Stickin'... 激动，正带着钱

美国制造

ichtest Dich aus-
h, im Verkehr mit
gende Punkte
ten
t weder Zärtlich-
mir
n erwarten noch
dwelche Vorwürfe
hen.
st eine an mich
ete Rede sofort
eren, wenn ich
ersuche.
st mein Schlaf-
beitszimmer sofort
errede zu verlassen,
ch darum ersuche.
flichtest Dich,
urch Worte noch
andlungen in den
ugen meiner
herabzusetzen.

A. Du sorgst dafür
~~1)~~
~~Du sorgst dafür~~ 1) dass meine ordentlich Kleider und Wäsche (im Stand) gehalten werden
2) dass ich die drei Mahlzeiten im Zimmer ordnungsgemäss vorgesetzt bekomme.
3) Das mein Schlafzimmer und Arbeitszimmer stets in guter Ordnung gehalten sind, insbesondere, dass der Schreibtisch mir allein zur Verfügung steht.
B. Du verzichtest auf alle persönlichen Beziehungen zu mir, soweit deren Aufrechterhaltung ~~nicht zur Wahrung~~ aus gesellschaftlichen Gründen nicht unbedingt geboten ist. Insbesonder verzichtest Du darauf
1) dass ich zuhause bei Dir sitze
2) dass ich zusammen mit Dir ausgehe oder verreise

爱因斯坦的条件

阿尔伯特 · 爱因斯坦 （Albert Einstein）

1914 年

到 1914 年，物理学家阿尔伯特 · 爱因斯坦已经和他的妻子米列娃 · 玛丽克结婚 11 年了，他们间的关系也越来越恶化。在意识到他们的婚姻已名存实亡之后，为了两个年幼的孩子，汉斯和爱德华，爱因斯坦提议夫妻俩继续生活在一起，但是前提是她得答应一些要求，米列娃同意了。不过这似乎没有起到任何效果，几个月之后她离开了爱因斯坦，带着孩子去了苏黎世。1919 年，在两地分居 5 年之后，他们离婚了。

条件

A. 你必须保证：

1. 整理好我所有的衣服。
2. 每天三顿饭，全部送到我的房间。
3. 我的卧室和书房得打扫得干干净净，但是书桌你不能碰。

B. 你必须放弃和我的所有私人关系，因为从某些社会因素来看，这种关系是不必要的。具体来说，你需要放弃：

1. 在家与我坐在一起。
2. 和我一起出门或旅行。

C. 在我俩的关系中，你要遵循以下几点：

1. 不要期待任何亲昵行为，也别企图通过任何方式责备我。
2. 如果我不想和你说话，你就闭嘴。
3. 如果我提出要求，你必须立刻离开我的卧室或书房，不能有任何反抗。

D. 不能通过任何语言或行为在孩子面前贬低我。

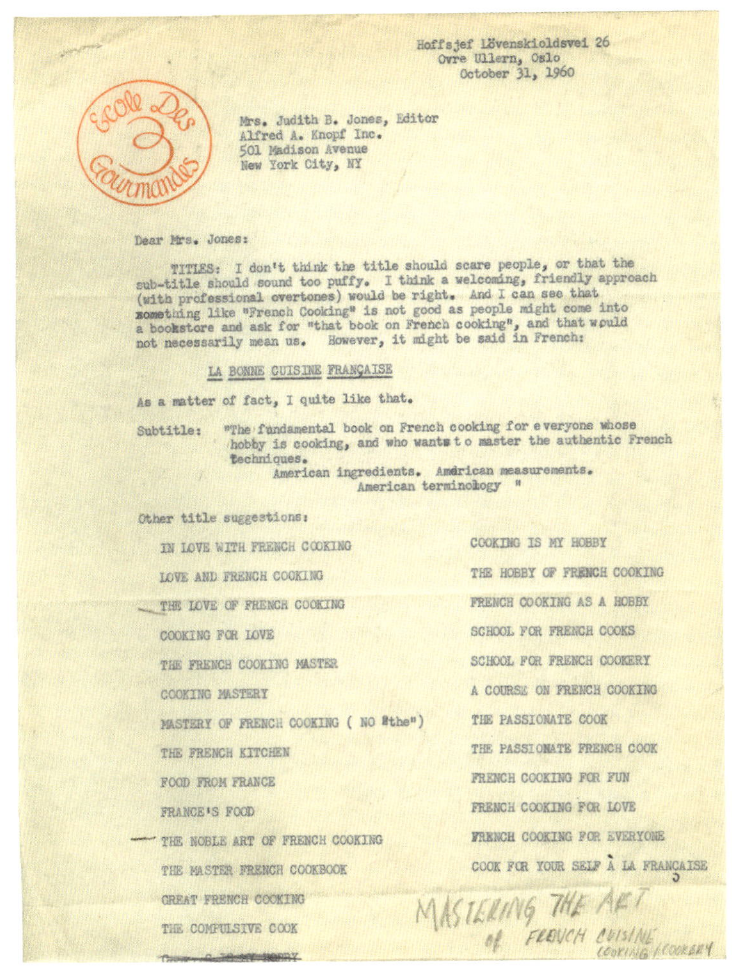

Hoffsjef Lövenskioldsvei 26
Ovre Ullern, Oslo
October 31, 1960

Mrs. Judith B. Jones, Editor
Alfred A. Knopf Inc.
501 Madison Avenue
New York City, NY

Dear Mrs. Jones:

TITLES: I don't think the title should scare people, or that the sub-title should sound too puffy. I think a welcoming, friendly approach (with professional overtones) would be right. And I can see that something like "French Cooking" is not good as people might come into a bookstore and ask for "that book on French cooking", and that would not necessarily mean us. However, it might be said in French:

LA BONNE CUISINE FRANÇAISE

As a matter of fact, I quite like that.

Subtitle: "The fundamental book on French cooking for everyone whose hobby is cooking, and who wants to master the authentic French techniques.
American ingredients. American measurements.
American terminology "

Other title suggestions:

IN LOVE WITH FRENCH COOKING
LOVE AND FRENCH COOKING
THE LOVE OF FRENCH COOKING
COOKING FOR LOVE
THE FRENCH COOKING MASTER
COOKING MASTERY
MASTERY OF FRENCH COOKING (NO "the")
THE FRENCH KITCHEN
FOOD FROM FRANCE
FRANCE'S FOOD
THE NOBLE ART OF FRENCH COOKING
THE MASTER FRENCH COOKBOOK
GREAT FRENCH COOKING
THE COMPULSIVE COOK

COOKING IS MY HOBBY
THE HOBBY OF FRENCH COOKING
FRENCH COOKING AS A HOBBY
SCHOOL FOR FRENCH COOKS
SCHOOL FOR FRENCH COOKERY
A COURSE ON FRENCH COOKING
THE PASSIONATE COOK
THE PASSIONATE FRENCH COOK
FRENCH COOKING FOR FUN
FRENCH COOKING FOR LOVE
FRENCH COOKING FOR EVERYONE
COOK FOR YOUR SELF À LA FRANÇAISE

MASTERING THE ART of FRENCH CUISINE
COOKING / COOKERY

掌握法式烹饪的艺术

茱莉亚 · 蔡尔德 （Julia Child）

1960 年 10 月 31 日

作为十多本烹饪类畅销书的作者和众多成功的电视烹饪节目的主持人，厨师茱莉亚 · 蔡尔德激励着数百万美国人在他们的厨房里做出更有创意的菜品。1961 年她出版了第一本书，这本书的影响力非常大，一直延续至今。1961 年 10 月，在这本书发表之前几个月，她给她在艾尔弗雷德 · A. 克诺普夫出版社的编辑写下了这份列着 28 个书名的清单，最终“掌握法式烹饪的艺术”被选中。

编辑朱迪斯 · B. 琼斯女士
艾尔弗雷德 · A. 克诺普夫出版社有限公司
麦德逊大道 501 号
纽约市，纽约

亲爱的琼斯女士：

主题：我认为书名不能让人难以接受，副标题也不能太啰嗦，并且应该用一种热情、友好的表达方式（以专业的口吻）。像“法式烹饪”这种书名并不好，如果人们走进书店，说要那本“关于法式烹饪的书”，可能没人知道是指我们的这本。或许，可以考虑用法语作书名：

LA BONNE CUISINE FRANÇAISE（美味的法式烹饪）

事实上，我还挺喜欢这个标题的。

副标题或许可以是：“一本学习做法国菜的基础读物，献给喜爱烹饪和真正想要学习法式烹饪技巧的你。美式食材、美式测量方法、美式术语。”

其他的书名建议：

爱上法式烹饪
爱与法式烹饪
法式烹饪的爱
为爱烹饪
法式烹饪大师
烹饪大师
掌握法式烹饪
法国厨房
来自法国的食物
法国菜
法国烹饪的艺术
法式烹饪大师指南

伟大的法式烹饪

沉迷烹饪

烹饪是我的爱好

法式烹饪的爱好

法式烹饪是一种爱好

法国厨师学校

法式烹饪学校

法式烹饪课程

精通法式烹饪

热情的厨师

热情的法国厨师

法式烹饪的乐趣

为爱进行的法式烹饪

每个人都能学的法式烹饪

为自己做的法国菜

掌握法式烹饪 / 烹调的艺术

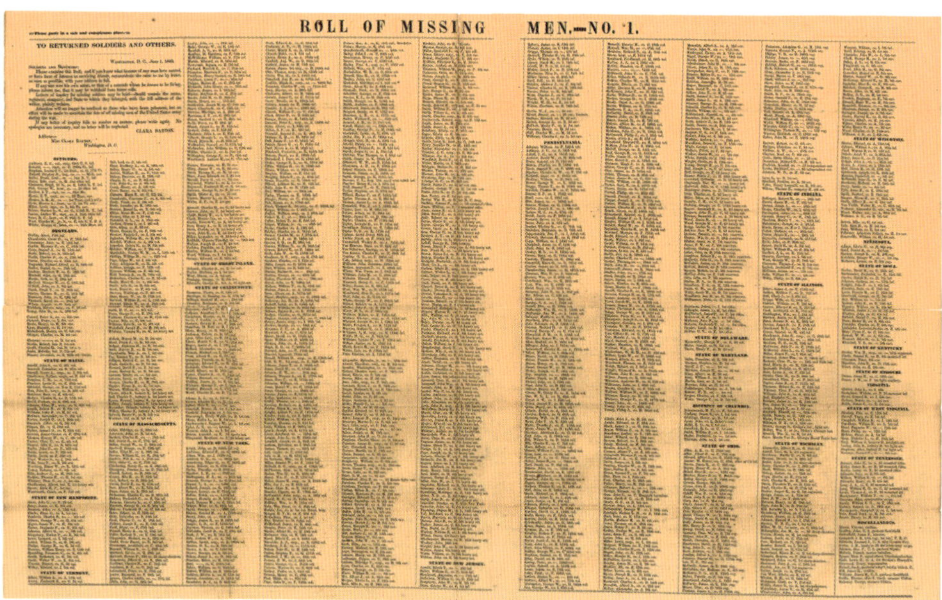

ROLL OF MISSING MEN.—NO. 1.

TO RETURNED SOLDIERS AND OTHERS.

WASHINGTON, D. C., June 1, 1865.

CLARA BARTON.

失踪的士兵

克拉拉·巴顿 （Clara Barton）

1865 年

在美国南北战争期间，克拉拉·巴顿孜孜不倦地照顾前线的士兵们，为他们提供医疗用品。因为这些善举，她被称为“战地天使”。战争结束后，她向亚伯拉罕·林肯请求批准设立与美国军队中失踪人员亲友联络的通讯委员会，这个机构让她和另一名职员可以回复成千上万疯狂的、无人回复的信件，这些信件的寄件人都在等待着他们失踪亲属的消息。不久后这个机构被取消了，巴顿因此起草了一份失踪人员名单，并把它发表在全国各地的报纸上，名单上还附上了她的一封信。信的右侧是第一批名单，之后还有更多。

数年之后，她建立了美国红十字会。

1865 年 6 月 1 日，华盛顿特区

战士们和兄弟们：

请仔细看这份名单，如果你知道名单上的任何人发生了什么，或者关心自己的亲友是否幸存，请尽快写信给我，并附上你的详细地址。

如果你发现自己的名字在这份名单上，或知道名单上的某个人还活着，请通知我，下一份名单会删掉这些名字。

咨询失踪士兵的信件应尽量写得简单清晰，要包含他们名字，所属的团、连和职务，并用清晰的字迹附上寄件者的完整地址。

我们不再将注意力仅限于集中在那些被囚禁的人身上，而会尽最大的努力确认战争期间所有失踪的美国军人的情况。

如果你的信件没有得到回复，请再写一次，无须因此感到抱歉。我们不会忽略任何一封信。

克拉拉·巴顿

地址——

克拉拉·巴顿女士

华盛顿特区

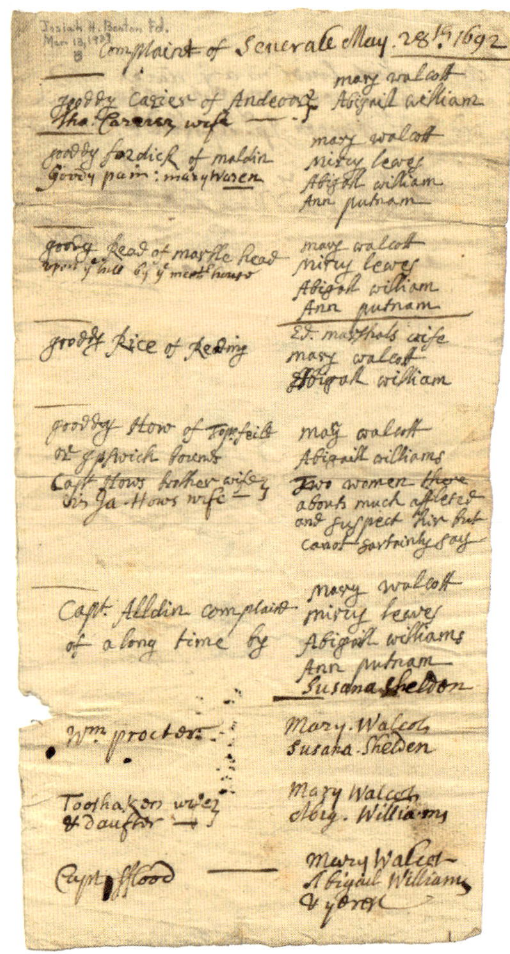

Josiah H. Benton Fd.
Mar 13, 1903
B

Complaint of Senerale May. 28th 1692

goody Carier of Andeover the Careres wife	mary walcott Abigail william
goody fosdick of maldin Goody pain: mary Warren	mary walcott mircy lewes Abigail william Ann putnam
goody Read of marble head upon y hill by y meeting house	mary walcott mircy lewes Abigail william Ann putnam
goody Rice of Reding	Ed. marshals wife mary walcott Abigail william
goody How of Topsfeild or Ipswich bounds Capt Hows brother wife Ja. Hows wife	mary walcott Abigail williams Two women there abouts much afflicted and suspect her but canot sartainly say
Capt. Alldin complaind of a long time by	mary walcott mircy lewes Abigail williams Ann putnam Susana Sheldon
Wm proctor	Mary Walcott Susana Shelden
Toothaker wife & daughter	Mary Walcott Abig. Williams
Capt Flood	Mary Walcott Abigail Williams & others

塞勒姆女巫

作者未知

1692年5月28日

据目击者称，在1692年1月，11岁的塞勒姆居民阿比盖尔·威廉姆斯和她9岁的表妹伊丽莎白·帕里斯开始表现得有些不正常，有时候还出现痉挛的情况。当地的医生威廉姆·格里格斯在医学上找不到合理的解释，转而将其归咎为巫术，女孩们也认同了这个诊断结果。不久之后，其他女孩也声称自己被附身了。饱受折磨的人们开始指控当地的一部分女人是女巫，很快塞勒姆女巫审判运动就达到高潮。下面这份清单是当时一部分被指控的人（左侧）和指控他们的人。审判持续了一年多，20多人被处死，她们中大多数人被指控为女巫。

1692年5月28日的指控名单

被指控者	指控者
安多弗的古迪·卡瑞尔 卡瑞尔的妻子	玛丽·沃尔科特 阿比盖尔·威廉
莫尔登的古迪·福斯迪克 古迪·佩恩：玛丽·瓦伦	玛丽·沃尔科特 米尔希·李维斯 阿比盖尔·威廉 安·普特南
山丘上礼堂旁 马布尔黑德的古迪·里德	玛丽·沃尔科特 米尔希·李维斯 阿比盖尔·威廉 安·普特南
雷丁的古迪·赖斯	艾德·马歇尔的妻子 玛丽·沃尔科特 阿比盖尔·威廉
在伊普斯威奇的边界 托普斯菲尔德的古迪·豪	玛丽·沃尔科特 阿比盖尔·威廉
豪船长兄弟的妻子	有两名女子对她表示怀疑， 但她们也没有确切的证据。
被这些人抱怨很久的阿尔丁船长	玛丽·沃尔科特 米尔希·李维斯 阿比盖尔·威廉 安·普特南 苏珊娜·谢尔登

威廉·普罗克特	玛丽·沃尔科特 苏珊娜·谢尔登
图塞克的妻子和女儿	玛丽·沃尔科特 阿比盖尔·威廉
弗洛德船长	玛丽·沃尔科特 阿比盖尔·威廉和其他的人

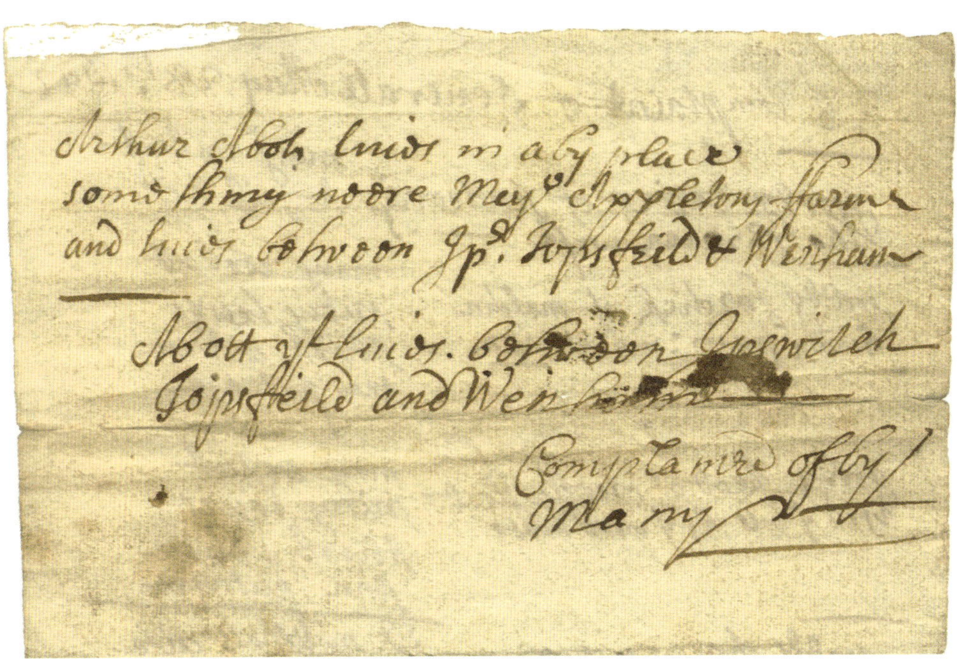

Arthur Abott liues in a by place
some thing neare Mr Appletons farme
and liues betwen Ip. Topsfeild & Wenham

Abott yt liues betwen Ipswitch
Topsfeild and Wenham

Complainte of by
Many

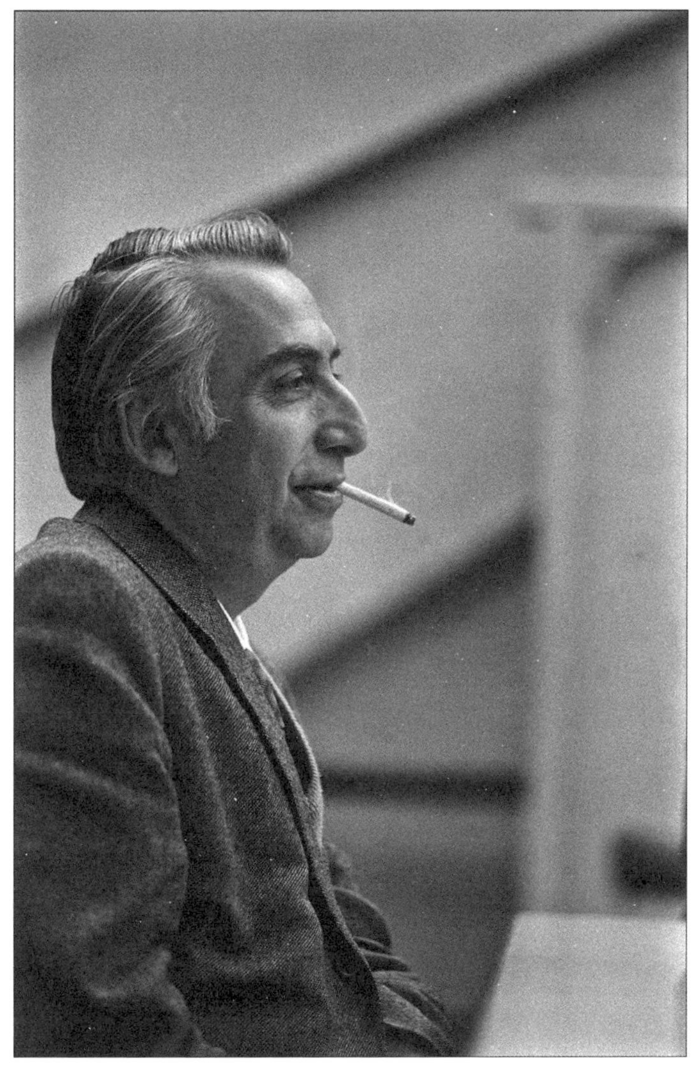

我喜欢的， 我不喜欢的

罗兰 · 巴特 （Rolande Barthes）

1977 年

法国社会学家、评论家和理论家罗兰 · 巴特在他 1977 年出版的自传《罗兰 · 巴特》 中，写下了两份令人难忘的清单：一份列着他喜欢的东西，一份列着他不喜欢的东西。他之后说，这样的清单在本质上毫无意义。

我喜欢的，我不喜欢的

我喜欢的：沙拉、肉桂、奶酪、甜椒、杏仁糖、刚割下的青草的气味（为什么没人做青草味的香水？）、玫瑰、牡丹、薰衣草、香槟、模糊的政治立场、格伦·古尔德、冰凉的啤酒、扁平的枕头、烤吐司、哈瓦那雪茄、亨德尔、散步、梨、白桃、樱桃、色彩、手表、各种笔、甜点、粗盐、现实主义小说、钢琴、咖啡、波洛克、托姆布雷、浪漫的音乐、萨特、布莱希特、凡尔纳、傅里叶、爱森斯坦、火车、梅多克酒、有零钱、《布瓦尔和佩库歇》、穿着凉鞋在法国西南部小道上漫步、在L医生家里就可以欣赏的阿杜尔河弯道、马克斯兄弟、晨光下的萨拉曼卡山等。

不喜欢的：白色的博美犬、穿宽松长裤的女人、天竺葵、草莓、羽管键琴、米罗、重言式、动画片、阿图尔·鲁宾斯坦、别墅、下午、萨蒂、巴托克、维瓦尔第、打电话、儿童合唱团、肖邦的协奏曲、勃艮第布朗莱舞和文艺复兴时期的舞蹈、管风琴、马尔科-安东尼·夏庞蒂埃的小号和定音鼓、性别政治、舞台、主动、忠实、即兴、与不认识的人过夜等。

喜欢或者不喜欢：这对任何人来说都不重要，显然也毫无意义。但这也意味着我的身体和你的不一样。因此，在这团关于喜欢与不喜欢的混乱泡沫中，本来模糊不清的身体之谜逐渐被描画出了外在轮廓，或与人投契，或惹人厌烦。对身体的酷刑由此展开，它强迫他人容忍我的自由，对他们无法感同身受的喜恶保持沉默和礼貌。（一只苍蝇在烦我，我打死了它：人会消灭烦扰自己的东西。如果我没打死这只苍蝇，那是出于纯粹的自由主义：我是自由主义者，而不是杀手。）

工人请假单

作者未知

约公元前 1250 年

这块神秘的石灰岩石板是发掘古埃及的村庄德尔麦迪那时发现的，这个古老的村庄曾经是在帝王谷建造法老坟墓的工人家族所在。这块石板上写着工人们在拉美西斯二世 40 年时缺席理由的清单。其中的许多理由在今天看来也十分真实，例如“和 Khons 喝酒”；还有一些则不是，例如“包裹母亲的尸体”。

Huynefer：冬天的第 2 个月，第 7 天（生病）；冬天的第 2 个月，第 8 天（生病）；夏天的第 3 个月，第 3 天（眼疾），第 5 天（眼疾），第 7 天（生病），第 8 天（生病）。

Amenemwia：冬天的第 1 个月，第 15 天（为法老防腐）；冬天的第 2 个月，第 7 天（缺席），第 8 天（酿酒），第 16 天（修门），第 23 天（生病），第 24 天（生病）；冬天的第 3 个月，第 6 天（包裹母亲的尸体）。

Inhurkhawy：春天的第 4 个月，第 17 天（妻子出血）。

Neferabu：春天的第 4 个月，第 15 天（女儿出血），第 17 天（埋葬神）；夏天的第 2 个月，第 7 天（给兄弟的尸体做防腐），第 8 天（给兄弟奠酒）；夏天的第 4 个月，第 26 天（妻子出血）。

Paser：冬天的第 1 个月，第 25 天（给儿子奠酒）；夏天的第 1 个月，第 27 天（酿啤酒）；夏天的第 2 个月，第 14 天（生病），第 15 天（生病）。

Pakhuru：夏天的第 4 个月，第 4 天、第 5 天、第 6 天、第 7 天（生病），第 8 天。

Seba：春天的第 4 个月，第 17 天（被蝎子蜇了）；冬天的第 1 个月，第 25 天（生病）；冬天的第 4 个月，第 8 天（妻子出血）；夏天的第 1 个月，第 25 天、第 26 天、第 27 天（生病）；夏天的第 2 个月，第 2 天、第 3 天（生病），第 4 天、第 5 天、第 6 天、第 7 天（生病）。

Neferemsenut：冬天的第 2 个月，第 7 天（生病）。

Simut：冬天的第 1 个月，第 18 天（缺席）；冬天的第 1 个月，第 25 天（他妻子……[1] 且出血）；冬天第 4 个月，第 23 天（妻子出血）。

Khons：春天的第 4 个月，第 7 天（生病）；冬天的第 3 个月，第 25 天（生病），第 26 天（生病），第 27 天、第 28 天（生病）；冬天的第 4 个月，第 8 天（祈祷）；夏天的第 4 个月，第 26 天（生病）；春天的第 1 个月，第 14 天、第 15 天（举办宴会）。

Inuy：冬天的第 1 个月，第 24 天（替 Qenherkhepshef 搬石头）；冬天的第 2 个月，第 8 天（同上），第 17 天（签字请假），冬天的第 2 个月，第 24 天……

Sunero：冬天的第 2 个月，第 8 天（酿啤酒）；夏天第 2 个月，第 2 天、第 3 天、

1　编者注：省略号部分为原文中未识别的内容。

第 4 天、第 5 天、第 6 天、第 7 天、第 8 天（生病）。

Nebenmaat：夏天的第 3 个月，第 21 天、第 22 天（生病）；夏天的第 4 个月，第 4 天（同上），第 5 天、第 6 天（同上），第 7 天、第 8 天（同上）；夏天的第 4 个月，第 24 天（生病），第 25 天（生病），第 26 天（生病）。

Merwaset：冬天的第 2 个月，第 17 天（酿啤酒）；夏天的第 3 个月，第 5 天（生病），第 7 天、第 8 天（生病）；夏天的第 3 个月，第 17 天（生病），第 18 天（和老板在一起）。

Ramose：冬天的第 2 个月，第 14 天（生病），第 15 天（生病）；夏天的第 2 个月，第 2 天（为儿子哀悼），第 3 天（生病）。

Bakenmut：冬天的第 2 个月，第 7 天（加工用于记录的石板）。

Rahotep：冬天的第 1 个月，第 14 天（祭神）；冬天的第 4 个月，第 25 天（女儿流血）；夏天的第 2 个月，第 5 天（包裹儿子的尸体），第 6 天、第 7 天、第 8 天（同上）；夏天的第 4 个月，第 7 天（抄写），第 8 天（抄写）。

Iierniutef：冬天的第 2 个月，第 8 天（缺席），第 17 天（抄写），第 23 天（生病）；冬天的第 3 个月，第 27 天（抄写），第 28 天（缺席）；冬天的第 4 个月，第 8 天（抄写）；春天的第 1 个月，第 14 天。

Nakhtamun：冬天的第 1 个月，第 18 天（酿啤酒），第 25 天（和老板在一起）；冬天的第 2 个月，第 13 天、第 14 天、第 15 天、第 16 天、第 17 天、第 18 天（和老板在一起）；冬天的第 2 个月，第 24 天（和老板在一起）；冬天的第 3 个月，第 25 天、第 26 天、第 27 天、第 28 天（和老板在一起），第……天（和老板在一起）；冬天的第 4 个月，第 8 天（抄写）；夏天的第 1 个月，第 16 天（眼疾），第 25 天（生病）；春天的第 1 个月，第 14 天（生病）。

Hornefer：冬天的第 2 个月，第 13 天、第 14 天、第 15 天（和老板在一起）；冬天的第 2 个月，第 16 天、第 17 天（和老板在一起），第 23 天（和老板在一起）；夏天的……月，（……）。

Hornefer：夏天的第 2 个月，第 10 天（生病）。

Sawadjyt：春天的第 3 个月，第 23 天、第 24 天（和老板在一起）；春天的第 4 个月，第 16 天（女儿出血）；冬天的第 1 个月，第 14 天（祈祷），第 24

天（给父亲奠酒），第 25 天（同上），第 26 天（？[1]）（同上），第 28 天（？）（和老板在一起）。

Sawadjyt：夏天的第 2 个月，第 14 天（和老板在一起）。

Horemwia：春天的第 3 个月，第 21 天、第 22 天（和老板在一起）；冬天的第 2 个月，第 8 天（酿啤酒）；夏天的第 3 个月，第 17 天、第 18 天（生病），第 21 天（生病），第 22 天；夏天的第 2 个月，第 4 天（和老板在一起）；春天的第 2 个月，第……天（和老板在一起）。

Horemwia：夏天的第 4 个月，第 4 天、第 5 天（生病），第 6 天（生病），第 7 天（生病）。

Amennakht：春天的第 4 个月，第 15 天（和老板在一起），第 16 天（同上），第 17 天（同上）；冬天的第 3 个月，第 18 天（酿啤酒）；夏天的第 2 个月，第 4 天（和老板在一起）；夏天的第 3 个月，第 7 天、第 8 天（和老板在一起）；夏天的第 3 个月，第 24 天、第 25 天、第 26 天（和老板在一起）。

Wadjmose：冬天的第 4 个月，第 23 天（女儿出血）；夏天的第 4 个月，第 6 天（盖房子）。

Nebamentet：[字迹模糊]

Hehnekhu：夏天的第 1 个月，第 16 天、第 17 天（和老板在一起）；夏天的第 2 个月，第 7 天（包裹母亲的尸体），第 8 天（同上）。

Nakhy：春天的第 1 个月，第 14 天（和老板在一起），第 15 天（同上）。

Nakhtmin：冬天的第 1 个月，第 25 天（祭神）；冬天的第 2 个月，第 7 天（制作石板）；冬天的第 3 个月，第 27 天（女儿出血）。

Pennub：春天的第 3 个月，第 21 天（和 Aapehti 在一起），第 22 天、第 23 天、第 24 天（同上）；冬天的第 2 个月，第 7 天、第 8 天（制作石板），第 23 天、第 24 天（制作石板）；冬天的第 3 个月，第 28 天（酿啤酒）；冬天的第 4 个月，第 24 天（母亲生病了），第 25 天（同上）。

Aapeht：春天的第 3 个月，第 21 天、第 22 天、第 23 天、第 24 天（生病）；春天第 4 个月，第 7 天、第 8 天、第 15 天、第 16 天；冬天的第 1 个月，第 14 天（祈祷），第 17 天、第 18 天（生病），第 27 天（生病）。

1　编者注：问号部分为原文中存疑的内容。

Khaemtir：春天的第 3 个月，第 21 天（和老板在一起），第 22 天、第 23 天、第 24 天（同上）；春天的第 4 个月，第 17 天（祈祷）；冬天的第 1 个月，第 18 天（酿啤酒）；夏天的第 3 个月，第 8 天（生病）。

Amenmose：冬天的第 2 个月，第 8 天（酿啤酒）。

Anuy：冬天的第 1 个月，第 24 天（加工石板）；冬天的第 3 个月，第 28 天（酿啤酒）。

Wennefer：冬天的第 1 个月，第 14 天（祈祷）；夏天的第 4 个月，第 4 天（祈祷）。

Buqentuf：冬天的第 1 个月，第 17 天（祈祷），第 18 天（酿啤酒）；夏天的第 2 个月，第 6 天（包裹他母亲尸体），第 8 天（同上）。

Manninakhtef：[字迹模糊]

Huy：冬天的第 1 个月，第 17 天、第 18 天（酿啤酒）；冬天的第 2 个月，第 17 天（酿啤酒）；冬天的第 3 个月，第 27 天（和老板在一起），第 28 天（同上）；冬天的第 4 个月，第 3 天（和老板在一起），第 7 天（和老板在一起），第 8 天（同上）。

Huy：冬天的第 4 个月，第 24 天（和老板在一起），第 25 天（同上），第 26 天（同上）。

……：春天的第 3 个月，第 21 天、第 22 天、第 23 天、第 24 天（生病）；春天的第 4 个月，第 7 天、第 8 天（生病）；冬天第 1 个月，第 24 天（生病）；冬天的第 2 个月，第 8 天（酿啤酒）；夏天的第 2 个月，第 8 天（酿啤酒）。

Paherypedjet：春天的第 3 个月，第 21 天（和 Aapehti 在一起），第 22 天、第 23 天、第 24 天（同上）；春天的第 4 个月，第 7 天（和 Aapehti 在一起），第 8 天、第 15 天、第 16 天、第 17 天（同上）；冬天的第 1 个月，第 14 天（祭神）；冬天的第 2（？）个月，第 13 天（……）；冬天的第 3 个月，第 25 天（为抄写员的妻子制造药品），第 26 天、第 27 天（同上）；夏天的第 2 个月，第 2 天（同上），第 3 天、第 4 天、第 5 天、第 6 天、第 7 天、第 8 天（同上）；夏天的第 3 个月，第 3 天（与 Khons 一起制造药品），第 17 天（与 Horemwia 在一起），第 18 天（与 Horemwia 在一起），第 21 天（同上），第 22 天；夏天的第 4 个月，第 4 天、第 5 天、第 6 天、第 7 天、第 8 天、第 24 天（生病），第 25 天，第 26 天；春天的第 1 个月，第 15 天（生病），第 16 天（？）（生病）。

December 19, 1956

INTEGRATED BUS SUGGESTIONS

This is a historic week because segregation on buses has now been declared unconstitutional. Within a few days the Supreme Court Mandate will reach Montgomery and you will be re-boarding integrated buses. This places upon us all a tremendous responsibility of maintaining, in face of what could be some unpleasantness, a calm and loving dignity befitting good citizens and members of our Race. If there is violence in word or deed it must not be our people who commit it.

For your help and convenience the following suggestions are made. Will you read, study and memorize them so that our non-violent determination may not be endangered. First, some general suggestions:

1. Not all white people are opposed to integrated buses. Accept goodwill on the part of many.
2. The whole bus is now for the use of all people. Take a vacant s
3. Pray for guidance and commit yourself to complete non-violence in word and action as you enter the bus.
4. Demonstrate the calm dignity of our Montgomery people in your actions.
5. In all things observe ordinary rules of courtesy and good behavi
6. Remember that this is not a victory for Negroes alone, but for all Montgomery and the South. Do not boast! Do not brag!
7. Be quiet but friendly; proud, but not arrogant; joyous, but no boistrous.
8. Be loving enough to absorb evil and understanding enough to tu an enemy into a friend.

Now for some specific suggestions:

1. The bus driver is in charge of the bus and has been instructed t obey the law. Assume that he will cooperate in helping you occupy any vacant seat.
2. Do not deliberately sit by a white person, unless there is no other seat.
3. In sitting down by a person, white or colored, say "May I" or "Pardon me" as you sit. This is a common courtesy.
4. If cursed, do not curse back. If pushed, do not push back. If struck, do not strike back, but evidence love and goodwill at all times.
5. In case of an incident, talk as little as possible, and always in a quiet tone. Do not get up from your seat! Report all seriou incidents to the bus driver.
6. For the first few days try to get on the bus with a friend in whose non-violence you have confidence. You can uphold one another by a glance or a prayer.
7. If another person is being molested, do not arise to go to his defense, but pray for the oppressor and use moral and spiritual force to carry on the struggle for justice.
8. According to your own ability and personality, do not be afraid to experiment with new and creative techniques for achieving reconciliation and social change.
9. If you feel you cannot take it, walk for another week or two. We have confidence in our people. GOD BLESS YOU ALL.

THE MONTGOMERY IMPROVEMENT ASSOCIATION
THE REV. M. L. KING, JR., PRESIDENT
THE REV. W. J. POWELL, SECRETARY

乘坐公交车的建议

马丁·路德·金 （Martin Luther King）

1956 年 12 月 19 日

1955 年 12 月 1 日，罗莎·帕克斯因拒绝给白人乘客让座，随后被警察逮捕，美国的历史进程因此而改变。马丁·路德·金领导了一场抵制公共交通的运动，事件发生第二年，种族隔离政策被联邦法院判定为违宪。1956 年 12 月 9 日，在反对种族隔离政策运动即将获得历史性胜利的前夕，金为那些即将坐上公交车的人写下了这份指南。

1956年12月19日
乘坐公交车的建议

这是历史性的一周，因为公交车上的种族隔离已经被判定为违宪。几天之内，蒙哥马利就会收到最高法院的指令，然后你们就可以重新登上“混合”公交车了。这对我们来说是重大的责任。当遇到不愉快的事情时，作为优秀的市民和黑人中的一员，我们要保持平静和尊重。如果有人因此产生暴力行为，那他就不是我们中的一员。

为了提供帮助和便利，我们提出以下建议。你需要阅读、学习并记住它们，这样我们的非暴力运动才能获得成功。首先，是一些一般性的建议：

1. 并不是所有白人都反对“混合”公交车，请接受他们的善意。
2. 现在所有人都可以乘坐公交车，你可以坐到空位上。
3. 祈求正确的指引，并承诺上车后不会在行动和语言上有暴力行为。
4. 请用你的行动证明我们蒙哥马利人的品德。
5. 无论面对什么事，都请遵守一般的礼貌和良好的行为准则。
6. 请记住，这并不仅是黑人自己的胜利，还是蒙哥马利和南方的胜利，别自吹自擂。
7. 安静但友好，保有自尊但不傲慢，愉快但不喧闹。
8. 充满爱和理解地去对待那些恶意，敌人也可以变成朋友。

下面是一些特别的建议：

1. 司机是公交车上的管理者，他们被要求要遵守法律。你可以在他们的帮 助下坐上空位。
2. 不要故意坐在白人身边，除非没有其他空座。
3. 要坐在他人身旁之前（无论对方是白人还是黑人），出于礼貌，应该问一句“我可以坐在这里吗？”或者“打扰了”。
4. 如果有人咒骂你，尽量不要还口。如果被推了一下，也不要推回去。如果被打了一下，也别轻易还手。要相信爱和善意永远都在。
5. 遇到事情时，尽量少说话，并且保持平和的语气。不要随意从座位上站起来，遇到无法解决的事可以报告给司机处理。

6. 近几天里，尽量和你确信没有暴力倾向的朋友一起乘车。你们的一个眼神或祈祷也许就能给彼此支持。
7. 如果你身旁的人被人骚扰，不要为了保护他而起身动手，而要为压迫者祈祷，用你的灵魂和精神力量来进行正义的斗争。
8. 根据自己的个性和能力，勇敢地尝试些新的、创新性的方法，它们也许会带来和解与社会变革。
9. 如果你觉得无法接受这些，那么再多步行一两周。我们对我们的人民有信心。

上帝保佑你们所有人。

蒙哥马利市政改进协会

主席：M. L. 金

秘书：W. J. 鲍威尔

骗子十诫

维克多 · 拉斯体格 （Victor Lustig）

1936 年

生于 1890 年的维克多 · 拉斯体格“伯爵”是一个广受关注的骗子。在 20 世纪 30 年代，他因大量的犯罪记录被世界上约 45 个执法机构通缉。他拥有 25 个化名，并且会说 5 种语言。他从当时最臭名昭著的犯罪分子阿尔 · 卡彭那里骗得了 5000 美元。更厉害的是，在 1925 年，拉斯体格假扮成巴黎的政府工作人员，邀请了 5 位商人参观埃菲尔铁塔，并把它当成 7300 吨废金属卖给了其中一个人。这个骗局进行得十分顺利，他很快又再尝试了一次。

在 1936 年，拉斯体格为有野心的骗子们写下了一份诫命清单。

1. 做一个有耐心的倾听者(这意味着,说话要油腔滑调,这是行骗成功的关键)。
2. 别看起来不耐烦。
3. 等对方发表政治见解，然后表示同意。
4. 让对方发表宗教观点，然后随声附和。
5. 谈论性时要用暗示性的话语，如果他们没有表现出强烈的兴趣，就不要再继续说下去。
6. 别谈论疾病，除非对方对这个话题表现出特别的关心。
7. 别窥探别人隐私（反正他最后都会告诉你）。
8. 别吹牛。让你的重要性在无意中显现出来。
9. 别不修边幅。
10. 别酗酒。

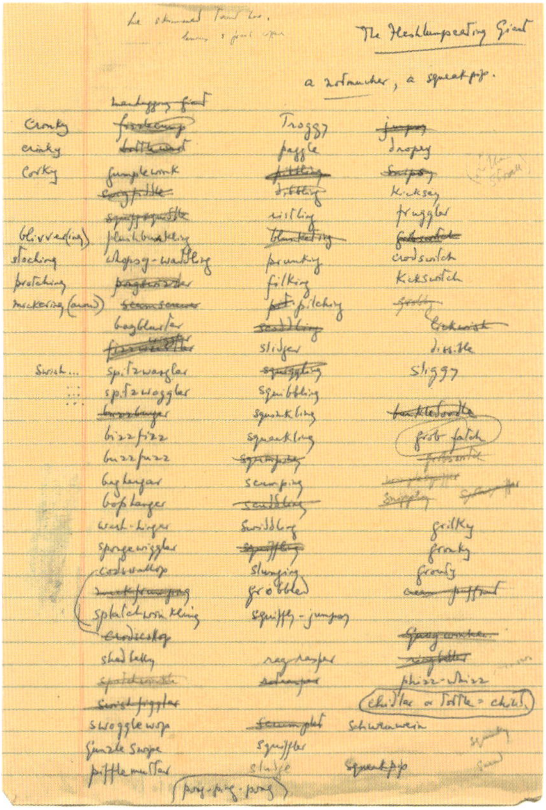

好心眼儿巨人

罗尔德·达尔 （Roald Dahl）

20 世纪 80 年代早期

1982 年，《好心眼儿巨人》（*The BFG*）出版了——这是一本神奇而又成功的儿童读物。在书中，善良的巨人透过窗户把美梦吹进孩子们的梦里。在创作这个故事时，著名作家罗尔德·达尔为这个身形巨大的主人公创造了一种新的语言：一种被他命名为“Gobblefunk”[1] 的包含 238 个单词的语言。这些词语包括“humplecrimp”（驼驼）、“swallomp”、“crumpscoddle”（装甲鱼）和最著名的“snozzcumber”（大鼻子瓜）。[2] 下面这份清单就是达尔头脑风暴时想出来的，初步构建了“Gobblefunk”语言的雏形。

1　在故事的一开始，好心眼儿巨人因为没有念过书，说话总是颠三倒四让人无法理解。作者罗尔德·达尔将这种说话方式命名为“Gobblefunk”，意思是巨人将胡乱说出的词赋予了新的含义。因暂无法找到每个词对应的实际含义，本篇保留原文供读者参考。

2　“humplecrimp”“crumpscoddle”“snozzcumber”的译法均引自任溶溶《好心眼儿巨人》译本。

cronky
crinky
corky
blivver(ing)
stoching
protching
mickering (aww)
swish
manhugging giant
fizzlecump
bottle wart
gumplewink
swigfiddle
squiffsquiddle
flushbuckling
whopsy-waddling
pongswizzler
scumscrewer
bagblurter
fizzwiggler
spitzwargler
spitzwoggler
buzzbunger
bizzfizz
buzzfuzz
baghangar
bophanger
wash-hinger
spongewiggler
codswallop
muckfrumping

splatchwinkling
crodscollop
shardlelly
spatchwinkle
swishfiggler
swogglewop
gunzleswipe
pifflemutter
troggy
paggle
pibbling
dibbling
ristling
blunketing
pranky
filking
pilching
scoddling
slidger
squiggling
squibbling
squinkling
squeakling
squmping
scumping
scuddling
swiddling
squiffling
slunging
grobbled
squiffly-jumpsy

rag-rasper
rotrasper
scrumplet
squiffler
sludge
pong-ping-pong
jumpsy
dropsy
swipsy
kicksey
fruggler
grobswitch
crodswitch
kickswitch
grobby
lickswitch
dissible
sliggy
bunkledoodle
grob fatch
grobswitch
wimplesquiffer
snipply
grilky
gronky
grouty
cream puffnut
snog winker
ring beller
phizz-whizz
chidler or tottle

schweinwein

squinky

scud

squeakpip

清单 No. 037

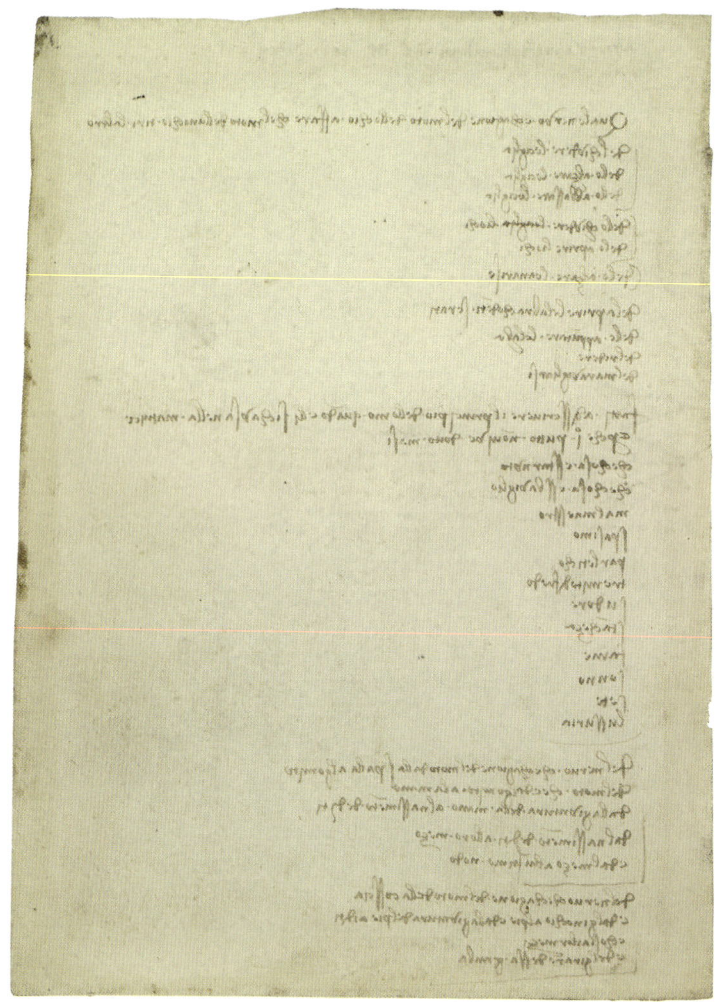

研究的课题

列奥纳多 · 达 · 芬奇 （Leonardo da Vinci）

1489 年

达 · 芬奇对人体各个方面的痴迷在他许多的作品中都体现得很明显。他的著名作品《维特鲁威人》是一幅根据古罗马建筑家维特鲁威的描述而创作的关于人体的理想比例的速写。在 1489 年左右，列奥纳多按照他以往的书写习惯，在笔记本上从右到左地列出了他成为解剖学专家后要研究的主题。

- 是什么神经控制着眼球，且使得两只眼球可以同时运动
- 合上眼皮
- 打开眼皮
- 眼皮耷拉
- 闭眼
- 睁眼
- 撑开鼻孔
- 打开嘴唇的同时牙齿闭合
- 把嘴撅起
- 笑
- 惊讶（的表情）
- 人类在子宫中的起源
- 为什么 8 个月的婴儿不能存活
- 什么是打喷嚏
- 什么是打哈欠
- 癫痫
- 痉挛
- 麻痹
- 冷得浑身发抖
- 出汗
- 疲劳
- 饥饿
- 睡眠
- 口渴
- 性欲
- 从肩部到肘部运动的神经
- 从肘部到手
- 从手腕到手指
- 从手指根到指关节
- 从指关节到手指尖
- 引起大腿运动的神经

- 从膝盖到脚，从脚踝到脚趾
- 从脚趾到脚趾关节
- 腿部的血液循环

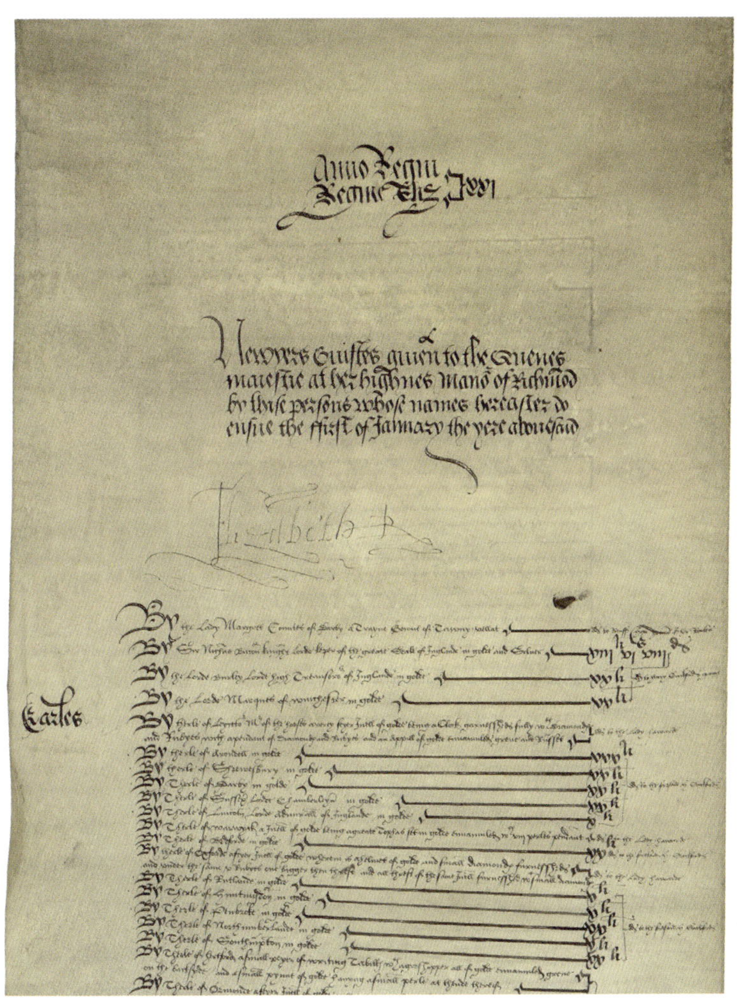
Anno Regni Regine Eliz. xxi

Newyeres Guiftes geven to the Quenes maiestie at her highnes Manor of Richmond by those persons whose names hereafter do ensue the first of January the yere aforesaid

伊丽莎白女王的新年礼物

伊丽莎白一世 （Queen Elizabeth I）

1578—1579 年

自 1559 年到 1603 年，在伊丽莎白一世在位的 44 年里，每一个新年她都会从王室成员处收到上百件礼物。这一传统早在几个世纪前就开始了，伊丽莎白对此很是欢迎。虽然赠送礼物是自愿的，但几乎所有为她服务过的人都向她赠送过礼物，而且大家都试图选择能取悦女王的礼物。女王有时也会回赠价值不高的礼物，以塑造自己的形象。每次交换礼物后，她都会列一个清单，这份清单涵盖了从王公贵妇到底层服务人员的所有人送的礼物。

尊贵的女王在里士满庄园收到的新年礼物，由下列人员赠送，收到的礼物放置在里士满庄园，具体如下。

来自玛格丽特夫人，尊贵的达比伯爵夫人：茶色天鹅绒长袍。

——交由近侍劳夫·霍普献上

来自英国国玺的掌管人，尼古拉斯·贝肯爵士：黄金和白银。

来自财政大臣伯利大人：黄金。

来自温彻斯特大人：黄金。

——交由近侍亨利·萨克福德献上

伯爵们

来自掌马官莱斯特伯爵：价值连城的钟表样式黄金装饰品一件，无数玲珑钻石镶嵌在表面，两侧点缀闪耀的菱形钻石，搭配红绿相间的珐琅釉苹果，配有黄金、钻石、红宝石精制而成的吊坠一枚。

——交由霍华德小姐献上

来自阿伦德尔伯爵：黄金。

来自施鲁斯伯里伯爵：黄金。

来自达比伯爵：黄金。

来自宫务大臣，萨塞克斯伯爵：黄金。

来自英国海军统帅，林肯伯爵：黄金。

——交由近侍亨利·萨克福德献上

来自沃里克伯爵：大块黄玉首饰一件，以珐琅釉漆饰，黄金镶嵌，配有珍珠吊坠八串。

——交由霍华德小姐献上

来自贝德福德伯爵：黄金。

——交由近侍亨利·萨克福德献上

来自奥克斯福德伯爵：珍贵的黄金首饰一件，黄金外壳以颗颗玲珑钻石装饰，外壳下方镶嵌一大四小五枚红宝石，点缀细碎钻石一颗，其余部分皆由钻石装饰。

——交由霍华德小姐献上

来自拉特兰德伯爵：黄金。

来自亨廷顿伯爵：黄金。

来自佩恩布罗克伯爵：黄金。

来自诺森伯兰德伯爵：黄金。

来自索思安普顿伯爵：黄金。

——交由近侍亨利·萨克福德献上

来自赫特福德伯爵：草蜢花纹的袖珍黄金书写板一副，反面漆有青绿色珐琅釉，金色板夹底部饰以珍珠一枚。

来自奥蒙德伯爵：珍贵金饰一件，其上镶有一大两小祖母绿宝石三枚，以朵朵红白珐琅釉玫瑰衬之。其余部分皆以珐琅釉玫瑰花朵装饰，点缀玲珑钻石和红宝石，并以颗颗细腻珍珠镶边。金饰底部用钻石、红宝石以及一枚蓝宝石组成半只鸢尾花，缀以一大两小三串珍珠挂坠；绿色珐琅釉覆于鸢尾花背面。

来自萨里伯爵：华丽茶色天鹅绒束身衣一件，珍珠镶边，金质皮带扣搭配金质垂饰。

——交由霍华德小姐献上

子爵

来自蒙塔古子爵：黄金。

——交由近侍亨利·萨克福德献上

公爵夫人、侯爵夫人以及伯爵夫人们

来自萨福克公爵夫人：玛瑙石精制而成的百合花花瓶饰品一件，一朵百合伸出瓶口，挂在两条小巧金链之上，红宝石和钻石组成的玫瑰花朵作为陪衬。

——交由霍华德小姐献上

来自萨默塞特公爵夫人：黄金和白银。

来自温彻斯特侯爵夫人：黄金。

——交由近侍亨利·萨克福德献上

来自诺斯安普顿侯爵夫人：金色束身衣一件，搭配金质皮带扣和黄金垂饰，用红宝石和钻石点缀，黄金底托镶嵌了十颗闪耀的珍珠。

——交由霍华德小姐献上

来自施鲁斯伯里伯爵夫人：茶色棉缎斗篷一件，以威尼斯金银线镶边，内衬雪白塔夫绸，再覆盖一层洁白棉缎。

来自沃里克伯爵夫人：黑色天鹅绒礼帽一顶，搭配十三枚金色纽扣，纽扣之上有红宝石或钻石作为点缀。珍珠聚成一团，配有丝带和小鸟图案作为装饰，另外缀以珍珠吊坠一串。

——交由近侍劳夫·霍普献上

来自萨塞克斯伯爵夫人：黄金。

——交由近侍亨利·萨克福德献上

来自贝德福德伯爵夫人：白色棉缎长袍的前襟一件，黑色丝绸搭配金线镶边，其中两条衣边缀以威尼斯金线，并以珍珠装饰。

——交由近侍劳夫·霍普献上

来自林肯伯爵夫人：黄金装饰的大理石坛一只。

——交由珠宝院管家约翰·阿斯特雷暂时保管

来自亨廷顿伯爵夫人：黄金。

——交由近侍亨利·萨克福德献上

来自奥克斯福德伯爵夫人：洁白棉缎长袍的前襟一件，配以银线花朵刺绣，黑色天鹅绒镶边，金线搭配珍珠镶嵌其上。

——交由近侍劳夫·霍普献上

来自佩恩布罗克伯爵的遗孀：黄金。

来自佩恩布罗克二世伯爵夫人：黄金。

来自诺森伯兰伯爵夫人：黄金。

来自索思安普顿伯爵夫人：黄金。

——交由近侍亨利·萨克福德献上

来自埃塞克斯伯爵夫人：精致的琥珀项链一条，用黄金和珍珠稍加点缀。

——交由霍华德小姐献上

来自拉特兰伯爵夫人：黄金。

——交由近侍亨利·萨克福德献上

来自肯特公爵的遗孀：紫色天鹅绒头巾一件，配以威尼斯金线刺绣和金色锦缎，珍珠装点其中。

——交由伊丽莎白·诺尔斯夫人献上

来自肯特二世公爵夫人：蕾丝长袍前襟一件，金线装饰，配以各色丝绸装饰。

——交由近侍劳夫·霍普献上

来自蒙塔古子爵夫人：黄金。

主教们

来自约克大主教：黄金。

来自埃利主教：黄金。

来自达勒姆主教：黄金。

来自伦敦主教：黄金。

来自温彻斯特主教：黄金。

来自索尔斯伯里主教：黄金。

来自林肯主教：黄金。

来自诺维奇主教：黄金。

来自沃斯特主教：黄金。

来自里奇菲尔德主教：黄金和白银。

来自赫尔福德主教：黄金。

来自圣大卫主教：黄金。

来自卡利尔主教：黄金。

来自巴思主教：黄金。

来自彼得伯勒主教：黄金。

来自格洛斯托尔主教：黄金。

来自奇切斯特主教：黄金。

来自罗切斯特主教：黄金。

男爵们

来自伯加维尼男爵：黄金。

——交由近侍亨利·萨克福德献上

来自霍华德男爵：金锁一把，黑色珐琅釉表层，十六颗钻石点缀其中。

——交由霍华德小姐献上

来自罗素男爵：风帽斗篷一件，搭配珐琅釉镶金纽扣，粒粒不规则的珍珠点缀其上。

——交由伊丽莎白·诺尔斯夫人献上

来自里奇男爵：黄金。

来自奇科·达西男爵：黄金。

来自钱杜威男爵：黄金和白银。

来自诺斯男爵：黄金。

来自佩吉特男爵：黄金。

来自斯塔福德男爵：黄金。

来自康普顿男爵：黄金。

来自瑞克特·诺瑞男爵：黄金。

来自拉姆里男爵：黄金。

来自沃顿男爵：黄金。

来自莫利男爵：黄金。

——交由近侍亨利·萨克福德献上

来自克伯汉姆男爵：白色棉缎束身上衣一件，内衬红酒色薄绸，搭配金色丝质披肩，饰有金银线蕾丝。

——交由近侍劳夫·霍普献上

来自亨利·霍华德男爵：槲寄生样式的黄金首饰一件，置于钻石和红宝石镶嵌而成的底座之上。

男爵夫人们

来自伯利男爵夫人：黄金纽扣三十六颗，其中一颗有瑕疵。

——交由霍华德小姐献上

来自霍华德男爵的遗孀：黄金。

——交由近侍亨利·萨克福德献上

来自霍华德男爵二世的夫人：黄金首饰一对，饰以红宝石和钻石，配有珍珠吊坠三串。

——交由霍华德小姐献上

来自科巴姆男爵夫人：深红色和银色相间的精致衬裙一件。

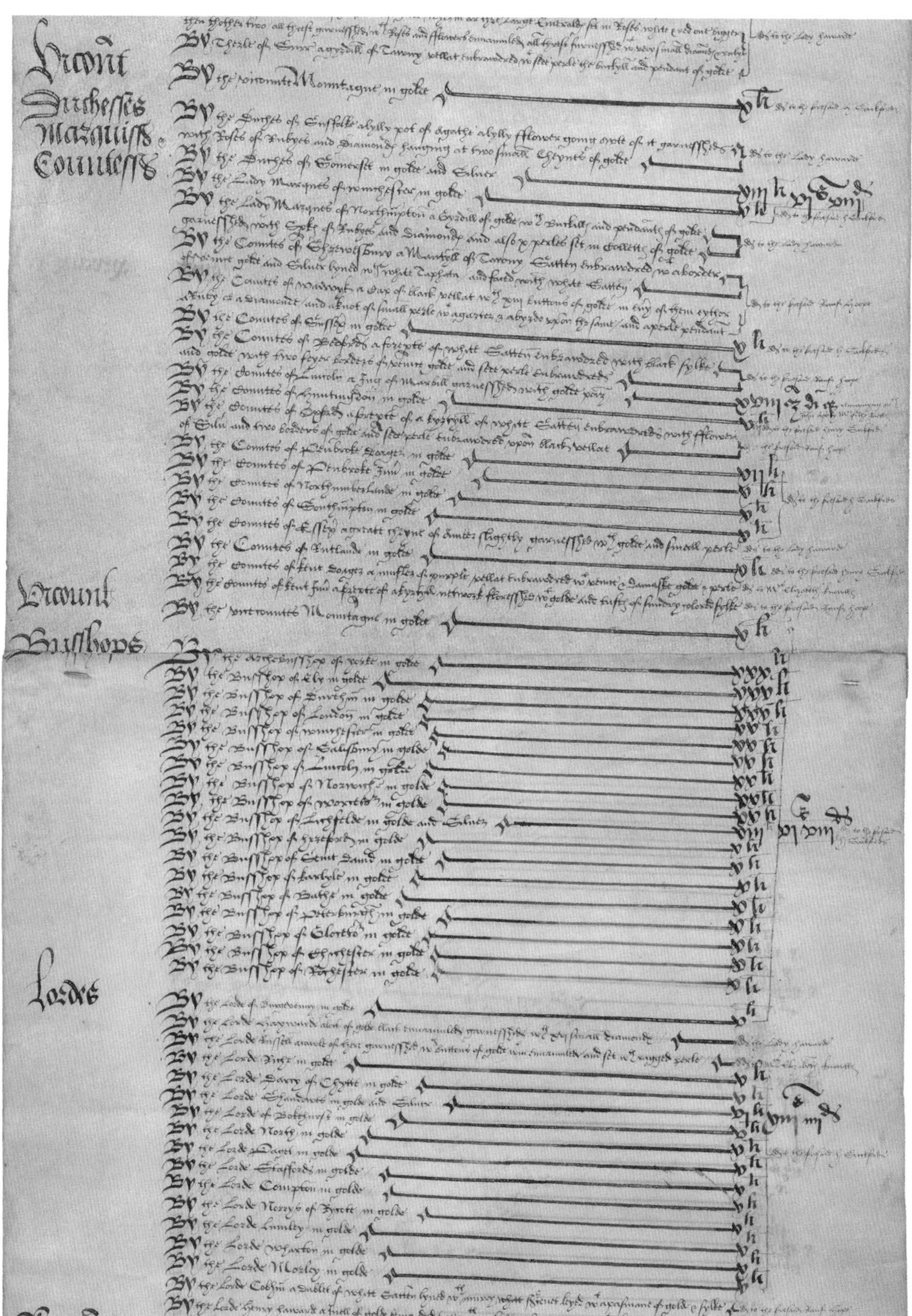

来自戴克斯男爵夫人：精致天鹅绒礼服一套。

——交由近侍劳夫·霍普献上

来自泰勒博伊斯男爵夫人：黄金。

——交由近侍亨利·萨克福德献上

来自钱杜威男爵的遗孀：绿色薄绸丝巾一条，金、银、杂色花鸟刺绣图样点缀，边缘以威尼斯金线镶边，衬以紫红色薄绸。

来自钱杜威男爵二世的夫人：黑色镂空头纱一件，以银色花朵和细腻蕾丝花边装饰。

——交由伊丽莎白·诺尔斯夫人献上

来自圣约翰布莱兹罗男爵夫人：黄金。

——交由近侍亨利·萨克福德献上

来自佩吉特男爵夫人：金色礼服的衬裙一件，黑白相间，金色蕾丝花边装饰，缀以金属亮片，行动之间宛若海浪闪烁。

——交由近侍劳夫·霍普献上

来自佩吉特·达斯男爵夫人：金链一条，配有黄金挂饰一枚，一面为白鸽图样，另一面是鹰图样，附有白色珐琅釉纽扣一枚。

来自施尼男爵夫人：黄金项链一条，其中包含八段链子，饰以珐琅釉绘制的小鸟和水果图样。

——交由霍华德小姐献上

来自奥德利男爵夫人：橘色棉缎长袍前襟一件。

——交由近侍劳夫·霍普献上

来自巴克利男爵夫人：黄金。

来自布克赫斯特男爵夫人：黄金。

来自诺瑞斯男爵夫人：黄金。

——交由近侍亨利·萨克福德献上

来自谢菲尔德男爵夫人：紫色棉缎长袍一件，点缀白色细麻质地玫瑰花朵，金线镶边。

——交由近侍劳夫·霍普献上

来自薇尔夫人，巴特维爵士的夫人：金线亮片装饰开襟头纱一件。

——交由伊丽莎白·诺尔斯夫人献上

来自莫利男爵夫人：白色棉缎衬裙一件，缀以金色玫瑰与栀子花花纹，

... hanging garnisshed with small diamondes and at the ende of perle pendaunt lacking a ffysshe on thoneside — Dd to the foresaid La Hawarde

Ladies

By the Lady Mary Sydney a Smock and two pillowberes of Camerik sete wrought with blak werke and edged with a brode bonelace of blak Sylke — Dd to Mrs Skydmore

By the lady Mary Seim wif to Mr Rogers a [illegible] pece of golde made [illegible] fashion — Dd to the foresaide La Hawarde

By the lady Elizabeth Seim alias knightly a kyrtell of Orring Tawny Satten edged with a passamayne of Silu — Dd to the foresaid Rauf Hope

By the lady Stafforde a Juell of golde being an Agath sett about with sparke of Rubys and diamondes with a small perle pendaunt — Dd to the foresaid Lady Hawarde

By the lady Carowe a Cusshen clothe Camerike blak work and frenged with venice golde — Dd to Mrs Skydmore

By the lady Cheek a fore parte of golde and silu networke — Dd to the foresaid Rauf Hope

By the lady Butler in golde — vj li — Dd to the foresaid G. Cartford

By the lady Henaige a pomaunder garnisshed with golde and ix sparke of Rubies and perles pendaunt [illegible] — Dd to the foresaid La Hawarde

By the lady Walsingham iij paire of gloves set with buttons of golde — Dd to Mrs Elizabeth knowlles

By the lady Drury a fore parte of clothe of silu alover enbraudered with clothe of golde — Dd to the foresaid Rauf Hope

By the lady Pawlet in golde — v li — Dd to the foresaid G. Cartford

By the lady Willoby Sr ffrauncis wif two pillowberes of Camrike wroughte allover with Carnatyon silke — Dd to Mrs Skydmore

By the lady Gressham in golde — v li

By the lady Cromwell Sr Henrys wif in golde — v li — Dd to the foresaid G. Cartford

By the lady Ratclyf a vale of white work with spangles and a small bone lace of Silu a frette being of Chaungeable silke with a small bone lace of golde — the vaill Dd to Mrs Elizabeth knowlles and the bag to Mrs Skydmore

By the lady ffrogmerton a large bag to put a pillowe in of Murre Satten allover enbrauderid with golde silu and silke of sondry collors with iiij Tassells of grene silke and golde and a Cusshen clothe of networke florisshed over with flowers of golde silu and silke of sondry collors lyned with white Satten — Dd to Mrs Skydmore

By the lady Cromwell lorde Cromwells wif iij sutes of Ruffes of white cutworke edged with a passamayne of white — Dd to Mrs Jane Bresill

By the lady Wilforde thre peces of lawne wroughte with white and florisshed with golde — Dd to Mrs Skydmore

By the lady Marbey a paire of Sleaves of Oringe collor Satten — Dd to the foresaid Rauf Hope

By the Lady Crofte a petecote of Carnation Satten enbrauderid with flowers of silke of sondry collors — Dd to the same Rauf Hope

By the lady Sowche thre peces of cutworke florisshed with golde — Dd to Mrs Skydmore

Knight

By Sr ffrauncis knowles Treasorer of our housholde in Angells — x li

By Sr James Crofte Comptroler of the same in dimi souereignes — x li — Dd to the foresaid G. Cartford

By Sr Chrystopher Hatton vice chamberlen a Carket and a border for the hed of golde wont [illegible] roses of golde in euy of them very small dyamondes and in the top a garnet and viij Trothes of mene perle iiij in euy Trothe and viij pearles pendaunte beinge lose etc — Dd to the lady Hawarde

By Sr ffrauncis Walsingham principall Secretary a nyght Gowne of Tawny Satten allover enbrauderid faced with Satten like heare collor — Dd to the foresaid Rauf Hope

By Mr Thomas Wilson Esquire also Secretary a Cup of Agath with a cou and garnisshment of golde enamelled the same Agath crased in dyvers places [illegible] — [illegible] oz — Dd to Mr Astley Mr [illegible] Jewells

By Sr Rauf Sadler Chauncello of the Duchy — x li

By Sr Waulter Mildmay Chauncellor of the Exchequer in Angells — x li — Dd to the foresaid G. Cartford

By Sr Willm Cordell Mr of the Rolles in golde — x li

By Sr Henry Sydney lorde deputie of Irelande a feyre Juell of golde with a dyana it fully garnisshed with dyamondes etc — Dd to the lady Hawarde

By Sr Willm Damsell Recever of the courte of wardes — x li

By Sr Owine Hopton Leiftenant of the Tower — x li — Dd to the foresaid G. Cartford

By Sr Thomas Henaige Treasorer of the chamber a proper Ringe of golde ennamulled in the Top thereof an white Rubye wont a foyle with a grahounde in it

By Sr Edwarde Horsey Captayne of thile of wight a Tooth pike of golde the top beinge garnisshed with a faire emerande a dyamond and Ruby and other small dyamondes and Rubies with ij perles pendaunte — Dd to the lady Hawarde

By Sr Gilbarte Dethike alias Garter principall kinge at Armes a booke at Armes

By Sr Christopher Haydon in golde — v li

By Sr Henry Cromwell in golde — v li — Dd to the foresaid G. Cartford

By Sr Gawine Carowe a Smock of Camryke wrought with blak work and edged with bone lace of golde — Dd to Mrs Skydmore

By Sr Thomas Gressham in golde — x li

By Sr John Thyme in golde — v li — Dd to the foresaid G. Cartford

By Sr Henry Lee a Juell of golde beinge a faire Emerande cut lozanged hartwise — Dd to the La Hawarde

By Sr Willm Drury a paire of myttens of blak vellet enbrauderid with damaske golde and lyned with unshorne vellat carnation — Dd to Mrs Elizabeth knowlles

By Sr Amyas Pawlet a pece of Tysshue of carnation golde and silu cont [illegible] yerdes [illegible] — Dd to the foresaid Rauf Hope

By Sr Edwarde Clere in golde — v li

白色丝绸内衬和金银线镶边。

——交由近侍劳夫·霍普献上

来自沃顿男爵夫人：金饰一件，以碎钻石拼成一只栩栩如生的鹦鹉作为垂饰，搭配珍珠吊坠一串，一端挂有小鱼坠子一枚。

——交由霍华德小姐献上

贵族小姐、夫人们

来自玛丽·辛尼小姐：衬裙一件，精细麻纱枕套两只，以珍贵黑色布料装饰黑色丝线编织的宽边蕾丝。

——交由斯凯摩尔夫人献上

来自玛丽塞姆夫人，罗杰爵士的太太：火炮造型的黄金牙签筒一个。

——交由霍华德小姐献上

来自伊丽莎白·塞姆小姐，别名奈特丽：茶色棉缎长袍一套，银色精细蕾丝镶边。

——交由近侍劳夫·霍普献上

来自斯塔福德小姐：金饰一件，用黄金镶嵌的玛瑙、红宝石和钻石加以点缀，外搭珍珠吊坠一串。

——交由霍华德小姐献上

来自卡洛伊小姐：黑色的精细麻纱衣一件，以威尼斯金线镶边。

——交由斯凯摩尔夫人献上

来自契克小姐：金银相间的女士镂空长袍前襟一件。

——交由近侍劳夫·霍普献上

来自巴特勒小姐：黄金。

——交由近侍亨利·萨克福德献上

来自汉妮艾格小姐：金质香盒一只，十二颗闪耀的红宝石和珍珠吊坠点缀其上。

——交由霍华德小姐献上

来自沃辛汉姆小姐：黄金纽扣装饰女士手套四双。

——交由伊丽莎白·诺尔斯夫人献上

来自杜瑞小姐：银色礼服一件，金色布料镶边。

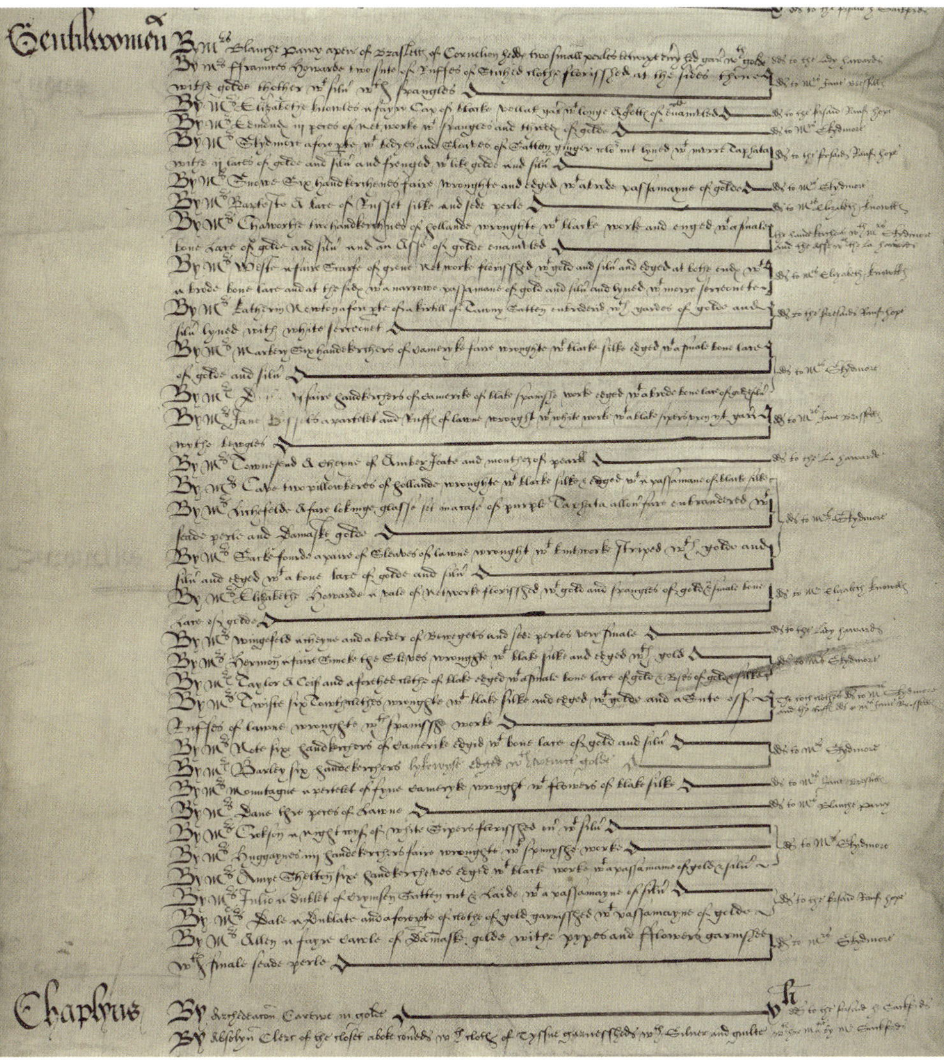

——交由近侍劳夫·霍普献上

来自帕里特小姐：黄金。

——交由近侍亨利·萨克福德献上

来自威洛比夫人，弗朗西斯爵士的太太：精细麻纱康乃馨花纹锦绸枕套两只，搭配丝绸质地花边。

——交由斯凯摩尔夫人献上

来自格雷沙姆小姐：黄金。

来自克伦威尔夫人，亨利爵士的太太：黄金。

——交由近侍亨利·萨克福德献上

来自拉特克里夫小姐：以金色亮片装饰的白色头纱一块，搭配银线梭结蕾丝花边；丝绸质地的甜美手袋，以金色蕾丝花边点缀。

——头纱由伊丽莎白·诺尔斯夫人献上；手袋由斯凯摩尔夫人献上

来自弗洛格莫顿小姐：装枕头用的棉缎质地口袋一只，金银线与多彩丝绸镶边，搭配丝绸和金线装饰的垂穗四只；一件镂空衬裙，以金银线缝制的多彩丝绸质地的花朵装饰，内衬以白色棉缎。

——交由斯凯摩尔夫人献上

来自克伦威尔夫人，克伦威尔爵士的太太：白色镂空拉夫领一件，洁白精细的蕾丝镶边。

——交由杰妮·布莱赛特夫人献上

来自维尔福德小姐：上等精细亚麻布三匹，白色布料搭配金线绣成的花纹。

——交由斯凯摩尔夫人献上

来自马维小姐：橙色棉缎袖套一对。

——交由近侍劳夫·霍普献上

来自克罗夫茨小姐：康乃馨花纹棉缎衬裙一件，多彩丝绸花朵装饰。

——依旧由近侍劳夫·霍普献上

来自苏什小姐：精致奢华雕绣三枚，黄金饰之。

——交由斯凯摩尔夫人献上

爵士们

来自王室财务总管弗朗西斯·诺尔斯爵士：三个天使像。

来自财务大臣詹姆斯·克罗夫茨爵士：金币。

——交由近侍亨利·萨克福德献上

来自宫廷大臣克里斯托弗·哈顿爵士：项链一条，黄金饰边一条。项链缀以七朵镶钻的金制红玫瑰，顶端有石榴石一枚，珍珠八簇，每簇四颗，搭配珍珠坠十四个；黄金饰边上有二十四朵镶钻的金制红玫瑰，每朵玫瑰搭配石榴石和珍珠坠，以玲珑珍珠饰之；另有黄金坠饰七枚，搭配细碎钻石和珍珠三颗，小粒珍珠缀满饰边的边缘。

——交由霍华德小姐献上

来自首席秘书弗朗西斯·沃辛汉姆爵士：茶色棉缎晚礼服一件，刺绣花纹遍布全身，将棉缎衬托得熠熠生辉。

——交由近侍劳夫·霍普献上

来自绅士托马斯·威尔逊先生：玛瑙杯一只，黄金镶嵌，有不规则的褶皱纹理。

——交由珠宝院管家阿斯特里先生献上

来自公爵领地事务大臣拉夫·萨德勒爵士：金币。

来自财务大臣沃尔特·迈尔德梅爵士：金制天使。

来自案卷主事官威廉·科德尔爵士：黄金。

——交由近侍亨利·萨克福德献上

来自上议院代表、爱尔兰总督亨利·悉尼爵士：珍贵的黄金新月形状首饰一件，大颗钻石一枚搭配细碎小钻石、三枚红宝石、两颗珍珠，配有珍珠吊坠一串；首饰的反面为轮船图案。

——交由霍华德小姐献上

来自区法院的接待官，威廉·达姆塞尔爵士：黄金。

来自伦敦塔中尉欧文·霍普顿爵士：黄金。

——交由近侍亨利·萨克福德献上

来自参议院司库托马斯·亨奈格爵士：金戒指一只，顶端以珐琅釉装饰，镶嵌无托红宝石一枚，内部雕刻灰色猎犬。

来自怀特岛的上尉爱德华·霍思：金牙签一枚，顶端镶嵌祖母绿宝石、钻石、红宝石各一枚，搭配细碎宝石，另有两颗珍珠作为坠饰。

——交由霍华德小姐献上

来自高级纹章官吉尔巴特·德西客，又被称作加尔特首席：关于武器的书籍一部。

——交由近侍亨利·萨克福德献上

来自克里斯托弗·海登爵士：黄金。

来自亨利·克伦威尔爵士：黄金。

——交由近侍亨利·萨克福德献上

来自加瓦恩·卡洛威爵士：黑色上等细麻，金色蕾丝镶边。

——交由斯凯摩尔夫人献上

来自托马斯格雷沙爵士：黄金。

来自约翰·锡恩爵士：黄金。

——交由近侍亨利·萨克福德献上

来自亨利·李爵士：黄金镶嵌的菱形祖母绿首饰一件。

——交由霍华德小姐献上

来自威廉·德鲁里爵士：一对黑丝绒与金织锦制成的连指手套，内衬以绣有康乃馨花纹的亚光丝绒。

——交由伊丽莎白·诺尔斯夫人献上

来自埃米亚·帕里特爵士：金银相间的绣有康乃馨花纹的轻薄丝织品一匹。

——交由近侍劳夫·霍普献上

来自爱德华·克利尔爵士：黄金。

——交由近侍亨利·萨克福德献上

贵妇们

来自布兰奇·帕里夫人：大玛瑙手镯一对，玛瑙与珍珠两两相隔，以黄金镶嵌。

——交由霍华德小姐献上

来自弗朗西斯·霍华德夫人：手工缝制褶饰花边女装两套，一件金色，另一件镶银边，以亮片点缀。

——交由简·布莱希夫人献上

来自伊丽莎白·诺尔斯夫人：黑色精致礼帽一只，上有玛瑙、黄金、珐琅釉装饰。

——交由近侍劳夫·霍普献上

来自埃德蒙夫人：镂空织物三匹，以亮片和金线点缀。

——交由斯凯摩尔夫人献上

来自斯凯摩尔夫人：姜黄色棉缎外衣一件，内部衬以紫红色塔夫绸，以金银两色蕾丝装饰，金银线镶边。

——交由劳夫·霍普献上

来自斯诺夫人：精工制作的金线蕾丝镶边手帕六条。

——交由斯凯摩尔夫人献上

来自巴普泰斯特夫人：细珍珠装饰的红褐色丝质蕾丝一条。

——交由伊丽莎白·诺尔斯夫人献上

来自查沃斯夫人：荷兰精工制作的黑线刺绣手帕两条，金银梭织蕾丝镶边；黄金珐琅釉的纺锤一个。

——手帕交由斯凯摩尔夫人献上；纺锤交由霍华德小姐献上

来自韦斯特夫人：绿色镂空精美围巾一条，以金银线装饰，两端以宽边梭织蕾丝镶边，两侧则饰以窄边金银丝线蕾丝，以紫红色薄绸衬里。

——交由伊丽莎白·诺尔斯夫人献上

来自凯瑟琳·纽顿夫人：金银刺绣、白缎衬里的茶色的前襟一件。

——交由近侍劳夫·霍普献上

来自马伯瑞夫人：精美的黑色刺绣薄麻手帕六条，金银细致梭织蕾丝镶边。

来自迪格比夫人：精美的黑色刺绣薄麻手帕六条，金银宽边梭织蕾丝镶边。

——交由伊丽莎白·诺尔斯夫人献上

来自比塞尔夫人：精工细麻纯白刺绣前襟与拉夫领一套，上有各色宝石装饰。

——交由简·布莱希夫人献上

来自汤森夫人：琥珀、黑铁矿石与贝母一串。

——交由霍华德小姐献上

来自凯夫夫人：荷兰精制的黑绸枕套两个，同色丝质蕾丝镶边。

来自利希菲尔德夫人：精美玻璃制品一套，置于紫色塔夫绸装饰的箱子内，其上绣有金线的织锦缀满珍珠。

来自萨克福德夫人：精织细麻袖套一对，金银丝条纹相间，金银梭织蕾丝镶边。

——交由斯凯摩尔夫人献上

来自伊丽莎白·霍华德夫人：金线与亮片制成的镂空头纱一块，饰以金银梭织蕾丝。

——交由伊丽莎白·诺尔夫人献上

来自温菲尔德夫人：宝石镶边、细珍珠点缀的饰带一条。

——交由霍华德小姐献上

来自赫蒙夫人：精美金边装饰的黑绸衬裙一件。

来自泰勒夫人：金线梭结窄花边装饰的黑色斗篷一件，缀以金线与绸缎编织的玫瑰。

——交由斯凯摩尔夫人献上

来自特威斯特夫人：黑色丝绸蓬裙六件，镶嵌金边；西班牙工艺细麻拉夫领一件。

——蓬裙交由斯凯摩尔夫人献上；拉夫领交由简·布莱希夫人献上

来自诺特夫人：轻薄精细麻纱手帕六条，饰以金银线混合梭结蕾丝花边。

来自巴莉夫人：与上述礼品相似的威尼斯金线花边装饰的手帕六条。

——交由斯凯摩尔夫人献上

来自蒙塔古夫人：上等精细麻纱布料一匹，缀以朵朵黑色绸缎绢花。

——交由简·布莱希夫人献上

来自戴恩夫人：上等精细麻布三匹。

——交由布兰奇·帕里夫人献上

来自克洛克森夫人：白色夜间用头饰一件，绣有华丽银色塞浦路斯装饰花纹。

来自哈格尼斯夫人：西班牙精工制作的手帕四块。

来自艾米·谢尔顿夫人：金银相间、蕾丝装饰的黑线刺绣薄纱手帕四块。

——交由斯凯摩尔夫人献上

来自胡里奥夫人：深红色棉缎紧身上衣一件，搭配银色蕾丝边。

来自戴尔夫人：金色修身礼服与紧身上衣一套，搭配金色蕾丝边。

——交由近侍劳夫·霍普献上

来自艾伦夫人：金色锦缎连帽斗篷一件，以珍珠串成的花朵和藤蔓点缀。

——交由斯凯摩尔夫人献上

牧师们

来自副主教卡鲁：黄金。

——交由近侍亨利·萨克福德献上

来自首席牧师阿布索林：布包书籍一部，金银边装饰。

——交由塞克福特先生献给女王陛下

绅士们

来自菲利普·悉尼先生：薄绸缎马甲一件，金银线与多彩丝绸装饰，金银丝线编织蕾丝镶边。

——交由斯凯摩尔夫人献上

来自拉夫·鲍斯先生：茶色塔夫绸礼帽一只，上有威尼斯金线绣成的蝎形纹样，帽檐缀以珍珠。

——交由近侍劳夫·霍普献上

来自约翰·哈林顿先生：无盖的水晶碗一只，碗口碗底漆珐琅釉，镶嵌黄金。

——交由珠宝院管家阿斯特里先生暂时保管

来自爱德华·巴舍先生：黄金。

——交由近侍亨利·萨克福德献上

来自戴尔先生：白色棉缎长袍一件，搭配紫色棉缎宽边，威尼斯金银线和珍珠镶边。

来自斯坦霍普先生：橙褐色棉缎紧身上衣一件，银色宽蕾丝镶边，蕾丝制纽扣点缀其上。

——交由近侍劳夫·霍普献上

来自福克·格雷维尔先生：玲珑珠宝一件，珍珠贝制成栩栩如生的小羊羔一只，另有钻石两颗、红宝石两颗、珍珠吊坠三串作为装饰。

——交由霍华德小姐献上

来自史密斯·库思特姆先生：精细麻纱布料两匹。

——交由布兰奇·帕里夫人献上

来自贝尼迪克·斯皮诺尔先生：白色茶色相间棉缎长袍一件，布满金银线

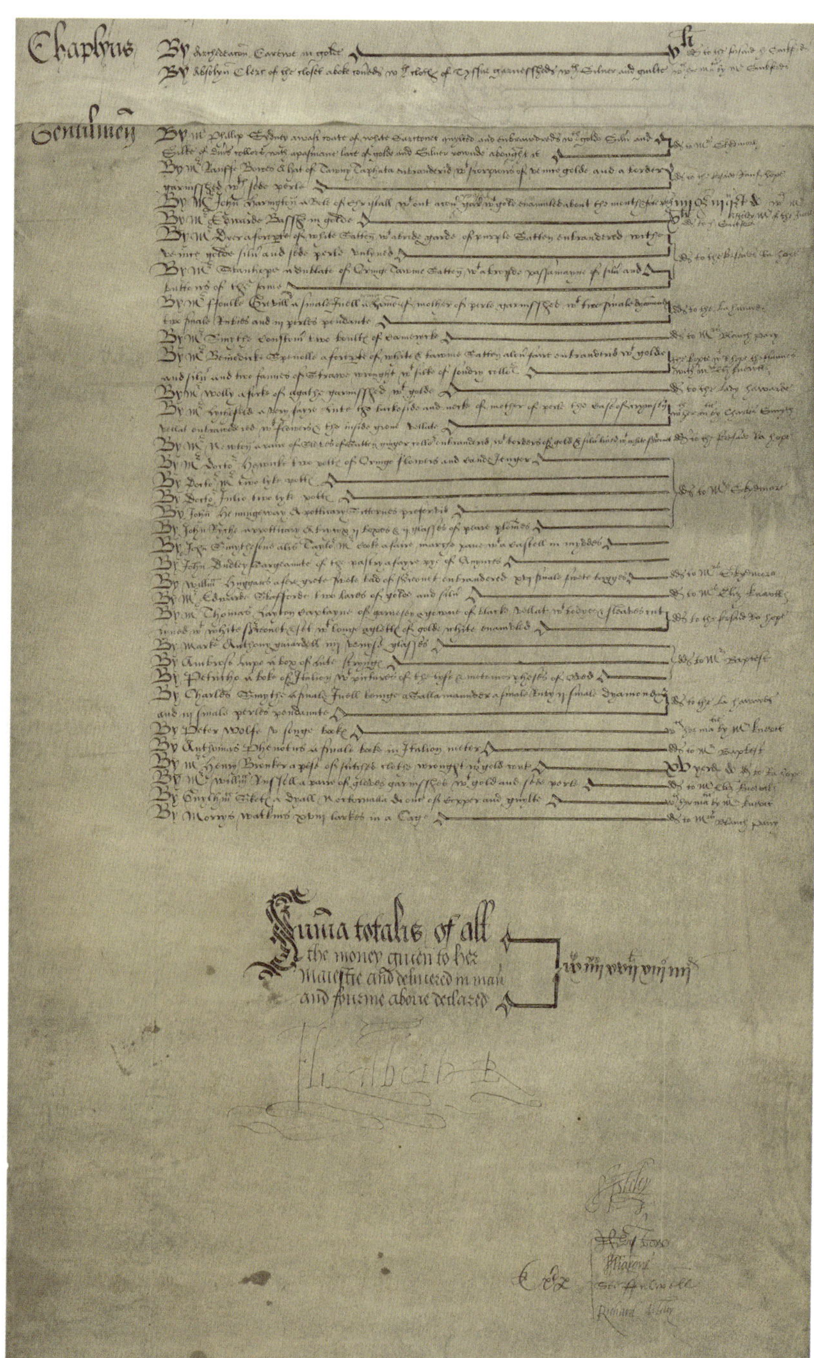

刺绣；精致扇子两把，多彩丝绸装饰。

——长袍交由近侍劳夫·霍普献上；扇子交由伊丽莎白·诺尔斯夫人献上

来自沃里先生：黄金装饰的玛瑙餐叉一只。

——交由霍华德小姐献上

来自利希菲尔德先生：由珍珠贝制成的长笛一把，装在深红色丝绒盒子中，上有刺绣纹样，盒子内部为青绿色丝绒。

——由查理·斯密斯制作，献给女王陛下

来自纽顿先生：姜黄色棉缎袖套一对，金银线钩绣边，内衬以白色薄绸。

——交由近侍劳夫·霍普献上

来自海维克医生：橙色鲜花两盆、姜糖。

来自米斯特医生：与上述礼品相似的鲜花两盆。

来自胡里奥医生：与上述礼品相似的鲜花两盆。

来自药剂师约翰·里奇：新鲜杏子两箱，梨子两盘。

——交由斯凯摩尔夫人献上

来自约翰·史密斯逊，又被称作泰勒，主厨：中间带有装饰的精致窗玻璃一块。

来自约翰·杜雷，馅饼大师：精致柑橘派一个。

来自威廉·哈根斯：精致薄绸一匹，上有刺绣纹样；甜美可爱的小口袋十六个。

——交由斯凯摩尔夫人献上

来自爱德华·斯塔福德：金银相间的蕾丝织物两件。

——交由伊丽莎白·诺尔斯夫人献上

来自托马斯·莱顿，格尼西上尉：黑色丝绒长礼服一件，衣身和袖子剪口露出白色薄绸内衬，长条黄金与白色珐琅釉饰品装饰。

——交由近侍劳夫·霍普献上

来自马克·安东尼·盖亚德尔：威尼斯琉璃器皿四件。

来自安布罗斯·卢波：精致管弦乐器一件。

来自帕里克：意大利书籍一部，用图片来讲述奥维德的一生和改变。

——交由巴普泰斯特先生献上

来自查理·史密斯：蜥蜴形状的玲珑首饰一件，镶嵌红宝石一枚、钻石两枚，以三颗珍珠作为垂饰。

——交由霍华德小姐献上

来自彼得·沃夫：音乐书籍五本。

——由奈维特先生编写，献给他的女王陛下

来自安东尼亚斯·潘诺特斯：意大利韵律书籍一本。

——交由巴普泰斯特先生献上

来自亨利·布朗克：有刺绣和金线装饰的布料一匹。

——交由近侍劳夫·霍普献上

来自威廉·拉塞尔：女式手套一副，饰以黄金和珍珠。

——交由伊丽莎白·诺尔斯夫人献上

来自盖尔汉姆·斯凯斯：铜制的镀金饰品。

——已经交由奈维特夫人转交女王陛下

来自莫里斯·沃特金斯：笼中百灵鸟十八只。

——交由布兰奇·帕里夫人献上

10

(1) Disreputable to my character as a Clergyman hereafter

(2) A wild scheme

(3) That they must have offered to many others before me, the place of Naturalist

(4) And from its not being accepted there must be some serious objection to the vessel or expedition

(5) That I should never settle down to a steady life hereafter

(6) That my accomodations would be most uncomfortable

(7. That you should consider it as again changing my profession

(8) That it would be a useless undertaking

父亲的异议

查尔斯·达尔文 （Charles Darwin）

1831 年

1831 年 8 月，查尔斯·达尔文刚从剑桥大学毕业，即将成为一名牧师。22 岁的他以船长朋友的身份获邀参与了英国皇家海军舰艇“小猎犬”号为期两年的南美探险。那次航行成为达尔文人生中最重要的一次经历，正是在那次航行中，他沿着海岸线研究了大量的化石和野生生物，变成了一个真正的科学家。在回国的途中，他关于进化论的开创性著作《物种起源》（*On the Origin of Species*）诞生了。然而在达尔文踏上旅途之前，他的父亲对他的这次旅行提出了一连串的反对意见。下面这份关于反对意见的清单是达尔文写给他叔叔约西亚的，后来也是他的叔叔出面帮他跟他的父亲说情。

1. 这次探险会让一个牧师声名狼藉。

2. 这是个疯狂的计划。

3. 他们需要博物学家，在邀请我之前肯定也邀请了其他不少人。

4. 如果我没有被大家接受，那么在船上或者探险队中一定会面对非常严重的反对。

5. 从此以后我可能再也无法安定下来过稳定的生活。

6. 我的住宿条件肯定会非常糟。

7. 我对自己的职业应该慎重考虑。

8. 这项事业对我以后的发展毫无用处。

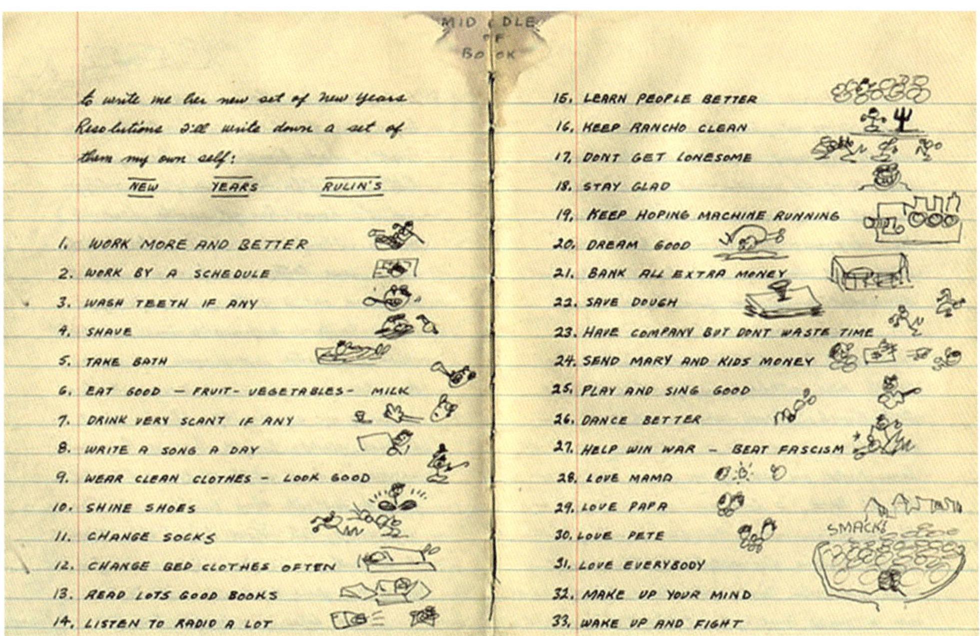

MIDDLE OF BOOK

to write me her new set of New Years Resolutions I'll write down a set of them my own self:

NEW YEARS RULIN'S

1. WORK MORE AND BETTER
2. WORK BY A SCHEDULE
3. WASH TEETH IF ANY
4. SHAVE
5. TAKE BATH
6. EAT GOOD — FRUIT - VEGETABLES - MILK
7. DRINK VERY SCANT IF ANY
8. WRITE A SONG A DAY
9. WEAR CLEAN CLOTHES - LOOK GOOD
10. SHINE SHOES
11. CHANGE SOCKS
12. CHANGE BED CLOTHES OFTEN
13. READ LOTS GOOD BOOKS
14. LISTEN TO RADIO A LOT
15. LEARN PEOPLE BETTER
16. KEEP RANCHO CLEAN
17. DONT GET LONESOME
18. STAY GLAD
19. KEEP HOPING MACHINE RUNNING
20. DREAM GOOD
21. BANK ALL EXTRA MONEY
22. SAVE DOUGH
23. HAVE COMPANY BUT DONT WASTE TIME
24. SEND MARY AND KIDS MONEY
25. PLAY AND SING GOOD
26. DANCE BETTER
27. HELP WIN WAR - BEAT FASCISM
28. LOVE MAMA
29. LOVE PAPA
30. LOVE PETE
31. LOVE EVERYBODY
32. MAKE UP YOUR MIND
33. WAKE UP AND FIGHT

新年计划

伍迪 · 格思里 （Woody Guthrie）

1941 年

伍迪 · 格思里是美国著名的民谣歌手，在他短暂的职业生涯里，录制了 400 多首歌曲，其中最著名的莫过于 1944 年发行的《这是你的国土》(This Land Is Your Land)。在这首歌发布的几年之前，也就是 1942 年末，格思里在他的日记中写下了这份充满魅力的新年计划。

她给我写了一份新年计划，我也要自己写一份。

新年计划

1. 工作要做得更多，做得更好
2. 工作要有计划
3. 如果有必要的话，去洗牙
4. 刮胡子
5. 勤洗澡
6. 好好吃东西——水果、蔬菜、牛奶
7. 如果要喝酒的话，少喝一点
8. 每天写一首歌
9. 穿干净的衣服——让自己看起来很棒
10. 擦皮鞋
11. 换袜子
12. 经常更换床单
13. 多读好书
14. 多听广播
15. 多向别人学习
16. 保持屋内整洁
17. 别感到寂寞
18. 保持愉悦
19. 满怀希望
20. 做些美梦
21. 把多余的钱都存起来
22. 多攒钱
23. 享受社交，但是别为此浪费太多时间
24. 给玛丽和孩子们钱
25. 演奏得更好，唱得更棒
26. 舞要跳得更好
27. 为战争胜利而出一份力——打倒法西斯

28. 爱妈妈

29. 爱爸爸

30. 爱皮特

31. 爱身边的每个人

32. 下定决心

33. 醒来，奋斗！

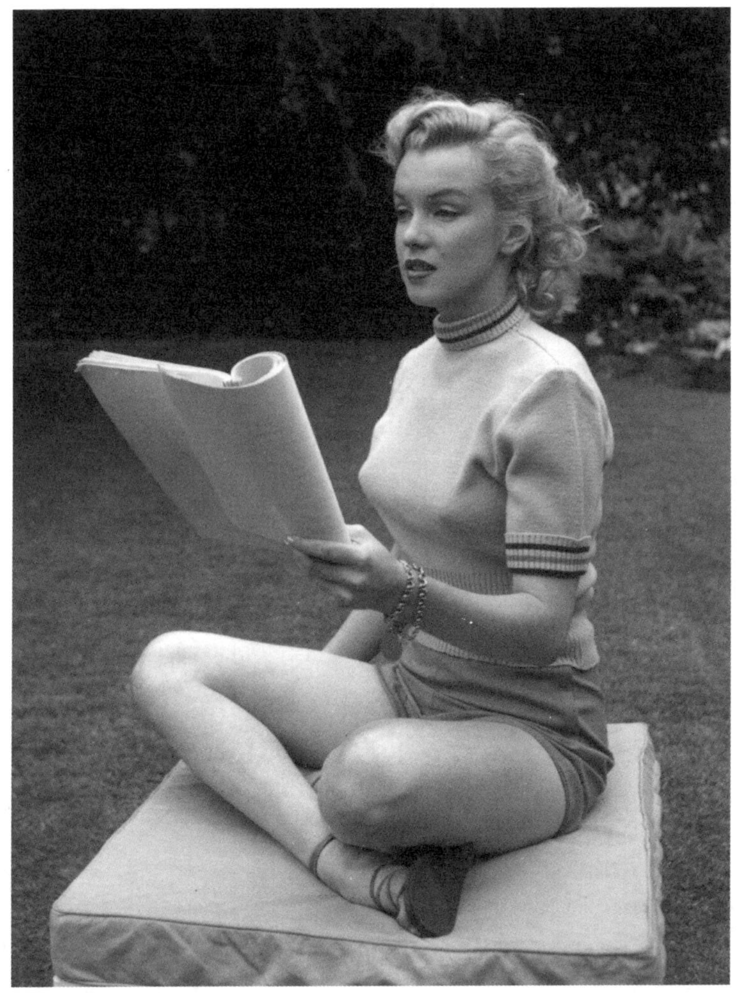

下定决心

玛丽莲·梦露 （Marilyn Monroe）

1955 年末

在 1955 年即将结束时，玛丽莲·梦露在一本通讯簿上写下了一系列令人激动的新年计划。如果能够遵循这份清单中的内容，那么接下来的 12 个月她将获得更大的成功。当时的梦露 29 岁，已经出演了很多令人印象深刻的电影，包括那一年上映的《七年之痒》（*The Seven Year Itch*），之后，她变成了李·斯特拉斯伯格的演员工作室的一名学生。从这份清单中可以看出，她已下定决心要抓住一切机会。

必须努力去做的事

必须要严格遵守下列清单：

1. 按时去上课——自己的每堂课都要参加——不准失败。
2. 尽量多参与、旁听斯特拉斯伯格的其他课程。
3. 不错过任何演员工作片场。
4. 利用一切时间工作——完成课堂作业——不断练习表演。
5. 去听克勒曼的讲座——同样也要听斯特拉斯伯格在剧院的讲座——两者都要关注。
6. 经常环顾四周——更频繁地这样做——观察——但不仅是我自己，还有其他任何人和事——学习其中有价值的部分。
7. 尽最大的努力去解决过去和现在产生的问题和恐惧——更加更加更加努力地去做出分析。永远都要守时——没有任何理由迟到。
8. 如果有可能的话，至少在大学上一门课——文学课。
9. 坚持听美国无线电公司的节目。
10. 找人教我跳舞——塑身（有创意的）。
11. 保管好我自己的东西——亲自保管（练习）。
12. 在有可能的时候试着享受自己的人生——否则我会过得很悲惨。

朋友守则

诺埃尔·科沃德 （Noël Coward）

1915 年 8 月

1915 年 8 月，未来的剧作家诺埃尔·科沃德和他最好的朋友，未来的演员埃斯梅·韦恩，都刚满 16 岁，为了尽量减少那些可能会破坏他们之间友谊的争吵，他们一起制订了一个包含 16 条约定的可爱列表——“朋友守则”，双方签名并承诺遵守。事实证明这份清单发挥了作用，他们之间的友谊持续了很多年。

诺埃尔·科沃德和埃斯梅·韦恩之间的朋友守则

1. 不能随意取笑对方，一旦有人开始这样做，就必须马上停止。
2. 我们必须轮流去探望对方，如果一方连续两次去另一方的家里，那么，另一方也得这样做。
3. 即使有一天我们的友谊破裂，也不能出卖彼此，要永远把对方的秘密置于神圣的位置。
4. 只要是我们一起做的生意，无论任何一方在其中付出的多么少，获得的利润都必须平分。利润要扣除在交易中产生的花费。
5. 假如发生了严重的争吵，在撕毁“朋友守则”前应慎重考虑一到两周的时间。
6. 如果一个人打了另一个人，不论是出于生气还是玩笑，另一个人都有还手的权利。这种行为必须付出代价。
7. 我们要团结起来面对一切，在任何危险中都相互支持。
8. 我们必须把与自己有关的秘密告诉对方，其他秘密则可以被看作是神圣的。
9. 不准随意谈论宗教的话题，除非无法避免。
10. 给共同的朋友写信时要互相通知，还要告知彼此在信中提到的内容。
11. 我们必须以“作为朋友的名誉”起誓，将彼此间的纽带看作世界上最神圣的关系。
12. 我们必须如实告知对方自己对对方外表和行为的看法。
13. 我们必须有话直说，以免彼此间产生误会。不轻信别人传谣，除非亲耳从对方嘴里听到事实。
14. 没有人，包括我们的父母也不能阻止我们的友谊。
15. 如有任何其他的想法或约定，必须列在本清单的下方（在双方都同意的前提下）。
16. 不允许任何人加入我们之间或分享我们的秘密。

1915 年 8 月 11 日

2120
Radishes.
Baked apples, with cream.
Fried oysters; stewed oysters. Frogs.
American coffee, with real cream.
American butter.
Fried chicken, southern style.
Porter-house steak.
Saratoga potatoes.
Broiled chicken, American style.
Hot biscuits, Southern style.
Hot wheat-bread, Southern style. Hot light rolls.
Hot buckwheat cakes.
American toast.
Clear maple syrup.
Virginia bacon, broiled.
Blue-points, on the half shell.
Cherry-stone clams.
San Francisco mussels, steamed.
Oyster soup. Clam soup.
Oysters roasted in the shell—northern style.
Philadelphia Terrapin soup.
Soft-shell crabs.
Connecticut shad.
Baltimore perch.
Brook trout, from Sierra Nevadas.
Lake trout, from Tahoe.
Sheep-head & croakers, from New Orleans.
Black bass from the Mississippi.

食物清单

马克 · 吐温 （Mark Twain）

19 世纪 70 年代

在 19 世纪 70 年代末，马克 · 吐温一边在欧洲游历，一边创作游记。他越来越厌倦那些被他描述为“十分平庸”的食物，并如此解释道：“菜品的数量足够，但都那么单调乏味。胃口再好的人这样吃上个三四个月，也会受不了。”在旅途即将结束时，马克 · 吐温也准备返回美国。他列了一个清单，上面写了许多他十分渴望的、回家后就要吃的食物。

写这份清单时，我已经在各地晃悠好几个月了，吃了很多有营养的食物——但是我很快就可以吃到一餐我独自享用的、小分量的、私人的食物。我选择了一些菜品，并制作了一份小菜单，它将在我抵达之前被送到家里，这样我一到家就能吃到热乎的饭菜了。我想吃的菜品如下：

水萝卜。奶油烤苹果。

煎牡蛎、炖牡蛎。青蛙。

美式咖啡，上面覆盖着真正的奶油。

美国黄油。

南方风味的炸鸡。

美式 T 骨牛排。

萨拉托加马铃薯。

美式烤鸡肉。

南方风味的热小面包。

南方风味的热全麦面包。

热荞麦饼。

美式烤吐司，上面涂着枫糖浆。

烤过的弗吉尼亚培根。

带一半壳的小牡蛎。

小蛤蜊。

蒸旧金山贻贝。

牡蛎汤。蛤蜊汤。

费城水龟汤。

北方风味的牡蛎，带壳烤。

软壳蟹。康涅狄格州的鲱鱼。

巴尔的摩的鲈鱼。

塞拉利昂的鳟鱼。

塔霍湖的红点鲑。

新奥尔良的红鲈鱼和石首鱼。

密西西比的黑鲈鱼。

美式烤牛肉。

感恩节风格的烤火鸡。

蔓越莓酱。芹菜。

烤野火鸡。丘鹬。

巴尔的摩的帆背潜鸭。

伊利诺斯的草原榛鸡。

密苏里鹧鸪，烧烤。

负鼠。浣熊。

波士顿的培根和豆子。

南方风味的熏猪肉和蔬菜。

玉米粥。水煮洋葱。红萝卜。

南瓜。西葫芦。芦笋。

黄油豆子。红薯。

莴苣。豆煮玉米。豆角。

土豆泥。番茄酱。

带皮煮的土豆。

去皮的土豆仔。

南方风味的新玫瑰土豆，用炭火烘烤，趁热食用。

番茄切成片，加糖或醋。炖番茄。

嫩玉米，从玉米穗处切下来，用黄油和胡椒调味。

带穗的嫩玉米。

热的玉米饼配猪肉肠，南方风味。

热玉米饼，南方风味。

热鸡蛋面包，南方风味。

热白面包，南方风味。

酪乳。冰的甜牛奶。

苹果饺，配奶油。

苹果派。苹果馅饼。

苹果泡芙，南方风味。

蜜桃馅饼，南方风味。

蜜桃派。美式肉馅饼。

南瓜派。西葫芦饼。

各式各样的美式糕点。

各种美国水果，包括像珠宝一样的草莓。

冰水——不是装在没意义的高脚杯里，而是真正冰在冰箱里的。

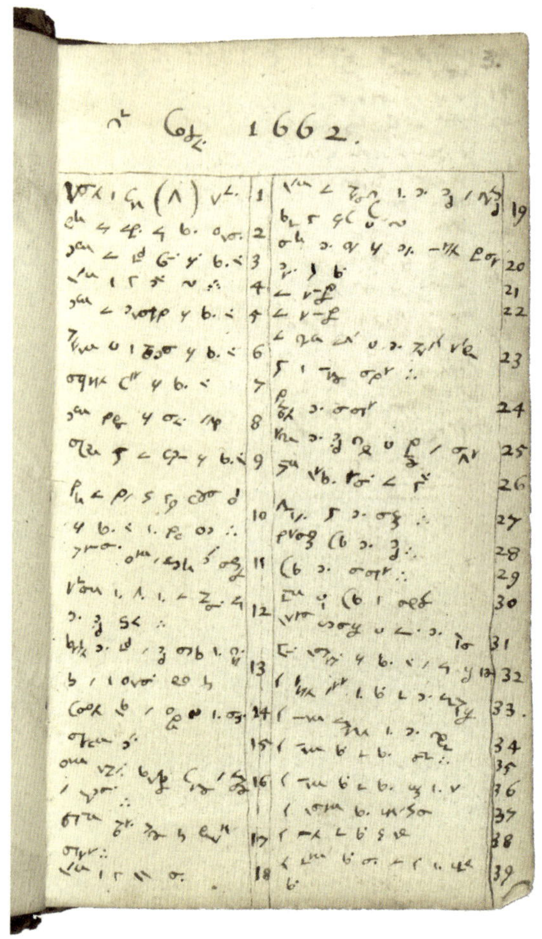

牛顿的忏悔

艾萨克 · 牛顿 （Sir Isaac Newton）

1662 年

艾萨克 · 牛顿无疑是人类历史上最具影响力的科学家之一。1668 年，他成功地建造了世界上第一台反射式望远镜。1687 年，他出版了《自然哲学的数学原理》（*Philosophiæ Naturalis Principia Mathematica*），这是一本非常重要的作品，在这本书中他提出了运动定律和万有引力定律。1964 年时，他于 1662 年在笔记中写下的一页加密的内容被破译。在这一份向上帝忏悔的清单上，记录的是 19 岁的牛顿犯下的过错。

1662 年降灵节前夕

1. 公然使用“上帝”这个词
2. 在您的房间里吃苹果
3. 在礼拜日做了一个箭翎
4. 否认事情是我造成的
5. 在礼拜日制作捕鼠器
6. 在礼拜日设计报时钟
7. 在礼拜日喷水
8. 在礼拜日晚上做馅饼
9. 在礼拜日到沟渠里游泳
10. 在约翰的钥匙孔里放了一根针
11. 听训诫时不够专心
12. 不听母亲的话
13. 威胁我的继父和母亲要烧了他们和房子
14. 期盼某些人死亡
15. 做了令人震惊的事
16. 有不纯洁的想法、话语、行为和梦
17. 从爱德华·斯托勒那里偷了樱桃面包
18. 否认我做过的事
19. 对母亲和外祖母否认有十字弩，虽然我知道它在哪
20. 对金钱充满关心，并因此感到快乐，甚至超过了对您的关注
21. 再犯
22. 再犯
23. 用餐时再次违背戒律
24. 打了我妹妹
25. 抢了我妈妈的糖果盒
26. 叫桃乐茜·罗斯“婊子”
27. 在病中暴食
28. 对我的妈妈发火
29. 对我的妹妹发火

30. 和用人争吵
31. 不履行自己的义务
32. 在礼拜日或其他的日子里谈论无聊的话题
33. 没有出于自己的爱而更靠近您
34. 没有遵照自己的信仰生活
35. 没有因为您本身而爱您
36. 无视您对我们的仁慈
37. 没有把戒律放心里
38. 没有渴望您……［字迹模糊］
39. 害怕在您之上的人
40. 用一些不道德的手段来减轻压力
41. 对世间事情的关心超过了对您的
42. 没有尽最大努力祈祷您的祝福
43. 忘记去教堂
44. 打了亚瑟·斯托勒
45. 为了黄油和一块面包对克拉克导师发火
46. 用一个黄铜制的皇冠骗人
47. 在礼拜日早晨捻了一根绳子
48. 在礼拜日阅读基督教捍卫者的历史

1662 年降灵节以来

1. 暴食
2. 暴食
3. 为了不用自己的毛巾，偷用了威尔福德的
4. 在教堂时不专注
5. 在圣玛丽布道
6. 说了一个卑鄙的谎
7. 不认同伙伴的学识，把他当作一个［字迹模糊］傻子
8. 忽视［字迹模糊］祈祷
9. 在周六凌晨 12 点时帮助佩迪特制作他的水表

夏は夜。
月のころはさらなり。
やみもなほ、
蛍の多く飛びちがひたる。
また、ただ一つ二つなど、
ほのかにうち光りて行くもをかし。
雨など降るもをかし。

枕草子

清少纳言

约 996 年

清少纳言生于 966 年，是日本宫廷中的一名女官。她的作品《枕草子》（*The Pillow Book*）是一本奇妙的观察记录，收集了数以百计的日常见闻，描绘出了 11 世纪日本人生活中生动、有趣及令人感动的画面。书中大多数的内容都是以列举的形式写的，例如“令人愉悦的事”“让人恼火的事”“令人沮丧和尴尬的事”，还包括下面列举的内容。

稀有的事[1]

为丈人所称赞的女婿，又为婆母所怜爱的媳妇。

很能拔得毛发的银的镊子。

不说主人坏话的使用人。

真是没有一点的性癖和缺点，容貌性情也都胜常，在世间交际毫看不出一样毛病来的人。

在同一地方做事的人共事，很是谨慎，客气地相处，这样小心用意的人，平常不曾看见过，毕竟是这种人很难得的缘故吧。

抄写物语、歌集的时候，不要让书本上沾着墨。在很好的草子上，无论怎么小心地写着，总是弄得很脏的。

无论男人和女人，或是法师[师徒的关系]，就是交契很深的，互相交际着，也绝难得圆满到了末了的。

短得好的东西

赶忙缝纫时的针线。身份低下的女人的头发。人家闺女的讲话。灯台。

想见当时很好，而现今成为无用的东西

云间锦[2]做边缘的席子，边已破了露出筋节来了的。

中国画的屏风，表面已破损了。

画家的眼睛，不大能够看见了。

七尺长的假发变成黄赤色了。

蒲桃染[3]的织物现出灰色来了。

好色的人但是老衰了。

1 本节译文引自周作人《枕草子》译本，个别处根据英文内容有删改。

2 云间锦是一种织物，白底，用种种颜色的线织出花纹，作为席子的边缘，唯官中及神社始得使用。（引自周作人译《枕草子》）

3 蒲桃染是一种染色之名，即淡紫色，染时需加灰，后来紫色渐褪，灰的颜色出现。（引自周作人译《枕草子》）

风致很好的人家里，树木被烧焦了的。池子还是原来那样，却是满生着浮萍水草。

觉得烦杂的事

刺绣的里面。猫耳朵里边。小老鼠毛还没有生的，有许多只从窝里滚了出来。还没有装上里子的皮衣服缝合的地方。并不特别清洁的地方，并且又很黑暗。

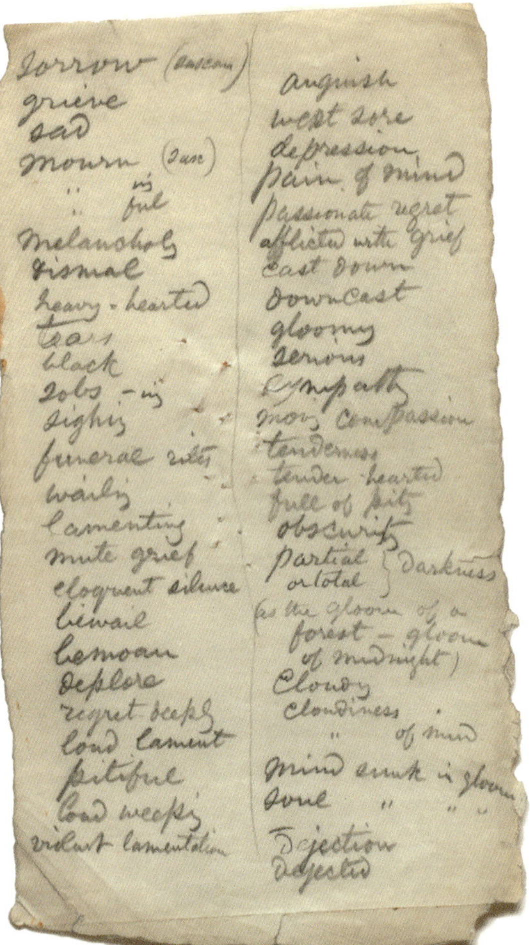

清单 No. 046

意味深长的沉默

沃尔特·惠特曼 （Walt Whitman）

1865 年

1865 年，当整个世界都为亚伯拉罕·林肯的遇刺震惊时，《草叶集》（*Leaves of Grass*）的作者，诗人沃尔特·惠特曼计划给他最崇敬的人——林肯，写一首挽歌。当他写作这首之后名为《当紫丁香最近在庭园中开放的时候》（*When Lilacs Last in the Dooryard Bloom'd*）的哀悼诗时，惠特曼对与造成如此重大损失相关的词进行了一场头脑风暴，列出了下面的清单。

sorrow	[悲伤]
grieve	[悲痛]
sad	[难过]
mourn	[哀悼]
mourning	[为……哀悼]
mournful	[令人惋惜的]
melancholy	[使人悲伤的]
dismal	[忧郁的]
heavy-hearted	[心情沉重的]
tears	[泪水]
black	[黑色]
sobs-ing	[啜泣]
sighing	[叹息]
funeral rites	[葬礼]
wailing	[恸哭]
lamenting	[悲伤的]
mute grief	[沉默的悲伤]
eloquent silence	[意味深长的沉默]
bewail	[悲悼]
bemoan	[悲叹]
deplore	[悲悼]
regret deeply	[深感遗憾]
loud lament	[大声恸哭]
pitiful	[可惜的]
loud weeping	[大声哭泣]
violent lamentation	[强烈的悲伤]
anguish	[痛苦]
wept sore	[痛哭]
depression	[忧郁]
pain of mind	[心痛]
passionate regret	[深感遗憾]

afflicted with grief	[悲伤和痛苦]
cast down	[沮丧压抑]
downcast	[沮丧]
gloomy	[令人伤感]
serious	[庄重严肃]
sympathy	[吊唁]
moving compassion	[伤感]
tenderness	[悲伤、脆弱]
tender-hearted	[慈悲的]
full of pity	[满是遗憾]
obscurity	[暗淡]
partial or total darkness	[部分或是彻底陷入黑暗]
(as the gloom of a forest–gloom of midnight)	[像阴暗的森林——昏暗的午夜]
cloudy	[阴郁的]
cloudiness	[忧愁]
cloudiness of mind	[满怀忧愁]
mind sunk in gloom	[心沉没在黑暗中]
soul sunk in gloom	[灵魂沉没在黑暗中]
dejection	[沮丧]
dejected	[沮丧]
(shades?) of night	[夜晚的阴影]
heavy	[沉重]
dull–sombre	[昏暗、压抑]
sombre shades	[忧郁的阴影]
sombreness	[阴郁的]
affliction	[痛苦]
oppress–oppressiove	[压抑、感到沉重]
oppression	[沉闷]
prostration	[虚弱、疲惫]
humble–humility	[谦卑]
suffering–silent suffering	[痛苦——痛苦的沉默]

hades of night
heavy
Dull — sombre
Sombre shades
" ness
affliction
oppress — oppressive
" ion
prostration
humble — humility
Suffering — silent suffering
burdensome
Distress — distressing
Calamity
Extreme anguish (either of mind or body)
misery
torture
harrassed
weighed down
trouble
Deep affliction
plaintive

Calamity
Disaster
something that strikes
~~down — act~~
~~Almighty~~

burdensome	[沉重、压抑]
distress–distressing	[痛苦、悲伤]
calamity	[灾难、不幸]
extreme anguish (either of mind or body)	[极其痛苦，心灵或身体]
misery	[痛苦]
torture	[折磨]
harrassed	[煎熬]
weighed down	[颓丧]
trouble	[烦恼痛苦]
deep affliction	[悲痛万分]

THE LADIES' POCKET MAGAZINE
1824

给年轻淑女的建议

淑女杂志 （*The Ladys'Pocket Magazine*）

1830 年

1824 年成立的《淑女杂志》是少数几家为乔治时代女性服务的出版物之一，杂志中充满了各种故事、读者来信、礼仪和时尚指南。在 1830 年的一期上，有一篇名为“给年轻淑女的建议”的文章，夹在《美女效应》和《女士厕所》两篇作品之间。

给年轻淑女的建议

- 如果你有一双蓝色的眼睛，别让自己看起来太憔悴。
- 如果你有一双黑色的眼睛，不要暗送秋波。
- 如果你的步态很美，就没有必要穿短衬裙。
- 如果你对此表示怀疑，那么穿长一点也没什么问题。
- 如果你有洁白整齐的牙齿，别故意为了展示它而笑。
- 如果你的牙齿长得不太好，尽量只在合适的场合微笑。
- 如果你有漂亮的手和手臂，就不会有人反对你弹竖琴，只要你技术够好。
- 如果它们看起来很笨拙，试着穿戴些织锦来装饰。
- 如果你的嗓音不好，那么就放低声调。
- 如果你舞跳得很好，可以偶尔跳舞。
- 如果你舞跳得不好，那么永远别跳舞。
- 如果你歌唱得很好，那就展示出来。
- 如果你歌唱得很糟，那么有人邀请你的时候，应当毫不犹豫地拒绝。虽然很少会有人去评判歌声的好坏，但是每个人都会期待被取悦。
- 如果你想要保持美丽，那么就早一点起床。
- 如果你想被尊重，那么待人处事就温和一些。
- 如果你想获得权力，那么试着居高临下。
- 如果你想获得幸福的生活，那么请尽力为他人带来幸福。

十本最喜欢的美国小说

诺曼·梅勒 （Norman Mailer）

1988 年

1988 年 1 月，普利策奖得主、美国作家诺曼·梅勒在接受采访时被《读者目录》的编辑问到——你能随意在本地书店购买到的 75,000 本小说中，有哪些是你希望能直接送到某个人家门口的——或者说你最喜欢的 10 本书是什么。他用下列清单作为回答，并说道："除了《哈克贝利·费恩历险记》（*Huckleberry Finn*）是我最近重读过的作品，其余 9 本我在哈佛大学第一年就读过，也正是它们让我产生了一个未曾消失的强烈愿望，那就是当一个作家，一个美国作家。"

十本最喜欢的美国小说

《美国》，约翰 · 多斯 · 帕索斯

《哈克贝利 · 费恩历险记》，马克 · 吐温

《斯塔兹 · 朗尼根》，詹姆斯 · 托 · 法雷尔

《天使，望故乡》，托马斯 · 沃尔夫

《愤怒的葡萄》，约翰 · 斯坦贝克

《了不起的盖茨比》，弗朗西斯 · 斯科特 · 菲茨杰拉德

《太阳照常升起》，欧内斯特 · 海明威

《相约萨马拉》，约翰 · 奥哈拉

《邮差总按两次铃》，詹姆斯 · 凯恩

《白鲸》，赫尔曼 · 梅尔维尔

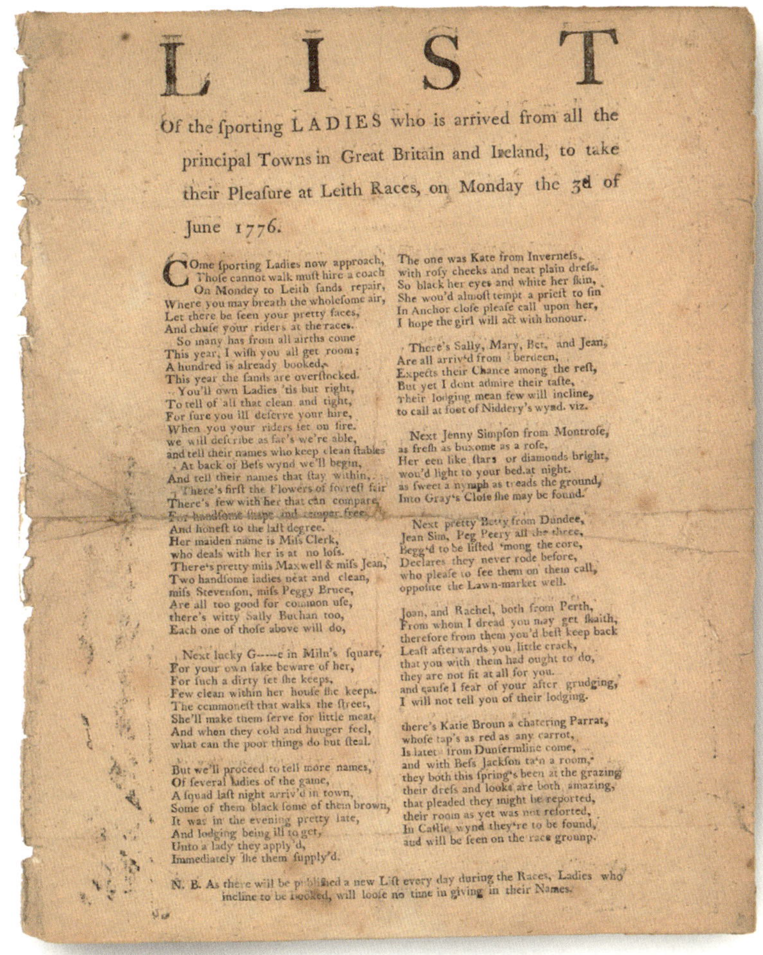

LIST

Of the ſporting LADIES who is arrived from all the principal Towns in Great Britain and Ireland, to take their Pleaſure at Leith Races, on Monday the 3d of June 1776.

COme ſporting Ladies now approach,
Thoſe cannot walk muſt hire a coach
On Mondey to Leith ſands repair,
Where you may breath the wholeſome air,
Let there be ſeen your pretty faces,
And chuſe your riders at the races.
So many has from all airths come
This year, I wiſh you all get room;
A hundred is already booked,
This year the ſands are overſtocked.
You'll own Ladies 'tis but right,
To tell of all that clean and tight,
For ſure you ill deſerve your hire,
When you your riders ſet on fire.
we will deſcribe as far's we're able,
and tell their names who keep clean ſtables
At back of Beſs wynd we'll begin,
And tell their names that ſtay within,
There's firſt the Flowers of forreſt fair
There's few with her that can compare,
For handſome ſhape and temper free,
And honeſt to the laſt degree.
Her maiden name is Miſs Clerk,
who deals with her is at no loſs.
There's pretty miſs Maxwell & miſs Jean,
Two handſome ladies neat and clean,
miſs Stevenſon, miſs Peggy Bruce,
Are all too good for common uſe,
there's witty Sally Buchan too,
Each one of thoſe above will do,

Next lucky G----e in Miln's ſquare,
For your own ſake beware of her,
For ſuch a dirty ſet ſhe keeps,
Few clean within her houſe ſhe keeps.
The commoneſt that walks the ſtreet,
She'll make them ſerve for little meat,
And when they cold and hunger feel,
what can the poor things do but ſteal.

But we'll proceed to tell more names,
Of ſeveral ladies of the game,
A ſquad laſt night arriv'd in town,
Some of them black ſome of them brown,
It was in the evening pretty late,
And lodging being ill to get,
Unto a lady they apply'd,
Immediately ſhe them ſupply'd.

The one was Kate from Inverneſs,
with roſy cheeks and neat plain dreſs.
So black her eyes and white her ſkin,
She wou'd almoſt tempt a prieſt to ſin
In Anchor cloſe pleaſe call upon her,
I hope the girl will act with honour.

There's Sally, Mary, Bet, and Jean,
Are all arriv'd from Aberdeen,
Expects their Chance among the reſt,
But yet I dont admire their taſte,
Their lodging mean few will incline,
to call at foot of Niddery's wynd. viz.

Next Jenny Simpſon from Montroſe,
as freſh as buxome as a roſe,
Her een like ſtars or diamonds bright,
wou'd light to your bed at night.
as ſweet a nymph as treads the ground,
Into Gray's Cloſe ſhe may be found.

Next pretty Betty from Dundee,
Jean Sim, Peg Peery all the three,
Begg'd to be liſted 'mong the core,
Declares they never rode before,
who pleaſe to ſee them on them call,
oppoſite the Lawn-market well.

Joan, and Rachel, both from Perth,
From whom I dread you may get ſkaith,
therefore from them you'd beſt keep back
Leaſt afterwards you little crack,
that you with them had ought to do,
they are not fit at all for you.
and cauſe I fear of your after grudging,
I will not tell you of their lodging.

there's Katie Broun a chatering Parrat,
whoſe tap's as red as any carrot,
Is latet from Dunfermline come,
and with Beſs Jackſon ta'n a room,
they both this ſpring's been at the grazing
their dreſs and looks are both amazing,
that pleaded they might be reported,
their room as yet was not reſorted,
In Caſtle wynd they're to be found,
and will be ſeen on the race grounp.

N. B. As there will be publiſhed a new Liſt every day during the Races, Ladies who incline to be booked, will looſe no time in giving in their Names.

小姐名单

作者未知

1776 年

在 18 世纪的英国，卖淫活动十分猖獗，在当时也的确非常受欢迎。当地的向导往往还会分发一些列着小姐们服务地区的印刷品（有时是为了告诉人们即将会看见这些小姐）。这里有一张 1776 年在苏格兰发放的很具代表性的清单，上面列出了 6 月 3 日在利斯区举行的广受欢迎的赛马比赛活动当天可以提供服务的小姐。正如这份清单上所写的，列表每天都会更新。

清单

从英格兰和爱尔兰来到这儿的所有小姐们，请在利斯赛马比赛中尽情享受欢愉吧，1776年6月3日，星期一。

小姐们正在赶来的路上，
走不动的就雇一辆马车，
在周一的利斯沙滩，
你可以呼吸新鲜的空气，
让大家看到你帅气的脸庞，
还能在比赛中选择你的骑手。

那么多人都来了，
今年，我希望你们都能有房间；
一百间房已经被预订，
剩下的可是不多。

你会拥有恰好合适的小姐，
告诉那些干净整洁的小姐们，
她们能被看上是种荣幸，
当你的骑手们开始兴奋，
我们将尽我们所能，
说出那些有干净马厩的人的名字。

在贝丝窄巷的后头，我们将开始，
说出那些留下来的人的名字。

这里有一朵福雷斯特博览会的鲜花，
很少有人能与她相比，
因为她有漂亮的身形，温和的脾气，
还有一颗诚实的心。

她是克拉克小姐，
谁和她在一起只会稳赚不赔。
还有美丽的麦斯威尔小姐和珍小姐，
两位美丽的女士干净又整洁，
史蒂文森小姐和佩吉·布鲁斯小姐，
也都非常合适，
还有聪明的莎莉·巴肯，
上面的任何一位都是很棒的选择。

下一位幸运的小姐在米尔恩广场，
为了您自身的利益可得提防，
她看起来有些脏，
屋子里没有什么干净的地方，
即便是那些走在街上的下等人，
她也会为他们提供服务，
而当他们感到饥饿和寒冷时，
那些可怜的家伙只能偷窃。

但我们会继续说出更多的名字，
还有几位要参加游戏的小姐，
她们中的一队昨晚就到达小镇，
有些是黑发有些是褐发，
那时已经很晚，
很难找到住所，
直到她们向一位女士申请，
并很快就住了进去。

一位是来自因弗内斯的凯特，
脸颊红润，衣裙整洁。
她的眼角漆黑，皮肤洁白，
她几乎可以诱惑牧师去犯罪，

在此停留时可以叫上她，
希望这个女孩可以不负所望。

还有萨利、玛丽、贝特和珍，
她们都来自伯丁，
期待着自己能有超过同伴的机会，
但是我并不理解她们的品位，
光是她们住的地方，
就让人无意要去尼德里窄巷。

接下来是从蒙特罗斯来的珍妮·辛普森，
她像新鲜的玫瑰那样美丽，
像星星或钻石那样闪耀，
在晚上可以照亮你的床。
她的步履像少女一样甜美，
进入格雷围地，就会发现她的身影。

来自邓迪的美丽贝蒂，
还有珍·西姆、佩格·皮瑞一共三人，
乞求着把她们列入重要人选，
她们称自己还是处女，
想要她们的请快打电话，
就在草坪市场的对面。

来自珀斯的琼和瑞秋，
我担心你会因她们受到伤害，
因此，碰到她们你最好退避三舍，
至少这是你在和她们睡过之后，
你应该做的事，
她们并不适合你。
因为怕你勉强自己，

我不会说出她们的住址。

还有一位爱说话的凯蒂·布朗，
她的头发像胡萝卜一样红，
她是晚些时候从邓弗姆林来的，
和贝丝·杰克逊住在一起，
她俩都像春天里的青草，
服装和造型都很惊艳，
她们渴望被大家了解，
她们的房间还空着，
在城堡窄巷里，她们将被发现，
在赛马的现场她们也会出现。

在比赛期间，每天都会发布新的名单，想要拥有客人的小姐会毫不犹疑地提供自己的名字。

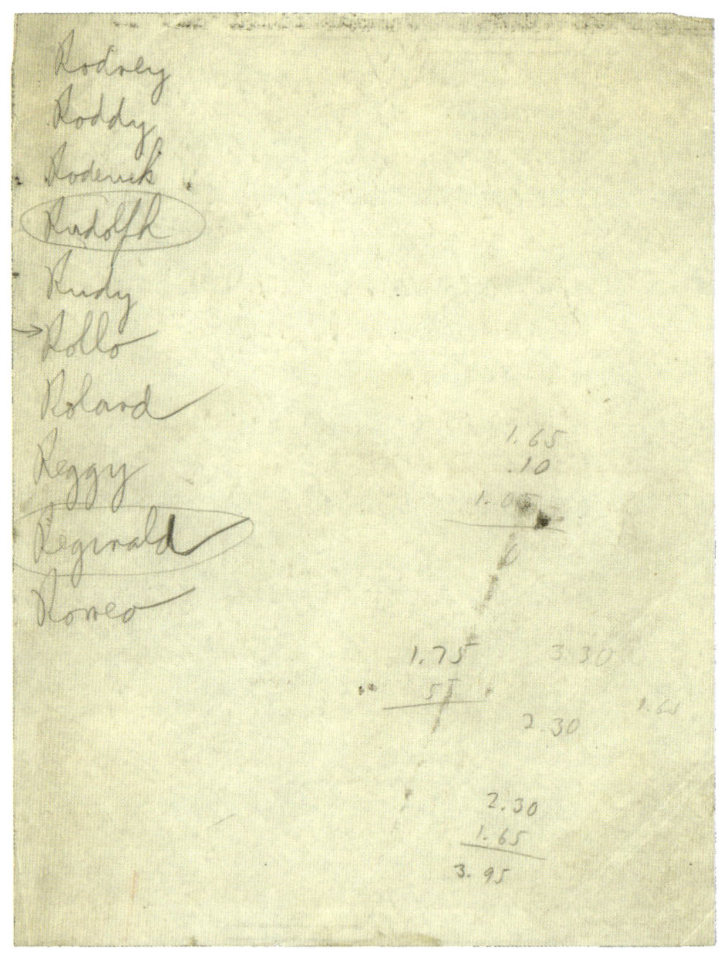
Rodney
Roddy
Roderick
Rudolph
Rudy
Rollo
Roland
Reggy
Reginald
Romeo

1.65
.10
1.75
3.30
2.30
2.30
1.65
3.95

红鼻子驯鹿鲁道夫

罗伯特 · 梅 （Robert May）

1939 年

35 岁的罗伯特·梅是一个百货公司的广告文案撰稿员。1939 年初，他的老板要求他写一本“愉快”的书，送给商店里的顾客。几个月后，他写出了《红鼻子驯鹿鲁道夫》（*Rudolph the Red-Nosed Reindeer*）。在随后的一年，这本书被免费赠送给了 250 万位顾客。幸运的是，他的老板在 1946 年把这本书的所有权转给了梅。下面的清单上列了一份名单——是梅曾经考虑给驯鹿起的名字。

一开始他最喜欢的名字是罗洛、雷金纳德和最后的赢家鲁道夫。

1. 罗德尼
2. 罗迪
3. 罗德里克
4. 鲁道夫
5. 鲁迪
6. 罗洛
7. 罗兰
8. 雷吉
9. 雷金纳德
10. 罗密欧

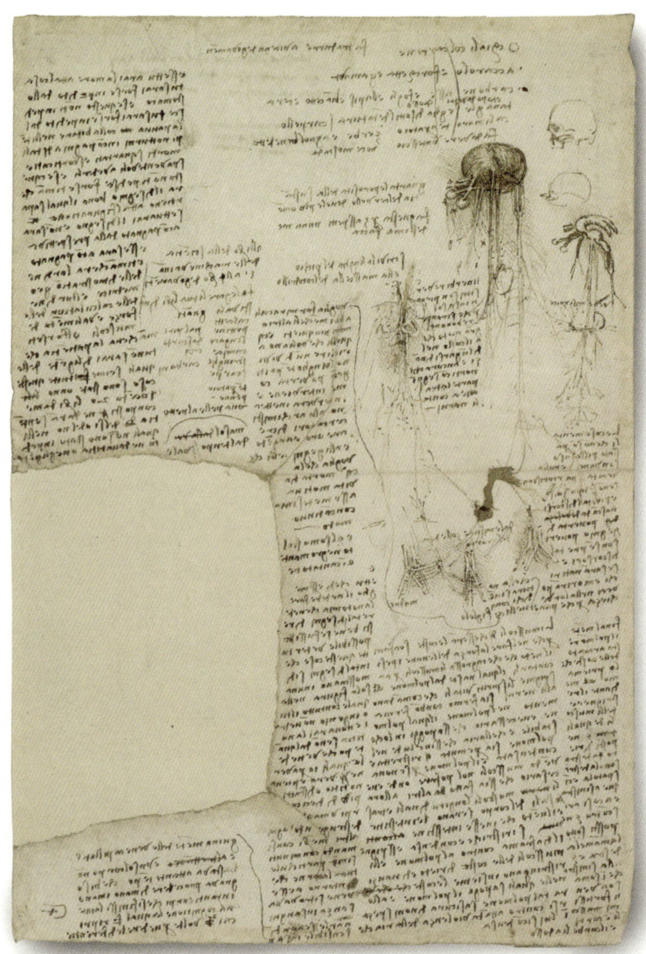

达·芬奇的待办事项列表

列奥纳多·达·芬奇 （Leonardo da Vinci）

1510 年

列奥纳多·达·芬奇是人类历史上最知名的天才之一，他是位优秀的雕刻家、画家、工程师、发明家、音乐家、数学家、制图师、作家、建筑师、科学家和地质学家。同时，他也是一位解剖学家。大约在 1510 年，他在帕维亚大学医学院解剖了几具尸体并绘制了图片。在离开前，他的笔记本上已经记满了大脑、神经和静脉的笔记和草图。列奥纳多还列了一份清单，写下了他要做的事。

让阿维森纳翻译。《实用技术》。

眼镜盒、火柴、叉子、手术刀、木炭、木板、纸张、粉笔、白色染料、蜡、镊子、玻璃、细齿骨锯、解剖刀、墨水瓶、削笔刀、泽尔比和安尼奥洛·贝内德蒂、一个头骨、肉豆蔻。

观察大脑物质中的孔洞，看哪个部位更多，哪个部位更少。

研究啄木鸟的舌头和鳄鱼的下巴。

通过死者的手指测量他的全身。

《机械科学》比《实用技术》更好。让你的作品登上解剖学杂志。靴子、袜子、梳子、毛巾、衬衫、鞋带、鞋、铅笔刀、钢笔、皮革、一块胸部的皮肤、手套、包装纸、木炭。

没有经过常识分析的精神问题是徒劳的，只会产生带有偏见的事实。因为这类推论往往是由贫穷引起的，而推论者往往也很贫穷。即便生来富有，也会在晚年贫困地死去。自然的力量似乎就是想要报复那些企图创造奇迹的人，这样他们能够拥有的就会比那些沉默的人少了。那些渴望一夜暴富的人，长时间生活在贫困之中，永远都在期待着奇迹发生——炼金术士、寻找黄金和白银的人、想用死水带来永恒生命动力的工程师们，以及那些最无可救药的傻子，所谓的巫师和魔法师。

How My Life Has Changed
Hilary North

I can no longer flirt with Lou.
I can no longer dance with Mayra.
I can no longer eat brownies with Suzanne Y.
I can no longer meet the deadline with Mark.
I can no longer talk to George about his daughter.
I can no longer drink coffee with Rich.
I can no longer make a good impression on Chris.
I can no longer smile at Paul.
I can no longer hold the door open for Tony.
I can no longer confide in Lisa.
I can no longer complain about Gary.
I can no longer work on a project with Donna R.
I can no longer get to know Yolanda.
I can no longer call the client with Nick.
I can no longer contribute to the book drive organized by Karen.
I can no longer hang out with Millie.
I can no longer give career advice to Suzanne P.
I can no longer laugh with Donna G.
I can no longer watch Mary Ellen cut through the bull shit.
I can no longer drink beer with Paul.
I can no longer have a meeting with Dave W.
I can no longer leave a message with Andrea.
I can no longer gossip with Anna.
I can no longer run into Dave P. at the vending machine.
I can no longer call Steve about my computer.
I can no longer compliment Lorenzo.
I can no longer hear Herman's voice.
I can no longer trade voice mails with Norman.
I can no longer ride the elevator with Barbara.
I can no longer be happy about Jennifer's pregnancy.
I can no longer walk with Adam.
I can no longer say hello to Steven every morning.
I can no longer see the incredible view from the 103rd Floor of the South Tower.
I can no longer take my life for granted.

改变了的生活

希拉里·诺斯 （Hilary North）

2001 年

2001 年 9 月 11 日上午，希拉里·诺斯决定在上班路上停下来去投票，结果她迟到了。如果她准时上班的话，基本可以肯定，她会与她的 176 个同事一同遇难，因为她的办公室位于世贸中心南楼的 103 层，距离被劫持客机的撞击点约 20 层。这场悲剧发生之后不久，希拉里·诺斯写下了这张清单，朗读这份清单的录音被收录进了一个名叫“回声纪念”的项目，这个项目收集了世界各地对“9·11”事件反应的录音档案。

我的生活是如何改变的

我再也不能和卢调情。

我再也不能和梅拉跳舞。

我再也不能和苏珊娜 · Y. 吃布朗尼。

我再也不能与马克在截止日前一起拼命赶工。

我再也不能跟乔治谈论他的女儿。

我再也不能和里奇喝咖啡。

我再也不能给克里斯留下一个好印象。

我再也不能对保罗微笑。

我再也不能为托尼开门。

我再也不能对丽莎说知心话。

我再也不能抱怨加里。

我再也不能和唐娜一起做项目。

我再也不能继续了解约兰达。

我再也不能与尼克一起跟客户通话。

我再也不能为凯伦组织的读书活动做贡献。

我再也不能跟米莉一起逛街。

我再也不能给苏珊娜 · P. 提供职业建议。

我再也不能与唐娜 · G. 一起欢笑。

我再也不能听玛丽 · 艾伦胡说八道。

我再也不能跟保罗一起喝啤酒。

我再也不能和戴夫 · W. 开会。

我再也不能给安德里亚留言。

我再也不能跟安娜一起聊八卦。

我再也不能与戴夫 · P. 在自动售货机旁偶遇。

我再也不能在电脑出问题的时候找史蒂夫帮忙。

我再也不能称赞洛伦佐。

我再也不能听到赫尔曼的声音。

我再也不能和诺尔曼发语音邮件。

我再也不能和巴巴拉一起乘电梯。

我再也不能替珍妮弗怀孕而高兴。

我再也不能和亚当一起散步。

我再也不能每天早上与史蒂文打招呼。

我再也不能从南塔 103 层眺望远处美丽的风景。

我再也不能将活着看作理所应当。

远足设备

亨利 · 戴维 · 梭罗 （Henry David Thoreau）

1857 年

1854 年亨利·戴维·梭罗出版了《瓦尔登湖》(*Walden*)，这是他 19 世纪 40 年代中期在马萨诸塞州的林地小屋两年生活的记录——关于简单的生活、独立和生存。他还曾三次去缅因州旅行，最后一次是 1857 年的为期 12 天的短途旅行，随行的有一个同伴、一位印第安向导，还有一艘独木舟。后来他写下了他的行李清单——这样旅行一趟要带的行李并不简单。

如果一个人想要在7月的缅因森林中，与一位同伴和一位印第安向导一起远足12天，那么下面的清单上的装备将十分适用，因为我已经按这样尝试过了。

穿的：格子衬衫、结实的旧鞋、厚袜子、围巾、厚马甲、厚裤子、旧科苏特帽、麻布袋。

随身物品：1个有大袋盖的印第安橡胶背包、2件衬衫、1双厚袜子、2条内裤、1件法兰绒衬衫、2块手帕、1件印第安橡胶外套和1件羊毛大衣、2件假前襟和衣领、1块餐巾、大头针、针、线。1条毛毯，最好是灰色的，7英尺长。

帐篷：六七英尺宽，4英尺高的就可以。面纱、手套和驱虫剂，若有蚊帐当然更好。袖珍地图，带有详细的路线图。指南针、植物手册和红色的吸墨纸、纸和邮票、植物学书籍、用来观察鸟类的袖珍望远镜、袖珍显微镜、卷尺、昆虫箱。

斧子，如果可能的话尺寸越齐全越好。折叠刀、挂好挂钩和软木浮子的渔线、装在包里的猪肉诱饵、火柴（放在大衣口袋的小瓶里）、2块肥皂、大刀和铁勺（够所有人用的）、三四份旧报纸、线、几块抹布、20英尺的粗绳、4夸脱[1]锡桶的水、2个长柄勺、3个锡盘、1个煎锅。

食物：软的压缩饼干，28磅[2]；猪肉，16磅；糖，12磅；1磅红茶或3磅咖啡；1盒或1品脱盐；1夸脱印第安食品，搭配煎鱼；6个柠檬，用来给猪肉和热水调味；或许再带两三磅大米，增加食物多样性。你可能会采到一些浆果，钓到鱼，等等。

若非想打猎，则没必要带枪。猪肉应该放在一个开口的桶里，切成合适的大小。糖、茶或咖啡、盐等，都应该单独放在防水的胶皮袋里，用皮绳系住。所有的物品，和部分其他的行李，都放进两个大印第安橡胶袋里，这种袋子防水而且耐用。所有物品的花费大约是24美元。

雇用一个印第安向导的费用大约是每天1美元50美分，他的独木舟使用费大约是一周50美分（这取决于实际需求）。独木舟必须结实。费用一共需要大约19美元。

如果你已经拥有了一套装备或者打算租一些装备，准备从穆斯黑德出发，

1　1夸脱约为0.946升，1夸脱等于2品脱。

2　1磅约为453.6克。

那么这样的短途旅行总花销不会超过 25 美元。如果你在奥尔德敦雇用印第安向导并租好了独木舟，那么把它们运到湖边就得花费超过 7 美元。

现代散文的理念与技巧

杰克·凯鲁亚克 （Jack Kerouac）

1958 年

1958 年，在他的著作，漫长而漫无边际的《在路上》（*On the Road*）发表一年之后，美国的“垮掉派”诗人和小说家杰克·凯鲁亚克给他的朋友，出版商唐纳德·艾伦写了一封信，信的内容包括一份用他自己独特风格写成的关于现代散文作家的“必备品质列表”。第二年，在凯鲁亚克的应允下，它被印在了艾伦主编的《常青评论》杂志上。

关于现代散文的理念与技巧

必备品质列表

1. 潦草写就的秘密笔记，胡乱打些字，这些都是属于你的快乐。
2. 万事谦卑、开放、善于倾听。
3. 尽量不要在外面喝醉。
4. 热爱生活。
5. 你感受到的东西将会找到属于它的表达形式。
6. 做心灵的疯狂圣徒。
7. 尽情从深处挖掘灵感。
8. 写你内心深处最想写的东西。
9. 保有些难以言明的独特幻想。
10. 不要在诗意上浪费时间，要直白地表达。
11. 让想象在胸腔颤动共鸣。
12. 在恍惚入迷的状态中对你眼前的事物进行想象。
13. 忘掉文学技巧、语法和句法的限制。
14. 像普鲁斯特那样，做一个留恋时光的人。
15. 在内心独白中讲述世界真实的故事。
16. 兴趣的宝石是眼中之眼。
17. 为你自己写下回忆和惊叹的事。
18. 从最精练的中心着手，畅游文字的海洋。
19. 接受永远的失去。
20. 相信生命的神圣。
21. 努力描绘你脑海中已经存在的那些流淌着的想法。
22. 当写不下去时，不要纠结措辞，要更好地想象你要描绘的画面。
23. 每一个在你脑海中闪闪发光的早晨都应该被记住。
24. 不要因为你拥有的经历、语言和知识而感到害怕或羞愧。
25. 让世界阅读你的文字，看到你要描绘的画面。
26. 纸上的电影是用文字表达的影像，是美国视觉表达的一种形式。
27. 去赞美那些在荒凉而残忍的孤独中生活的角色。

28. 写些狂野不羁的、纯粹的、来自你心底里的东西，越疯狂越好。

29. 你一直都是天才。

30. 现世影像的编导者将在天堂得到守护。

回到校园的戒律

西尔维娅·普拉斯 （Sylvia Plath）

1953 年 1 月

1952 年 12 月，后来的普利策奖得主，当时才 20 岁的女诗人和作家西尔维亚·普拉斯在纽约滑雪时摔断了腿。这场事故让她住进了医院，更令她沮丧的是，她的腿得打两个月的石膏。当她准备回到史密斯学院时，她迫切地想回到课堂去看看自己刚喜欢上的人迈伦·洛茨。为此，她写下了两张清单，第一张是提醒自己在迈伦面前要保持冷静，另一张是“回到校园的戒律”，提醒自己保持专注。

1. 我不会用令人窒息的热情来对待他，让他喘不过气。
2. 我不会投怀送抱。
3. 我会温柔、热情，让他喜欢我。

回到校园的戒律

1. 保持愉快的心情。
2. 自然科学——不要沮丧。你必须得到 A，你必须学好。你可以：通过得到两次好的测试成绩证明自己。
3. 学习单元——不要惊慌。如果需要的话可以适当要求延期。这周末写论文，如果老师需要延期理由，可以说你这周都在医务室。
4. 戴维斯——如果需要的话，适当要求延期。无论如何，关于理论你已经写得足够多了。可以在考试期间完成他的论文。
5. 看看施尼德斯——保持冷静，即使问题关乎生与死。
6. 写完米莉的论文。
7. 练习。
8. 保证睡眠充足：如果有必要的话，下午小睡一会儿。
9. 记住：五个月的时间并不长，两个月的时间转瞬即逝，即便它们现在看起来都还很漫长。
10. 态度就是一切：保持愉悦。即使你挂了科，迈伦也一直沉默得令人生气，没有约会，没有赞赏，没有爱情，一无所有。看见事情究竟能发展到多糟，或许也能带来一种满足感。

P.S. 记住——无论怎样，你都比世界上大多数人幸福。

爱你的，西尔

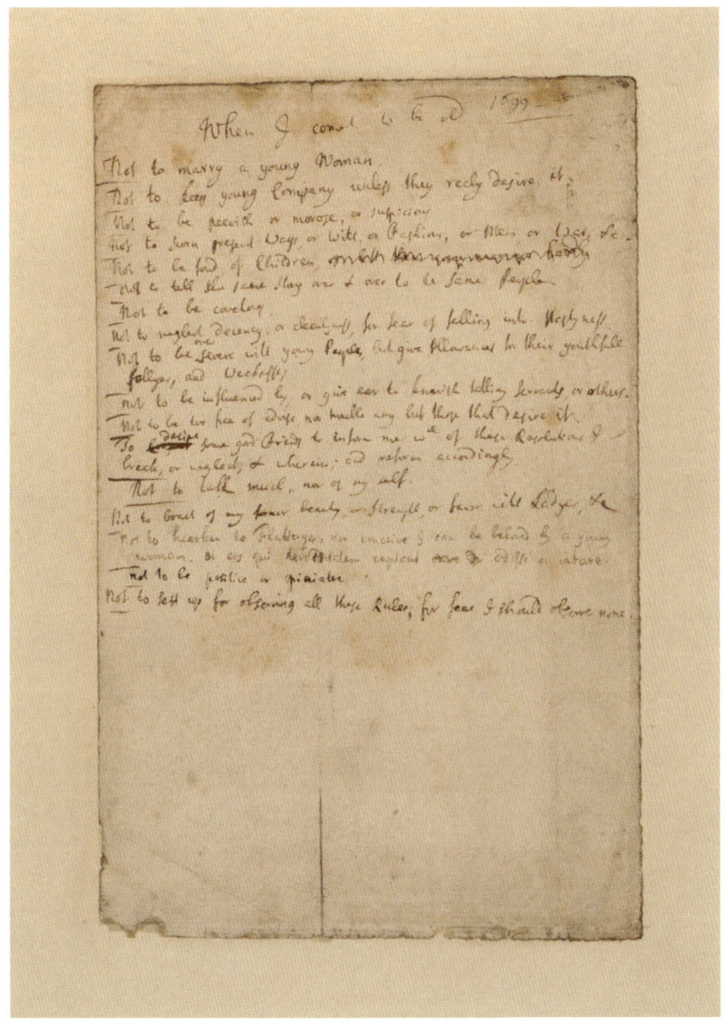

When I come to be old. 1699.

Not to marry a young Woman.
Not to keep young Company unless they reely desire it.
Not to be peevish or morose, or suspicious.
Not to scorn present Ways, or Wits, or Fashions, or Men, or War, &c.
Not to be fond of Children, or let them come near me hardly.
Not to tell the same story over & over to the same People.
Not to be covetous.
Not to neglect decency, or cleenlyness, for fear of falling into Nastyness.
Not to be over severe with young People, but give Allowances for their youthfull follyes, and weeknesses.
Not to be influenced by, or give ear to knavish tatling servants, or others.
Not to be too free of advise nor trouble any but those that desire it.
To desire some good Friends to inform me wch of these Resolutions I break, or neglect, & wherein; and reform accordingly.
Not to talk much, nor of my self.
Not to boast of my former beauty, or strength, or favor with Ladyes, &c.
Not to hearken to Flatteryes, nor conceive I can be beloved by a young woman. et eos qui hereditatem captant odisse ac vitare.
Not to be positive or opiniative.
Not to sett up for observing all these Rules, for fear I should observe none.

当我老了

乔纳森·斯威夫特 （Jonathan Swift）

1699 年

爱尔兰作家和牧师乔纳森·斯威夫特凭借他的著作《格列佛游记》（*Gulliver's Travels*）而闻名世界，这部 1726 年首次出版的讽刺小说销量达数百万册。1745 年，在乔纳森·斯威夫特去世后，在他的私人文件中发现了一份他 1699 年写下的对自己未来生活的建议清单，当时的他 32 岁。

当我老了
1699 年

- 不要娶一个年轻的女人。
- 不要随意和年轻人交友，除非他们值得。
- 不暴躁，不忧郁，不多疑。
- 不要藐视最新的生活方式、智慧、时尚、人或战争等。
- 不要太过喜欢小孩，或者非要他们靠近我。
- 不要跟同一个人一遍又一遍地讲同一个故事。
- 不要贪婪。
- 不要忽视体面，要保持整洁，不要落入让人嫌弃的境地。
- 不要对年轻人过于严厉，要体谅他们的脆弱和偶尔做的蠢事。
- 不要随意受人影响，不轻信那些好事者说三道四。
- 不要太轻易地给出建议或麻烦别人，除非别人乐意你那样做。
- 找些好朋友来监督我，看我是否打破或忽略了某项决心。如果有，要及时改正。
- 不要太唠叨，也不要自吹自擂。
- 不要夸耀自己年轻时多么帅气，多么强壮，多么有女人缘，等等。
- 不要误信别人的阿谀奉承，也不要觉得会有年轻女子喜欢自己。要发现并避免那些年轻女子因为财产而接近自己。
- 不要太激进或固执己见。
- 列下这些决心并不是为了强迫自己全部遵守，而是担心自己一个也遵守不了。

Houdini's

SCENE AND PROP. LIST

Open and close in full stage. (Palace.)

Time of act—About 25 minutes.

As I leave stage soaking wet in bathing suit, require two dressing rooms nearest stage (6 in company). Couch in dressing room.

Require a small trap in center of stage, not less than 8 inches square (8x8 inches) two feet in rear of front cloth.

Must have use of Fire Hose to reach from side of stage, about 3 feet past center of stage. Hose is used in view of audience.

Please see to it that the water in Hose is run off. It must be clear, so that audience can see through same.

100 gallons of Boiling water (must be boiling).

We carry four brass tubs to hold this water, which must be filled ready on stage **before** each performance.

Prepare a chute, or get-away, for 250 gallons of water, from the small 8x8-inch trap to most convenient spot underneath stage. The outlet in our Water Cloth is 6 inches in Diameter .

Our Water Carpet must be flied after each show back of stage, for which we require a strong batten.

Two small occasional tables (gold if possible, and 4 gold chairs) and 18 Bent-wood Chairs.

A run or stair case, so that committee from audience can come over footlights onto stage.

A small, clean looking (mahogany colored if possible) step ladder about 3 feet 6 inches high.

Two 20 feet and two 16 feet lengths of Lumber 4 inches by 2 inches (4x2 inches), or battens would do, which must be 4 inches wide.

PLEASE DO NOT PURCHASE ANYTHING AT MY EXPENSE

胡迪尼的舞台需求清单

哈里 · 胡迪尼 （Harry Houdini）

约 1900 年

伟大的哈里 · 胡迪尼是世界知名的逃脱大师，他可以通过某些方式逃脱令人窒息的困境，让观众们惊叹不已。1912 年，他向观众们表演了最著名的一幕：倒转的胡迪尼！在这个表演里，他会在水下被倒挂住，进入一个名为“中国式水牢”的装置，然后再冲破所有障碍，从中逃脱。胡迪尼的逃脱表演持续了 14 年，直到 1926 年他去世。在每场表演之前，这张清单都会提供给演出场所。

胡迪尼的舞台需求清单

• 整个舞台的打开和关闭。（表演场所。）

• 表演时间——大约 25 分钟。

• 当我穿着湿的泳衣离开舞台时，需要舞台附近有两个更衣室（一共需要 6 个）。更衣室内要有沙发。

• 舞台中央要有一个小的机关，尺寸不小于 8×8 英寸[1]，设置在幕布后 2 英尺的位置。

• 必须在舞台侧面设置好消防软管，距舞台中心约 3 英尺，目的是让观众看到。

• 请确保水管中的水已经流尽，必须确认这一点，这样观众才能看清楚。

•100 加仑[2]的沸水（必须煮沸）。

• 我们要用 4 个黄铜的桶来盛这些水，每次演出之前都要在舞台上准备好。

• 准备斜槽或通道，让 250 加仑的水可以从舞台上 8×8 英寸的小机关通往舞台下合适的地点。我们防水布上的出口直径是 6 英寸。

• 我们的水毯每场表演之后都要从舞台后飞出来，为此我们需要很结实的吊杆。

• 两张小的临时用的桌子（最好是金色的，还要 4 把金色的椅子），还有 18 把曲木椅子。

•1 个小斜坡或台阶，这样观众中的代表就可以在脚灯的指引下走上舞台。

•1 个小的、看起来干净的（最好是红褐色）梯子，大约 3 英尺 6 英寸高。

• 两块 20 英尺长的和两块 16 英尺长的木材，4×2 英寸，板条也可以，但必须有 4 英寸宽。

请不要用我的钱买任何东西。

1　1 英寸约为 2.54 厘米。

2　1 加仑（美）约为 3.785 升。

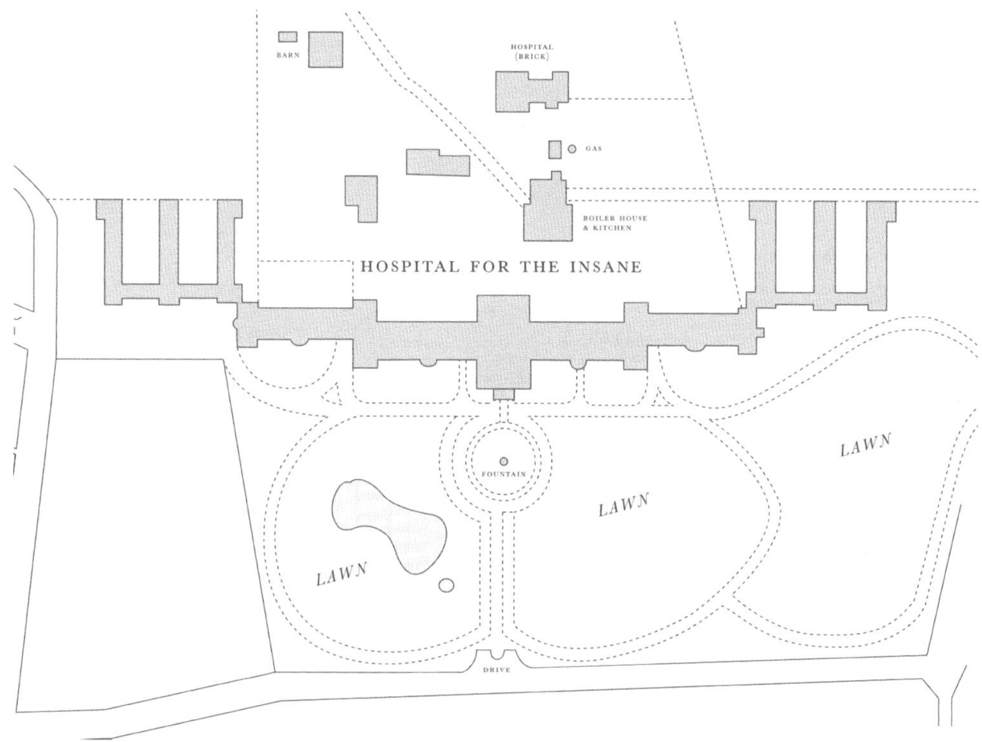

入院原因

西弗吉尼亚州精神病院

1864—1889 年

1858 年，在西弗吉尼亚州的韦斯顿市，有一栋占据了 269 英亩[1] 土地的建筑物，最终成为可以容纳 250 名精神病人的精神病院。由于美国内战的爆发，医院的建设一度停滞，但 6 年之后这家医院最终得以运营，医护人员们迎来了第一批病人。在 1993 年公开的这份清单上，详细列出了 1864 年到 1889 年医院患者们的入院原因，这些都被记录在医院的日志中。

1　1 英亩约为 4046.86 平方米。

入院原因

西弗吉尼亚州精神病院（韦斯顿市）

1864 年 10 月 22 日到 1889 年 12 月 12 日

闭经
哮喘
交友不慎
恶习与政治动荡
喝了劣质威士忌
被毒蛇咬伤
血痢
脑膜炎
神经紧张
二氧化碳中毒
蜂窝织炎
脑萎缩
感冒
脑充血
保健
儿子死于战争
被诱骗参军
无节制的手淫
被丈夫抛弃
白喉
对感情失望
对爱绝望
沮丧
精神崩溃
行为放荡
被狗咬伤
家庭纷争

家庭问题
对母亲的祖先心存怀疑
浮肿
脑内积液
自负
癫痫发作
过度的性虐待
像军官一样兴奋
被附近的炸弹炸伤
冻伤与遗传病
冻伤与骗术
在军队中冻伤
坠马
假怀孕
智力障碍
在战争中坠马
女性疾病
诉讼失败和发烧
神经紧张和发烧
嫉妒和发烧
救火受伤
被丈夫抛弃
胃炎
头部肿胀
贪吃
悲伤
枪伤

学习太努力
遗传病
癔症
被丈夫虐待
女性的妄想症
不道德的生活
被监禁
消化不良
酗酒
酗酒和商务纠纷
被强奸
嫉妒和宗教问题
被马踢伤
被马踢中头部
懒惰
肝病和性病
胳膊断了
儿子结婚
手淫和梅毒
长达 30 年的手淫
药物避孕
月经紊乱
精神兴奋
乳热症
道德感与心智失常
沉迷小说
女色情狂

吸食鸦片
思虑过度
浑身发热
沉迷宗教研究
用脑过度
父母近亲结婚
经济损失
周期性的烟瘾和手淫
政治兴奋
政治
产褥期
宗教狂热
宗教兴奋
悔恨
谋杀丈夫的传言
救世军
猩红热
被诱惑
被诱惑并陷入失望
自虐
超负荷劳动
性虐待和兴奋剂
性紊乱
枪杀女儿
天花
持续两年的鼻烟瘾
脑萎缩
脊髓性神经衰弱
中暑
迷信
被抑制的手淫
战争
年纪大了
苦恼
子宫紊乱
过强的性欲
早年生活的恶习
女人
女人问题

八类醉汉

托马斯·纳什 （Thomas Nashe）

1592 年

出生于 1567 年的托马斯·纳什是伊丽莎白时期受人欢迎的讽刺作家，他的名字经常出现在戏剧、诗歌、小说和小册子上——这种小而廉价的书籍常被认为是可有可无的，但在 17 世纪末的伦敦却风靡一时。纳什最受欢迎的小册子之一是《身无分文的皮尔斯，他对魔鬼的恳求》（*Pierce Penniless, His Supplication to the Divell*），展现了当时社会的一个缩影。从下面这张清单——“八类醉汉”中，就可以看出这一点。

八类醉汉

第一种是猩猩式醉酒：他又唱又跳，为天堂舞蹈。

第二种是狮子式醉酒：他会砸碎屋里的东西，叫他老婆婊子，用匕首把玻璃窗户打破，跟任何与他说话的人吵架。

第三种是猪式醉酒：非常笨拙，昏昏欲睡，还叫着还要再喝些酒。

第四种是羊式醉酒：自以为清醒，但已经无法说清一个字。

第五种是啜泣式醉酒：这个家伙会边喝酒边哭泣。他会吻你，说着“上尉啊，我向上帝起誓，我爱你，一切都随你所愿。但你并不会像我想你一样频繁地想起我。我或许（如果这令上帝满意），可能无法像过去那样爱你了”，然后他用手捂住眼睛，哭了起来。

第六种是燕式醉酒：他即便醉了还会继续喝下去，一旦清醒就会离开。

第七种是山羊式醉酒：当他喝多了，他的脑子里就只有淫欲。

第八种是狐狸式醉酒：他喝酒时很狡猾，就像许多荷兰人一样，只有真正醉了才会开始讨价还价。

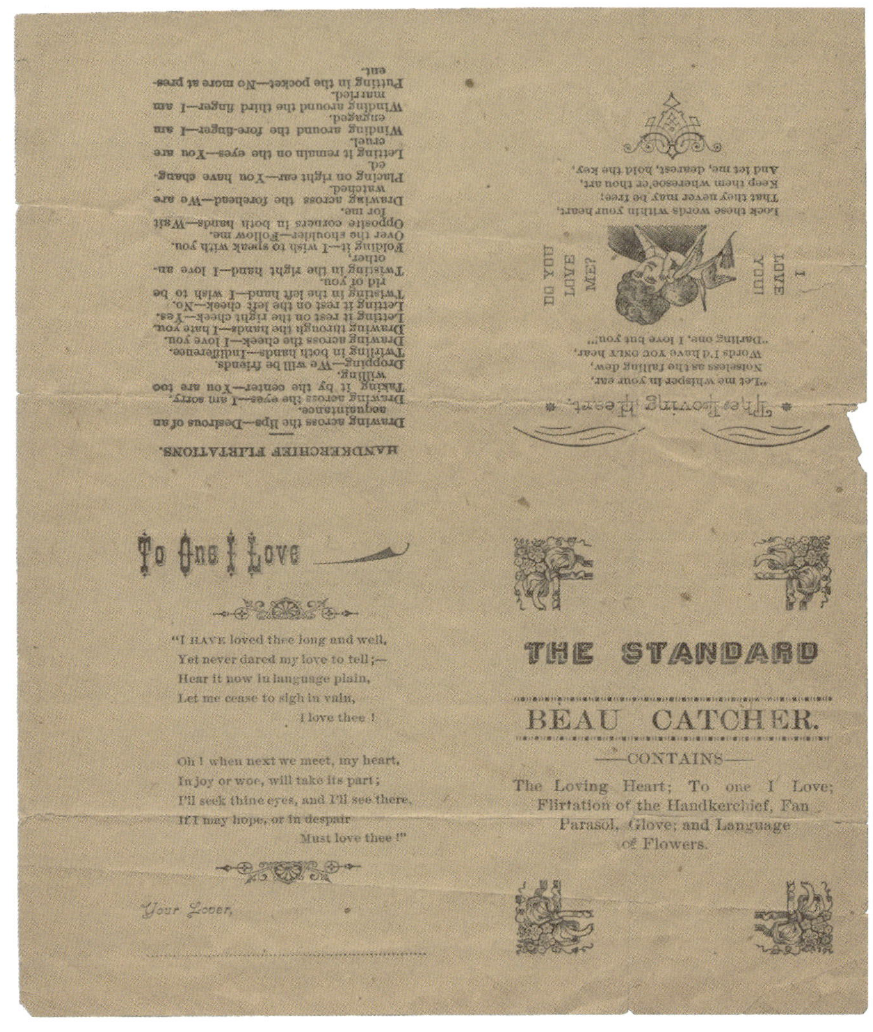

HANDKERCHIEF FLIRTATIONS.

Drawing across the lips—Desirous of an acquaintance.
Drawing across the eyes—I am sorry.
Taking it by the center—You are too willing.
Dropping—We will be friends.
Twirling in both hands—Indifference.
Drawing across the cheek—I love you.
Drawing through the hands—I hate you.
Letting it rest on the right cheek—Yes.
Letting it rest on the left cheek—No.
Twisting in the left hand—I wish to be rid of you.
Twisting in the right hand—I love another.
Folding it—I wish to speak with you.
Over the shoulder—Follow me.
Opposite corners in both hands—Wait for me.
Drawing across the forehead—We are watched.
Placing on right ear—You have changed.
Letting it remain on the eyes—You are cruel.
Winding around the fore-finger—I am engaged.
Winding around the third finger—I am married.
Putting in the pocket—No more at present.

The Loving Heart.

"Let me whisper in your ear,
Noiseless as the falling dew,
Words I'd have YOU ONLY hear,
"Darling one, I love but you!"

I LOVE YOU!

DO YOU LOVE ME?

Lock these words within your heart,
That they never may be free;
Keep them wheresoe'er thou art,
And let me, dearest, hold the key.

To One I Love

"I HAVE loved thee long and well,
Yet never dared my love to tell;—
Hear it now in language plain,
Let me cease to sigh in vain,
I love thee!

Oh! when next we meet, my heart,
In joy or woe, will take its part;
I'll seek thine eyes, and I'll see there,
If I may hope, or in despair
Must love thee!"

Your Lover,

THE STANDARD

BEAU CATCHER.

—CONTAINS—

The Loving Heart; To one I Love; Flirtation of the Handkerchief, Fan, Parasol, Glove; and Language of Flowers.

俘获情郎的秘诀

作者未知

19 世纪晚期

在1890年，一本名为《俘获情郎的秘诀》(*The Standard Beau Catcher*）的小册子出版了，其主要内容是给那些挑剔的维多利亚时代的女性进行关于调情的指导。小册子中有大量的清单，大多揭示了各种藏在手套、扇子、遮阳伞和手帕后的行为的深层含义——像某种未能流行起来的暗语。清单中也包含了对花语的简单介绍。

俘获情郎的秘诀

——包括——

充满爱意的心，给我所爱的人；

手帕调情、扇子调情、阳伞调情、手套调情、花语

充满爱意的心

让我在你耳边低语，
像露水一样无声落下，
这话我只说给你听，
“亲爱的，我爱你，只有你！”
我爱你！
你爱我吗？
将这些话锁在心里，
永远不要说出来；
让它们与你随行，
我最亲爱的人，让我，得到你心的钥匙。

手套调情

咬着指尖——我想摆脱你。
握紧，卷起来放在右手——不可以。
左手手套褪去一半——冷漠。
把两只都扔掉——我爱你。
扔掉其中一只——好的。
细心地叠起来——讨厌你。
拿着手套的末端——希望被了解。
用右手轻松地拿着——满足。
用左手轻松地拿着——很满意。
露出左手拇指——你爱我吗？
把手套都放在一边——心烦。
露出右手拇指——吻我。
平滑地脱下来——我希望和你在一起。

用手套拍打手——不开心。

用手套拍打肩膀——跟我来。

轻拍下巴——我爱的是别人。

手套轻轻地摇晃——我订婚了。

把手套翻过来——我恨你。

在手指上缠绕——小心点，有人在注视我们。

拿在手里玩——把你的同伴介绍给我。

阳伞调情

用左手举起阳伞——希望相识。

用右手举起阳伞——你太着急了。

收起来放在左手边——在第一个十字路口见面。

收起来放在右手边——跟着我。

放在面前——现在不想说话。

把它放在右肩上——你可以和我交谈。

把它放在左肩上——你太残忍了。

合上——我想和你说说话。

扔下——我爱你。

将伞尖放到唇边——你爱我吗？

把阳伞折叠起来——离我远点。

贴着右脸颊——是的。

贴在左脸颊——不。

在手上敲打——我很不高兴。

用左手摇晃——我订婚了。

用右手摇晃——我结婚了。

轻敲下巴——我爱的是别人。

拿伞绕着圈旋转——小心，有人在注意我们。

像风扇一样转动——把你的同伴介绍给我。

把伞柄放在嘴唇上——吻我。

花语

侧柏——永恒的友谊。

苹果花——我的偏爱。

香雪球——比美丽更有价值。

白杨树——悲伤。

蓝色吊钟花——忠贞。

石竹——憎恨。

金鸡菊——一见钟情。

枯叶——沉重的心。

勿忘我——真爱。

天竺葵——失去希望。

榛树——让我们重归于好。

山楂——希望。

天芥菜——有人爱你。

常春藤——友谊。

铃兰——重获幸福。

椴树——婚姻。

金盏花——我很嫉妒。

桃金娘——纯粹的感情。

三色堇——想我。

豌豆——月光下的邂逅。

桃花——我的心属于你。

夹竹桃——我们的灵魂相通。

粉色、红色的花——女人的爱。

玫瑰——完美绝伦。

玫瑰花蕾——我不了解爱情。

玫瑰天竺葵——你是我的选择。

美国石竹——最后一次。

郁金香——说出你的爱。

紫罗兰——你会发现真实的我。

黄色百合——你是个轻佻的人。

PARASOL FLIRTATIONS.

Carrying it elevated in left hand,	Desiring acquaintance.
Carrying it elevated in right hand,	You are too willing.
Carrying it closed in left hand,	Meet on the first crossing.
Carrying it closed in right hand by side,	Follow me.
Carrying it in front of you,	No more at present.
Carrying it over the right shoulder,	You can speak to me.
Carrying it over the left shoulder,	You are too cruel.

Closing it,—I wish to speak to you.
Dropping it.—I love you.
End of tip to lips,—Do you love me?
Folding it up,—Get rid of your company.
Letting it rest on right cheek,—Yes.
Letting it rest on left cheek.—No.

Striking it on the hand,	I am very much displeased.
Swinging by handle on left side,	I am engaged.
Swinging by handle on right side,	I am married.
Tapping the chin gently,	I am in love with another.
Twirling it around,	Be careful, we are watched.
Using it as a fan.	Introduce me to your company.

With handle to lips,—Kiss me.

LANGUAGE OF FLOWERS.

Arbor Vitæ,—Unchanging Friendship.
Apple Blossom,—My Preference.
Alyssum,—Worth above Beauty.
Aspen Tree,—Sorrow.
Blue Canterberry Bell,—Fidelity.
China Pink,—Hate.
Coreopsis,—Love at first sight.
Dead Leaves,—Heavy Heart.
Forget-me-not,—True Love.
Geranium,—Lost Hope.
Hazel,—Let us bury the Hatchet.
Hawthorne,—Hope.
Heliotrope,—You are Loved.
Ivy,—Frienship.
Lily of the Valley,—Happy again.
Linden Tree,—Marriage.
Marigold,—I'm Jealous.
Myrtle,—Unalloyed Affection.
Pansy,—Think of Me.
Pea,—Meet me by Moonlight.
Peach Blossom,—My heart is thine.
Phlox,—Our Souls are United.
Pink, red,—Woman's Love.
Rose,—Perfect Beauty.
Rose Bud,—My Heart knows no Love.
Rose Geranium,—You are preferred.
Sweet William,—Let this be our last.
Tulip,—Declare your Love.
Wall Flower,—You will find me true.
Yellow Lily,—You are a Coquette.

FAN FLIRTATIONS.

Carrying in right hand—You are too willing.
Carrying in right hand, in front of face—Follow me.
Carrying in left hand—Desirous of an acquaintance.
Closing it—I wish to speak with you.
Drawing across the forehead—We are watched.
Drawing across the cheek—I love you.
Drawing across the eyes—I am sorry.
Drawing through the hand—I hate you.
Dropping—We will be friends.
Fanning fast—I am engaged.
Fanning slow—I am married.
Letting it rest on the right cheek—Yes.
Letting it rest on the left cheek—No.
Open and shut—You are cruel.
Open wide—Wait for me.
Shut—I have changed.
Placing on right ear—You have changed.
Twirling in left hand—I wish to get rid of you.
Twirling in right hand—I love another.
With handle to lips—Kiss me.

GLOVE FLIRTATIONS.

Biting the tips—I wish to be rid of you.
Clenching them, rolled in right hand—No.
Drawing half way on left hand—Indifference.
Dropping both of them—I love you.
Dropping one of them—Yes.
Folding up carefully—Get rid of your company.
Holding with tips downward—I wish to be acquainted.
Holding loose in right hand—Be contented.
Holding loose in left hand—I am satisfied.
Left hand, naked thumb exposed—Do you love me?
Putting them away—I am vexed.
Right hand, naked thumb exposed—Kiss me.
Smoothing out gently—I wish I were with you.
Striking over the hand—I am displeased.
Striking over the shoulder—Follow me.
Tapping the chin—I love another.
Tossing them up gently—I am engaged.
Turning them inside out—I hate you.
Twirling around the fingers—Be careful, we are watched.
Using them as a fan—Introduce me your company.

扇子调情

拿在右手——你太着急了。

拿在右手，放在面前——跟我来。

拿在左手——渴望认识你。

合上——我想和你聊聊。

从额前划过——有人在看着我们。

从脸颊划过——我爱你。

从眼前划过——对不起。

从手上划过——我恨你。

放下——我们将成为朋友。

快速地扇扇子——我订婚了。

缓慢地扇扇子——我结婚了。

放在右脸颊——是的。

放在左脸颊——不。

打开又合上——你太无情。

打开得很大——等我。

快速合上——我改变主意了。

放在右耳边——你变了。

用左手摇晃——我想离你远点。

用右手摇晃——我爱的是别人。

放在唇边——吻我。

手帕调情

划过唇边——渴望和你相识。

划过眼角——很抱歉。

拿住手帕中间——你太心急了。

放下——我们会成为好朋友。

用双手揉搓——冷漠。

划过脸颊——我爱你。

划过手臂——我恨你。

贴在左脸颊——不。

用左手旋转——我想离你远点。

用右手旋转——我喜欢的是别人。

折叠——我想和你聊天。

放在肩上——跟着我。

用手掐住手帕两角——等我。

划过额前——有人在注视我们。

放在右耳——你变了。

盖住眼睛——你太无情。

绕在食指上——我订婚了。

绕在无名指上——我结婚了。

放在口袋里——目前没有什么可能。

给我爱的人

“我已经爱你很久，
却一直不敢说出口；
现在请听听我质朴的话语，
让我无须再叹息，
我爱你！
哦！下次相遇时，我的心，
无论悲喜，都在那里；
我将追寻并凝望你的双眸，
无论许我希冀，或是绝望，
都必须爱你！”
你的爱人

1. MONK'S ADVICE

JUST BECAUSE YOU'RE NOT A DRUMMER, DOESN'T MEAN THAT YOU DON'T HAVE TO KEEP TIME.

PAT YOUR FOOT + SING THE MELODY IN YOUR HEAD, WHEN YOU PLAY.

STOP PLAYING ALL THAT BULLSHIT (THOSE WIERD NOTES), PLAY THE MELODY!

MAKE THE DRUMMER SOUND GOOD.

DISCRIMINATION IS IMPORTANT.

YOU'VE GOT TO DIG IT TO DIG IT, YOU DIG?

ALL REET!

ALWAYS KNOW... (MONK)

IT MUST BE ALWAYS NIGHT, OTHERWISE THEY WOULDN'T NEED THE LIGHTS.

LET'S LIFT THE BAND STAND!!

I WANT TO AVOID THE HECKLERS.

DON'T PLAY THE PIANO PART, I'M PLAYING THAT. DON'T LISTEN TO ME, I'M SUPPOSED TO BE ACCOMPANING YOU!

THE INSIDE OF THE TUNE (THE BRIDGE) IS THE PART THAT MAKES THE OUTSIDE SOUND GOOD.

DON'T PLAY EVERYTHING (OR EVERYTIME); LET SOME THINGS GO BY. SOME MUSIC JUST IMAGINED. WHAT YOU DON'T PLAY CAN BE MORE IMPORTANT THAN WHAT YOU DO PLAY.

A NOTE CAN BE SMALL AS A PIN OR AS BIG AS THE WORLD, IT DEPENDS ON YOUR IMAGINATION.

STAY IN SHAPE! SOMETIMES A MUSICIAN WAITS FOR A GIG, + WHEN IT COMES, HE'S OUT OF SHAPE + CAN'T MAKE IT.

WHEN YOU'RE SWINGING, SWING SOME MORE!

(WHAT SHOULD WE WEAR TONIGHT? SHARP AS POSSIBLE!)

ALWAYS LEAVE THEM WANTING MORE.

DON'T SOUND ANYBODY FOR A GIG, JUST BE ON THE SCENE.

THOSE PIECES WERE WRITTEN SO AS TO HAVE SOMETHING TO PLAY, + TO GET CATS INTERESTED ENOUGH TO COME TO REHEARSAL.

YOU'VE GOT IT! IF YOU DON'T WANT TO PLAY, TELL A JOKE OR DANCE, BUT IN ANY CASE, YOU GOT IT! (TO A DRUMMER WHO DIDN'T WANT TO SOLO).

WHATEVER YOU THINK CAN'T BE DONE, SOMEBODY WILL COME ALONG + DO IT. A GENIUS IS THE ONE MOST LIKE HIMSELF.

THEY TRIED TO GET ME TO HATE WHITE PEOPLE, BUT SOMEONE WOULD ALWAYS COME ALONG + SPOIL IT.

你得绞尽脑汁去想

塞隆尼斯 · 蒙克 （Thelonious Monk）

1960 年

在 20 世纪 40 年代，爵士钢琴家和作曲家塞隆尼斯·蒙克是比波普爵士乐领域的先锋，他是一个音乐天才，至今仍有很大影响。1960 年，也就是在发布他最成功的唱片集《蒙克的梦想》（*Monk's Dream*）的几年之前，他向他的朋友，萨克斯演奏家史蒂夫 · 莱西转达了一些丰富多彩的建议，后来莱西将这些建议列成了一份清单。

蒙克的建议

1960 年

• 虽然你不是一个鼓手，但这并不意味着你可以不守时。

• 在你演奏时，用脚打节拍，在脑中哼唱旋律。

• 停止演奏那些奇怪（垃圾）的音符，要演奏旋律！

• 让鼓声听起来很棒。

• 鉴赏力很重要。

• 你得绞尽脑汁去想，你想了吗？

• 一切都很美好！

• 永远牢记……（蒙克）

• 必须在晚上演出，否则他们不会需要光。

• 让我们提升乐队的标准！！

• 我想躲开那些捣乱的人。

• 不要试图演奏钢琴的部分，钢琴由我负责，不要听我的演奏，应该是我给你伴奏！

• 曲调的内部（桥段）是为了让曲子整体听起来和谐。

• 不要什么都演奏（或每时每刻都在演奏），忘掉其中的一些吧。有的音乐只能靠想象。那些你没演奏过的音乐可能会比你演奏过的更重要。

• 永远都要让他们意犹未尽。

• 一个音符可以像针一样小，也可以像世界一样大，这取决于你的想象力。

• 保持身材！有时音乐家要等待演出的机会，当那个时刻到来，他却变成了个大胖子，无法成功演出。

• 当你感到快活时，就尽情地快活吧！（今晚我们穿什么？越时髦越好！）

• 不要只是听别人的演奏会，更要自己亲自演奏。那些作品写出来的目的就是要被演奏的，让猫都感兴趣到愿意来陪你排练。

• 你必须明白！如果你不想演奏，就讲个笑话或跳支舞，但无论如何，你得会这些！（给一个不想独奏的鼓手）。

• 所有你认为做不到的事情，总有人会出现并做到。

• 天才就是最像自己的人。

• 他们试图让我恨白人，但总有人会出现，让我无法讨厌他们。

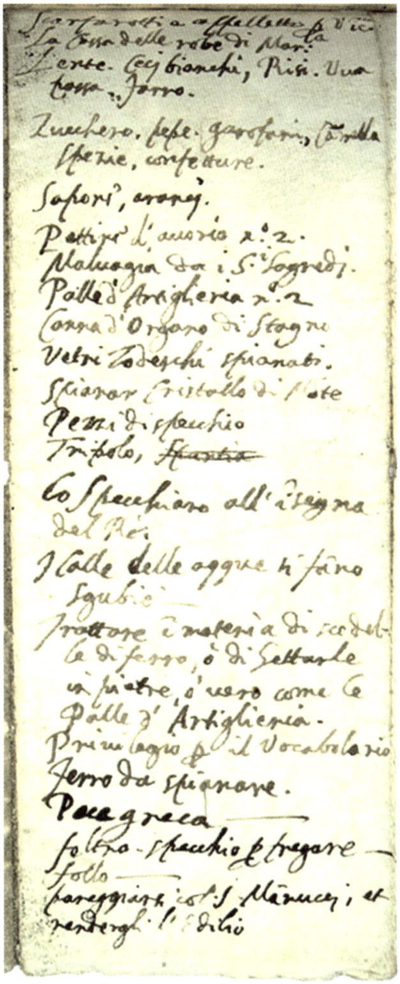

伽利略的购物清单

伽利略 · 伽利雷 （Galileo Galilei）

1609 年

1609 年 8 月，伽利略 · 伽利雷向公众推出了他最新的望远镜——装配了超前的镜头，可以将景象放大约 8 倍。虽然这已经很出色了，但是伽利略决定改进它的设计，改进的唯一途径则是要自己制作镜片。下面这份清单，是 1609 年 11 月 23 日伽利略在信的背面写下的购物清单，里面包括了改进望远镜所需要的设备。1610 年 6 月，伽利略在一封信中写到他发现了木星的卫星，这多亏了他改进的望远镜。

- 给文森佐的鞋子和帽子。
- 玛丽娜的置物箱。
- 白扁豆、鹰嘴豆、米饭、葡萄干、斯佩尔特小麦。
- 糖、胡椒、丁香、肉桂、香料、果酱。
- 肥皂、橘子。
- 两把象牙梳子。
- 萨格雷多的玛尔维萨葡萄酒。
- 两颗炮球。
- 锡制管风琴管。
- 抛光的德国镜片。
- 抛光的无色水晶。
- 一块镜子。
- 的黎波里进口的黏土。
- 有 kmg 标志的镜片制造商。
- 可调节的小铁凿子。
- 铁碗，用来盛打磨石头和炮球的材料。
- 辞典出版权。
- 铁刨。
- 希腊树脂。
- 毛毡，擦镜子。
- 羊毛。
- 偿还欠曼努奇的债务，并将“Edilio”[1]还给他。

1 不详。

美国圣心学院艺术系准则

科瑞塔 · 肯特 （Corita Kent）

约 1967 年

在 1968 之前的 30 年间，科瑞塔修女一直是圣心学院艺术系的负责人，这所位于洛杉矶的天主教大学因其前瞻性的艺术课程而闻名。事实上，玛丽修女本人就是波普艺术运动中重要的领军人物，艺术风格独特且大胆。同时她也是阿尔弗雷德 · 希区柯克、索尔 · 巴斯和约翰 · 凯奇等人的好友。在大学任教期间，她写下了一份艺术系守则。

圣心学院艺术系守则

准则一：找到一个可以信任的地方，并且试着相信一段时间。

准则二：学生的责任——尽你所能向老师学习，向身边的同学学习。

准则三：老师的职责——挖掘学生的全部潜力。

准则四：将一切视为一种实验。

准则五：严于律己。这意味着要向杰出的人学习。遵守纪律是好的，但是能自律更好。

准则六：没有什么是错误的。这里没有输赢或成败，只有你是否去做。

准则七：唯一的准则就是创作。只要你尝试了，总能获得些什么。那些随时都在创作的人，最终总会得到些灵感。

准则八：不要在创作的同时试图理性分析，它们是截然不同的过程。

准则九：无论何时，尽量开心点，享受你的人生，你会发现这比你想象的要轻松。

准则十："我们打破了一切准则，甚至是我们自己定下的准则。我们怎么做到的呢？要为自己留有空间。"——约翰·凯奇

其他建议：多留意身边的事。任何事都要去尝试。要经常上课。阅读你能接触到的文字。细心看电影，要经常看。尽可能节约——以后可能会有大用处。

HARRY S. TRUMAN
FEDERAL RESERVE BANK BUILDING
KANSAS CITY 6, MISSOURI

June 28, 1920 One happy year.
June 28, 1921 Going very well.
June 28, 1922 Broke and in a bad way.
June 28, 1923 Eastern Judge. Eating
June 28, 1924 Daughter 4 mo. old.
June 28, 1925 Out of a job.
June 28, 1926 Still out of a job.
June 28, 1927 Presiding Judge - eating again
June 28, 1928 All going well. Piano.
Al Smith
June 28, 1929 Panic in October.
June 28, 1930 Depression. Still going.
June 28, 1931 Six year old daughter
June 28, 1932 Roads finished
June 28, 1933 Employment Director.
June 28, 1934 Buildings finished.
Ran for the Senate
June 28, 1935 U.S. Senator. Gunston.
June 28, 1936 Resolutions Philadelphia.
Roosevelt reelected.

杜鲁门的爱情清单

哈里 · 杜鲁门 （Harry S. Truman）

1957 年 6 月 28 日

美国第 33 任总统哈里 · 杜鲁门和他的妻子贝丝自高中相识以来，已经共同走过了 53 个年头。每年的结婚纪念日——6 月 28 日——他都会给贝丝写一封信。然而在他们的第 38 个结婚纪念日，与以往不同的是，哈里给了贝丝一张清单，上面记录了之前每年的结婚纪念日和那一年的总结。

1920年6月28日，快乐的一年。

1921年6月28日，非常顺利。

1922年6月28日，以一种不好的方式破产了。

1923年6月28日，东部法官。美食。

1924年6月28日，女儿，4个月大。

1925年6月28日，失业。

1926年6月28日，依旧没有工作。

1927年6月28日，首席法官——享受美食。

1928年6月28日，一切顺利。钢琴。阿尔·史密斯。

1929年6月28日，恐慌，10月。

1930年6月28日，萧条。仍在继续。

1931年6月28日，女儿6岁。

1932年6月28日，道路完工。

1933年6月28日，人事主管。

1934年6月28日，房子完工，竞选参议员。

1935年6月28日，美国参议员，冈斯顿。

1936年6月28日，费城的决议。罗斯福再次当选。

1937年6月28日，在华盛顿的美好时光。

1938年6月28日，非常快乐的时光。玛吉14岁。

1939年6月28日，命名法案。

1940年6月28日，参议院的斗争开始。

1941年6月28日，参议院特别委员会。玛吉想当歌手。

1942年6月28日，依旧是快乐的时光。

1943年6月28日，大量工作。

1944年6月28日，考虑当副总统。真是件麻烦的事。

1945年6月28日，副总统与总统。战争结束。

1946年6月28日，玛吉毕业并成为歌手。第80次国会会议。

1947年6月28日，马歇尔计划、希腊与土耳其。幸福的第28个结婚纪念日。

1948年6月28日，糟糕的竞选。快乐的一天。

1949年6月28日，连任。又是快乐的一天。

1950年6月28日，韩国——糟糕的日子。

HARRY S. TRUMAN
FEDERAL RESERVE BANK BUILDING
KANSAS CITY 6, MISSOURI

June 28, 1937 Grand time in Washington.
June 28, 1938 Very happy time. Margie 14.
June 28, 1939 Named legislation.
June 28, 1940 Senate fight coming.
June 28, 1941 Special Senate Committee
Margie wants to sing.
June 28, 1942 Also a happy time
June 28, 1943 Lots of work.
June 28, 1944 Talk of V.P. Bad business
June 28, 1945 V.P. & President. War End
June 28, 1946 Margie graduate & singer
80th Congress.
June 28, 1947 Marshall Plan & Greece & Turkey
A grand time 28th anna
June 28, 1948 A terrible campaign. Happy day.
June 28, 1949 President again. Another happy day.
June 28, 1950 Korea – a terrible time.
June 28, 1951 Key West – a very happy day.
June 28, 1952 All happy. Finish Jan 20, 1953
June 28, 1953 Back home Lots of Roses.
June 28, 1954 A happy 35th

1951 年 6 月 28 日，基韦斯特——非常愉快的时光。

1952 年 6 月 28 日，一切都令人高兴。一切都结束了，1953 年 1 月 20 日。

1953 年 6 月 28 日，回家。许多玫瑰。

1954 年 6 月 28 日，幸福的 35 周年纪念日。

1955 年 6 月 28 日，一切都在削减，但仍然很高兴。

1956 年 6 月 28 日，很棒的一天——兴高采烈。

1957 年 6 月 28 日，我们又来到了这天，像哈里 · 乔布斯会说的那样。

距离钻石婚纪念日只有 37 年了！

HARRY S. TRUMAN
FEDERAL RESERVE BANK BUILDING
KANSAS CITY 6, MISSOURI

June 28, 1955 All cut up but still happy.
June 28, 1956 A great day—more elation.
June 28, 1957 Well here we are again as Harry Jobes would say.

Only 37 to go for the diamond jubilee!

H. S. T.

清单 No. 065

如何写作

大卫 · 奥格威 （David Ogilvy）

1982 年 9 月 7 日

大卫 · 奥格威出生于英国，是最早的广告人之一。在 1948 年，奥格威创立了奥美公司，自那以后，这家位于曼哈顿的广告公司便一直承担着部分世界上最具代表性的广告活动。在 1963 年，奥格威出版了《一个广告人的自白》（*Confessions of an Advertising Man*），直到今天，这部畅销书仍被认为是新手进入广告行业的必读书籍。在 20 世纪 60 年代，《时代周刊》曾称奥格威是"当今广告业最受欢迎的巫师"。在电视剧《广告狂人》（*Mad Men*）中，奥格威以及其创办的公司也屡次被人提及，备受追捧。1982 年 9 月 7 日，奥格威给其公司的所有员工发送了一份内部备忘录，标题为"如何写作"，文中便提到了以下建议清单。

你的写作水平越高，在奥美发展的前景就越大。越懂得思考的人，就越能写出优秀的作品。思维混乱的人只能写出含糊不清的备忘录、信件和发言稿。优秀的写作能力并非与生俱来，你必须努力学习。这里有 10 条建议：

1. 阅读诺曼和拉斐尔森关于写作的书籍，阅读三遍。
2. 用你说话时的方式来写作。要写得自然。
3. 使用简短的词语、精简的句子和精练的段落。
4. 绝对不要使用类似“再概念化”（reconceptualize）、“分众化”（demassification）、“态度上的”（attitudinally）、“评断地”（judgmentally）等专业术语。它们会让你看起来像个自负的傻子。
5. 无论任何主题，都不要写超过两页纸。
6. 检查引用的语录是否正确。
7. 永远不要在写信或备忘录的当天就把它们发送出去。第二天早上再仔细阅读一遍，并进行修改。
8. 如果某份文件很重要，应该找个同事帮你把关。
9. 在你发出信件或备忘录之前，请确保已经写清需要收件人做什么。
10. 如果你希望某件事可以立即执行，不要写信。直接过去告诉对方你需要什么。

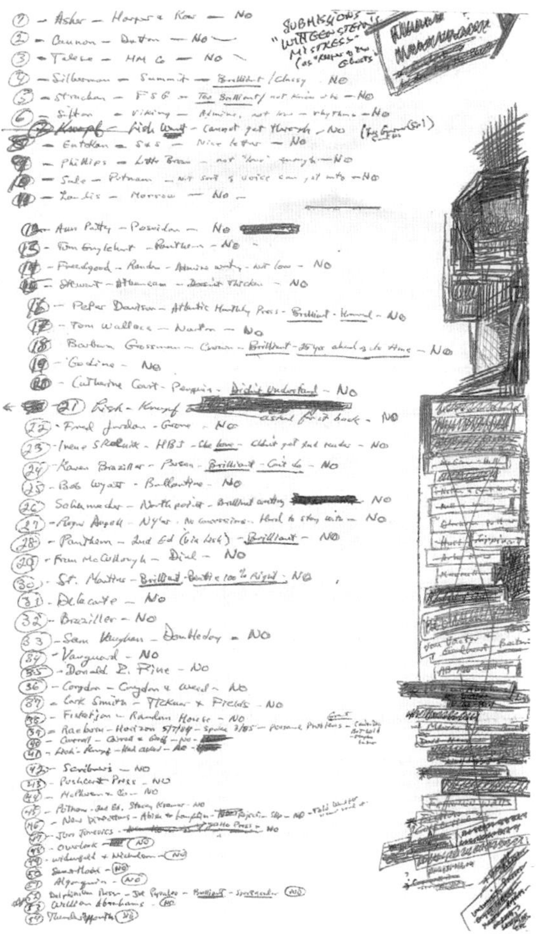

SUBMISSIONS — "WITTGENSTEIN'S MISTRESS"

1 – Asher – Harper & Row – NO
2 – Cannon – Dutton – NO
3 – Talese – HM Co – NO
4 – Silberman – Summit – Brilliant / Classy – NO
5 – Strachan – FSG – Too Brilliant / not know who – NO
6 – Sifton – Viking – Admire, not love – rhythms – NO
7 – Knopf – Lish – Cannot get through – NO
8 – Entrekin – S&S – Nice letter – NO
9 – Phillips – Little Brown – not "love" enough – NO
10 – Sale – Putnam – NO
11 – Landis – Morrow – NO
12 – Ann Patty – Poseidon – NO
13 – Tom Engelhardt – Pantheon – NO
14 – Freedgood – Random – Admire writing – not love – NO
15 – Stewart – Atheneum – Doesn't thicken – NO
16 – Peter Davison – Atlantic Monthly Press – Brilliant – NO
17 – Tom Wallace – Norton – NO
18 – Barbara Grossman – Crown – Brilliant – NO
19 – Godine – NO
20 – Catherine Court – Penguin – Didn't Understand – NO
21 – Lish – Knopf – NO
22 – Fred Jordan – Grove – NO
23 – Irene Skolnick – HBJ – NO
24 – Karen Braziller – Persea – Brilliant – NO
25 – Bob Wyatt – Ballantine – NO
26 – Schumacher – North Point – Brilliant writing – NO
27 – Roger Angell – NYer – NO
28 – Pantheon – 2nd Ed – Brilliant – NO
29 – Fran McCullough – Dial – NO
30 – St. Martins – Brilliant – NO
31 – Delacorte – NO
32 – Braziller – NO
33 – Sam Vaughan – Doubleday – NO
34 – Vanguard – NO
35 – Donald I. Fine – NO
36 – Congdon – Congdon & Weed – NO
37 – Clark Smith – Ticknor & Fields – NO
38 – Random House – NO
39 – Horizon – Personal Problems
40 – Carroll & Graf – NO
41 – Lish – Knopf – NO
42 – Scribner's – NO
43 – Pushcart Press – NO
44 – McPherson & Co. – NO
45 – NO
46 – New Directions – NO
47 – NO
48 – Overlook – NO
49 – Weidenfeld & Nicolson – NO
50 – NO
51 – Algonquin – NO
52 – Brilliant – NO
53 – William Abrahams – NO
54 – NO

维特根斯坦的情妇

戴维·马克森 （David Markson）

日期未知

戴维·马克森的《维特根斯坦的情妇》（*Wittgenstein's Mistress*）是一部不同寻常的作品。书中的大部分内容都是单句的段落，故事中的女人认为自己是世界上唯一一个存活下来的人类。1988 年该书出版时就受到了非常热烈的评论，现在被看作是马克森的杰作。1999 年小说家戴维·福斯特·华莱士称之为“美国实验小说的巅峰之作”。尽管小说出版之后收获的赞誉颇丰，但出版的过程并不是一帆风顺。下面这份清单，是愤怒的作者亲笔写下的，详细记录了他的书稿在由道尔基档案出版社出版之前，收到的来自各家出版社的拒绝，总共有 54 条。

1. 阿舍——哈珀与罗出版社——没通过
2. 坎农——杜登出版社——没通过
3. 泰勒斯——HM 出版社——没通过
4. 西尔贝曼——萨米特出版社——精彩 / 上等——没通过
5. 斯特拉坎——法勒、施特劳斯与吉鲁出版社——精彩 / 没名气——没通过
6. 思福顿——维京出版社——没有“爱”——故事节奏——没通过
7. 克诺普夫出版社——理什想要——没通过——李 · 格纳说不行
8. 恩特雷金——西蒙与舒斯特出版社——来信很棒——没通过
9. 菲利普斯——小布朗出版社——没有足够的“爱”——没通过
10. 塞尔——普特南出版社——内容令人捉摸不透——没通过
11. 兰蒂斯——莫罗出版社——没通过
12. 安 · 帕蒂——波塞冬出版社——没通过
13. 汤姆 · 恩格尔哈特——万神殿出版社——没通过
14. 弗里古德——兰登书屋——称赞了写作水平——不喜欢——没通过
15. 斯图尔特——阿森纽出版社——内容不充实——没通过
16. 彼得 · 戴维森——大西洋月刊出版社——精彩——没通过
17. 汤姆 · 华莱士——诺顿出版社——没通过
18. 芭芭拉 · 格罗斯曼——王冠出版社——精彩——内容超前了 25 年——没通过
19. 戈丁——没通过
20. 凯瑟琳 · 考特——企鹅出版社——不理解内容——没通过
21. 理什——克诺普夫出版社——又要了过去——没通过
22. 弗雷德 · 乔丹——格鲁夫出版社——没通过
23. 艾琳 · 斯科尼克——赫考特 · 布雷斯 · 乔瓦诺维奇出版社——她喜欢——吸引不了第二个读者——没通过
24. 凯伦 · 布拉泽拉——佩尔西亚出版社——精彩——不能做——没通过
25. 鲍勃 · 怀亚特——巴兰坦出版社——没通过
26. 休梅克——北角出版社——精彩、有创意——没通过
27. 罗杰 · 安吉尔——纽约客出版社——无法让步——读不下去——没通过
28. 万神殿出版社——第二版（通过理什）——精彩——没通过
29. 弗兰 · 麦卡洛——戴尔出版社——没通过

30. 圣马丁出版社——精彩——贝蒂的意见百分之百正确——没通过
31. 德拉克特出版社——没通过
32. 布拉齐勒出版社——没通过
33. 山姆·沃恩——双日出版社——没通过
34. 先锋出版社——没通过
35. 唐纳德·法恩——没通过
36. 康登——康登与威德出版社——没通过
37. 考克·史密斯——蒂克纳与菲尔茨出版社——没通过
38. 菲斯克琼——兰登书屋——没通过
39. 瑞布斯——地平线出版社 5/7/84——对话 3/85——个人原因——现在不能接受——或许以后可以
40. 卡罗尔——卡罗尔与杰夫出版社——没通过
41. 理什——克诺普夫出版社——问过一次了——没通过
42. 斯克里布纳出版社——没通过
43. 手推车出版社——没通过
44. 麦克弗森出版社——没通过
45. 普特南出版社——第二版，斯泰西·克莱默——没通过
46. 新方向出版社——阿比什与劳克林——退稿信——没通过——告诉沃尔特别看了
47. 茱莉·杰维斯——苏活出版社——没通过
48. 眺望出版社——没通过
49. 温德菲尔德与尼科尔森出版社——没通过
50. 太阳与月亮出版社——没通过
51. 阿冈昆出版社——没通过
52. 飞燕草出版社——乔·帕帕里奥——精彩——引人注目——没通过
53. 威廉·亚伯拉罕——没通过
54. 雷霆之声出版社——没通过

洛夫克拉夫特的怪诞念头

霍华德·菲利普·洛夫克拉夫特

（Howard Phillips Lovecraft）

约 1930 年

在 1920 年 1 月的一封信中，备受尊敬的恐怖小说作家霍华德·菲利普·洛夫克拉夫特向他的朋友莱因哈特·克莱纳透露，他最近正在写一些“以后的小说中可以用的想法和画面”。他说，“这是我人生中的第一本‘摘录簿’——一个装满了恐怖想法和幻想的灵感宝库”。14 年之后，他把这份庞大的清单交给了一个好奇的朋友，上面写着：“这本书由我的各种想法、心里的画面和引用的段落匆忙拼凑而成，以供将来在我的恐怖小说中使用。实际上，里面的情节很少被开发，在大多数情况下，它们只是提供一些参考，或者只是些随机的想象，是为了让我在工作中能够产生更多的灵感。它们来自我的各种梦境，平时的阅读，偶然经历的事件和没事时的瞎想，等等。”

1. 当太阳照到他身上时，他浑身颤抖。（黑暗的情人 = 无知）
2. 陆地上的居民，在老人星升起的每个夜晚，都会变得非常快乐，没有悲伤。
3. 阿提卡的海岸用歌声回应爱琴海上的波浪。
4. 恐怖故事：在梦中坠落——从极高的地方摔下来，血肉模糊。
5. 沿着陌生的乡间小路前行，来到了从未见过的幻境。
6. 在邓塞尼爵士的《雅恩悠闲日》中：在雅恩的阿斯塔罕居民，做一切事情都依照古代习俗，没有任何新鲜事物。“我们在这里束缚着时间，否则诸神将被杀死。”
7. 恐怖故事：雕刻出来的手——或是通过其他方式被创造出来的手——扼住了创造它的人的脖子。
8. 和仇敌见面的男人——死了——尸体还是站立的。
9. 埃本·斯宾塞博士的阴谋。
10. 梦见飞越整座城市。
11. 古怪的夜间仪式。野兽们在跳舞，伴着音乐游行。
12. 事件在最初的钟声响起时发生了——结束：“这是钟敲响第三声的声音。”
13. 房子和花园——老旧——令人联想。场景看起来有些奇怪。
14. 黑暗中恐怖的声音。
15. 桥和烂泥般黑色的水。
16. 丧尸——好像还活着——但是……
17. 门被神秘地打开又关上等——引发恐惧。
18. 柿木——一种很有价值的来自斯里兰卡和印度的木材，有点像红木。
19. 修改 1907 年的故事——《恐怖的油画》。
20. 回到过去的男人——或者只是在想象中回到了过去——却没有带走自己的身体。
21. 古老的沙漠中的一个年代久远的巨像，雕像的面部消失了——没有人见过。
22. 美人鱼的传说——《大英百科全书》XVI—40。
23. 不睡觉的男人——他不敢睡觉——用药物来保持清醒，最后还是睡着了——有些事情发生——波德莱尔的座右铭，214 页。［修普诺斯[1]］

1 希腊神话中的睡神。

24. 邓塞尼——《被忽略的大街》：一个在幻想世界中跌跌撞撞的人——回到地球——希望找到回到幻想世界的办法——最终成功了，但是幻想中的世界早已过了几千年，变得古老而衰败。

1919 年

25. 一个参观古物陈列馆的人——要求陈列馆接收自己刚做的浅浮雕作品——博学多识的老馆长说他不能接受这么现代的东西。这个人却说，“梦比古老的埃及、斯芬克斯和繁盛的花园似的巴比伦存在的时间更久远”，而他正是在梦中重新雕刻了这些东西。馆长让他展示自己的作品，当看到他的作品时，馆长震惊了，并问他到底是谁，他说了自己在现代的名字。“不，是那个很久远以前的名字。”馆长说。这个人说只有在梦里才会记得那些。之后馆长出了一个高价，但这个人怕他们要毁了他的作品，于是定了一个极高的价格——高到馆长表示要问过董事的意见。添加后续的情节发展和对浅浮雕的描写。[克苏鲁[1]]
26. 梦见古堡的阶梯——熟睡的守卫——狭窄的窗户——英格兰的军队与戴着画着红色龙图腾的黄徽章的军队在平原上战斗。英格兰军队的首领和敌军首领单挑。他们一直在战斗，敌人都戴着头盔，但显然里面没有头。敌军在浓雾中隐去，而本在旁观的人发现自己变成了平原上的英格兰骑士。他望着城堡，发现有一团奇特的浓雾笼罩着城垛。
27. 生与死：死亡——荒凉并且恐怖——凄凉的空间——海底——死亡的城市。但活着——最大的恐怖！巨大的前所未闻的爬虫和怪物——史前丛林中的恐怖野兽——布满黏液的植物——原始人类的嗜杀本性——活着比死亡更恐怖。
28. 乌尔塔尔的猫：这只猫的身体里住着埃古普托斯[2]的灵魂，还承载着被遗忘的城市麦罗埃和俄斐的故事。他是丛林之王的近亲，是非洲古老而险恶的秘密的传承者。斯芬克斯是他的表亲，他会说她的语言，但他比斯芬克斯更古老，并且能记住她已经遗忘的事。[用过了]
29. 梦到锡康克——退潮——空中的闪电——从普罗维登斯离去——从公理教

1 克苏鲁传说是以洛夫克拉夫特的小说世界为基础构建的传说体系。

2 希腊神话中的埃及国王。

会的穹顶坠落。

30. 晚上去了一个奇怪的地方——月光笼罩——雄伟壮丽的城堡。但白天看起来是被遗弃的废墟——或许是远古时代的遗迹。

31. 西伯利亚冰层中的史前人类。（参见温切尔《地质领域的漫步与谈话》第156页及以后的内容。）

32. 由于恐龙曾被哺乳类动物取代，所以哺乳类的人类会被昆虫或者鸟类取代——在新的物种到来之前人类就会灭亡。

33. 宿命论与预言。

34. 可以以超过光速的速度离开地球——过去的经历逐渐展现——可怕的启示。

35. 来自遥远星系的有着特殊感官的特殊生命体。外星人来访。

36. 所有的物质都瓦解成电子，最后变成虚无，就如大家所知道的能量将自身转化成辐射热能一样。在加速度的情况下——人类进入宇宙。

37. 童年时的一本书上的奇特气味会催生童年幻想的再现。

38. 溺水的感觉——水下——城市——船——死亡的灵魂。溺水是一种很惨的死亡方式。

39. 声音——可能是音乐——在夜晚听见的，可能源自另一个世界，或者是其他的物种。

40. 要注意有些土地或许是神圣的或是被诅咒过的，房子或者城市千万不能在这样的土地上建立，必须被遗弃或摧毁，否则会有灾难的惩罚。

41. 意大利人称“恐惧”为“死亡的女儿”。

42. 对镜子的恐惧——梦境中关于在镜子或水中突然看见自己发生变化的场景最为恐怖。（身份是？）[外来者？]

43. 怪物的出生——在地下繁衍生息，形成了无法想象的魔鬼族群。

44. 湖畔或河边的城堡——倒影几个世纪不变——城堡毁灭，残存倒影离奇地报复毁坏者。

45. 住在金字塔下巨大的地下宫殿中的永生的法老们。

46. 霍桑——尚未写下的章节：坟墓里的来访者——出现在公共场合的陌生人，午夜会去到墓地，并且爬进泥土里。

47. 摘自《大英百科全书》II－255，关于“阿拉伯”的章节：在史前神话般的故事中，南部有阿德部落，北部有赛莫德部落，泰斯木部落和哲迪斯部落生活在半岛的中心。“埃雷姆被描述得非常丰饶，千柱之城（如《古兰经》

中的风格），据传是沙戴德修建的，他是阿德部落最后的统治者。该地位于哈德拉毛地区，在当地的人类灭绝后，整座城市依然存在。阿拉伯人说，只是凡人的眼睛看不见它，偶尔被先知眷顾的旅人可以看见这座城市。在希贾兹西北方的发掘的化石被认为是属于赛莫德部落的。”

48. 城市被超自然的力量所摧毁。
49. 阿撒托斯——可怕的名字。
50. 火焰——在冥府中有一条火焰汇聚成的河流。
51. 魔法花园——在那里，月亮可以映照出人类肉眼看不见的东西或者鬼魂的影子。
52. 死亡来临——听到隔壁空房间传来的说话声或熟悉的声音。
53. 死人写的字。
54. 身份互换。
55. 被看不见的东西尾随。
56. 书或手稿。恐怖得无法阅读——警告了不要读——有人读了但是死了。 黑弗里尔事件。
57. 在月光下航行或划船——划向看不见的世界。
58. 一个奇怪的村庄——在一个山谷中，到那里要走一段很长的路，从山顶上可以看见这条路的尽头——或者是靠近一个繁茂而古老的森林。
59. 在奇怪的地下室房间里的人——试图打开一扇青铜制的门——被已经涌入的水淹没。
60. 月光下渔夫把网投进大海里——他发现了些什么。
61. 一场可怕的朝圣之旅——寻找远古魔神首领阿撒托斯的黑暗王座。
62. 根据迷信的说法，大桥下曾埋葬过活人——或者是黑猫。
63. 不吉利的名字——纳什特——卡曼——塔赫。
64. 身份——人格重构——能够复制自己的人。
65. 莱利惧怕殡仪人员——死后从里面将门锁上。
66. 在城市的下方发现大量地下墓穴。（在美国？）
67. 一个想法——一座充满危险的城市——死亡之城——骑士雕像——密室里的人——听见外边传来的马蹄声——向外看发现难以置信的事——令人生疑的结局。
68. 谋杀者被发现——锁定尸体位置——侦探运用心理学假装在房间内建立起

了一堵透明的墙，最终破案。利用谋杀者的恐惧心理。

69. 面部不自然的人——奇怪的说话方式——发现是一张面具——某种启示。

70. 某种极端的幻想——人变成了岛屿或者山峰。

71. 把自己的灵魂出卖给恶魔的人——从旅途中回到家里——之后的一生——害怕——极度恐惧——写成小说长度。

72. 万圣节的事件——地下室中的镜子——镜子中的脸——死亡。（爪痕吗？）

73. 老鼠飞速繁殖，首先消灭了一座城市，然后吞噬了全人类。不断增长的尺寸和智力。

74. 意大利人的复仇——在牢房里杀了仇人后自杀——城堡的底下。[用过了]

75. 古教堂下的黑色弥撒。

76. 古教堂——丑陋的滴水嘴兽雕像——有人试图盗窃——发现时已死亡——滴水嘴兽雕像的下巴鲜血淋漓。

77. 难以描述的滴水嘴兽雕像的舞蹈——早晨时发现教堂里的几个滴水嘴兽雕像位置发生了变化。

78. 游荡在迷宫似的狭窄的贫民窟街道——远处的光芒——乞丐们聚集在一起举行着闻所未闻的仪式——就像巴黎圣母院的奇迹宫。

79. 古堡地窖中的可怕秘密——被暂居者发现。

80. 无形的生物组成了古建筑的主体。

81. 马布尔黑德——梦——埋葬在山上——夜晚——非现实。[节日？]

82. 巫师的巫术能控制他人的梦。

1920 年

83. 引用：“……一个在邪恶中灭亡的亡者的噩梦，将他那松垮的尸体留在被折磨者的胸膛，试图从这具躯体中解脱。”——霍桑

84. 从修道院的废墟或废弃的教堂里传出可怕的破碎声。[红钩]

85. “她的不自然和怪诞——布满裂纹的石头、孤独的夜晚、扭曲的小道，那是胚胎状态下的人体结构，还是一副骨架？”佩特——文艺复兴时期（达·芬奇）

86. 在一本（也许是熟悉的）书中发现令人恐惧的东西，却再也没看见过。

87. 博雷尔说：“如果动物的基本成分得到妥善制备和保存，那么一个聪明的人就可以通过自己的研究，拥有整个诺亚方舟。只要他愿意，可以从动物的

灰烬中重塑动物原来的形态。用同样的方法，一位贤者也可以不通过任何邪恶巫术，从逝去祖先的灰烬之中召唤出祖先的形态。”［查尔斯·德克斯特·沃德］

88. 孤独的哲学家喜欢猫。催眠它——似乎是如此——通过重复地对它说话并看着它。他死之后，这只猫的性格看起来像他一样。他训练过这只猫，把它留给了一个朋友，并用工具将一支钢笔放在猫的右前爪上。后来这只猫能写出死者的笔迹。

89. 孤独的潟湖和路易斯安那的沼泽——死亡的守护神——古老的房子和花园——生苔的树——有西班牙苔藓装点。

1922 年?

90. 无脑愚蠢的怪物们的数量达到了惊人的规模。

91. 失去的冬季——睡了很久——20 年。后来。夏日的夜晚睡在椅子上——不真实的黎明——古老的景象和感觉——寒冷——老人死了——恐惧——冻僵了?

1922 年?

92. 一个肉身已死的人——但尸体中还有生命的气息——试图掩盖腐烂的气味——被关押在某个可怕的地方——恐惧的高潮。［战栗］

93. 一个曾去过的地方——一个美丽的村庄或农场——夕阳下的山谷——没有人再能凭记忆找到那里。

94. 太阳升起，改变了一切——将事物映照成了奇怪的样子，也许是在重建过去的风景。

95. 可怕的殖民时期的农舍，城市里的山坡上杂草丛生的花园——很快被城市的快速发展取代。以房子为基础的故事。［要避开的房子］

96. 夜晚对面山丘上有奇怪的火光。

97. 丛林中某处有令人未知的恐怖，小溪从弯曲的树根间流过，献祭过无数生命的恐怖祭坛出现——冒出火光的死树。冒泡的地面。

98. 城中的山坡上有一座恐怖的老房子——博文街——夜间召唤——漆黑的窗户——难以言明的恐惧——冰冷的触感和声音——欢迎来到亡者的世界。

1923 年?

99. 塞勒姆的故事——一个年迈女巫的小屋——在她死后发现了很多可怕的东西。

100. 平静的新英格兰村庄的地下，居住着（活着的或已灭绝的）史前古生物和奇异的生物。

101. 可怕的秘密社区——看似普通——在熟悉的场景的地下洞穴中进行着可怕的仪式——可能自己的邻居正参与其中。

102. 房间里的人正用尸体进行的可怕祭祀——在场的人引发了讨论——眼泪流下或掩饰意图等。

103. 密闭的房间——或至少屋子里没有灯。墙上出现影子。

104. 远离大陆的古老的海上酒馆。发生奇怪的事——海浪拍打的声音。

105. 吸血鬼在先祖的房屋里遇到了一个人——是他的父亲。

106. 在他熟睡时，有东西坐在他的胸口。早上已经离去，但在他胸膛上留下了印记。

1923 年

107. 墙纸出现不祥的裂纹——有人被吓死。[墙内的老鼠]

108. 知识丰富的黑白混血者试图取代白人的灵魂，然后占据他的身体。

109. 沼泽里的小屋中的古代黑人巫师——占据了白人的身体。

110. 孤独的太平洋岛屿上，有古老的独眼巨人留下来的遗迹。地下巫术崇拜的中心。

111. 亚拉巴马沼泽的古代废墟——伏都教。

112. 有人住在墓地的附近——他靠什么生存呢？什么食物也不吃。

113. 来自其他的世界或宇宙的生物的遗传记忆。巴特勒——《已知的上帝和未知的上帝》，第 59 页。[贝尔纳普]

114. 沼泽上的鬼火在跳动。

115. 古堡中传出奇怪的瀑布声——不知什么原因，声音消失了。

116. 有东西夜晚在陌生的黑暗城堡附近徘徊。

117. 一个秘密的生物仍在老房子里活着。

1924年

118. 古老庄园的窗户上发现了神秘的黑影。

119. 艺术笔记——荒诞的恶魔——萨尔瓦托·罗莎或者菲尤泽利（长鼻子）。

120. 长生不老的会说话的鸟——知晓关于未来的秘密。

121. 佛提乌斯讲述了一个叫大马士革的（失落的）作家的故事，这个作家写了许多精彩绝伦的小说，关于魔鬼，以及关于死亡的奇妙故事。

122. 高蒂耶尔·德·梅茨（13世纪）的文字中隐约能听到恐怖的声音在低语。

123. 古墓中有还活着的干尸，存活了上千年。

124. 深夜中的小巷有神秘的东西在聚集——一个接着一个——其中一个好像掉下了什么——一只人手。

125. 落入大海的人——在海里游泳——被救上来之后讲述了去到水下世界的故事——疯了？

126. 岛上的流浪者吃了未知的植物，产生了奇怪的变化。

127. 未知的古代遗址——奇怪的不死鸟用可怕的语言向探索者讲述了启示和预言。

128. 一个人，通过一些奇怪的方式，追溯进化的道路，变成了两栖动物——博士认为，在人类演化的过程中，两栖动物并不像古生物学中所知的那样。为了证明这个观点，他沉迷于一些奇怪的实验。

1925年

129.《玉石雕像》，第346页——史前奇怪的意大利石城。

130. 东北地区有被称为“女巫巢穴”的地方——就在河边。在山坡上有一些古老铁杉和山毛榉聚成的黑暗森林或神庙，那里有关于女巫集会和印第安巫术仪式的传闻。霍姆斯——守护天使。

131. 朽木的磷光——在新英格兰被称为“狐火”。

132. 疯狂的艺术家在古老而邪恶的房子里画着什么东西。他的模特儿是什么？模模糊糊。[皮克曼的模特]

133. 有一对迷你且不成型的连体婴儿——在马戏团展出——通过外科手术分离——消失了——用他邪恶的生活来做些丑恶的事。

134. 关于女巫的小说？在第一次旅行中，被聘为私人学校老师的女人迷路了——走进黑暗洞穴，发现一个非自然形成的空心树和小屋。（窗内有灯光？）回到学校后发现那里是禁地。有个男孩很奇怪——老师曾见过他进入洞穴——发生了奇怪的事——神秘的失踪或是要面临恐怖的命运。

135. 恐怖的世界就重叠在可见的世界之上——需要通过一扇门——引导者可以通过书中古老的禁书指引人进入。

136. 一门只有一个原始国家的少数几位老人会说的神秘的语言，可以引发隐藏的奇迹，或是召唤仍存活的恐怖事物。

137. 有人看见一个奇怪的男人在孤山中与一个长有翅膀的生物交谈，然后它飞走了。

138. 当月亮升起时，有人或有些东西就会因害怕而哭泣，仿佛那里有什么奇怪的东西。

139. 德尔里奥问道："是否真的存在恶魔或男女梦魔，并且在这样的族群中进一步繁殖后代？"[红钩]

140. 探险家踏上了一块奇怪的陆地，空气浑浊，天空灰暗——那里有些奇特的景象。

1926 年

141. 哈格德或朗在《世界的欲望》中做的脚注："或许偶尔被发掘的那些古埃及的神秘而难以理解的古代书籍，是用一种更古老的、已经被人们遗忘的语言写成的。在科普托斯的一个古老的圣所中发现了一本书，是由一位牧师所写的。'大地一片黑暗，但月光照在书上。'拉美西斯时期一位抄写员用无法辨认的古代文字提到了另外一位抄写员。'你告诉我，你无法理解其中的含义，不知好坏。就好像一堵无人能爬过的高墙，你已经是最智慧的人，依旧不能破解其中奥秘，这令我害怕。'"

142. 一个女巫——被斩首然后脸朝下埋葬。有人调查家族祖先的墓葬却发现了令人不安的状况。

143. 在阿卡姆有一个奇怪的井——喷水（没有间断过——洞口一直被一个奇怪的石头盖住）——深不见底——令人害怕——井下究竟是什么（不洁的神庙还是什么古老的东西，或是地下古国）。[井]

144. 古书店的恐怖之书隐约可见——再也没有出现过。

145. 恐怖的木板房——紧闭的房门再也没有打开过。

146. 古墓里的油灯——点亮后会映照出一个陌生的世界。

147. 一件非常古老的、未知的、史前的东西——具有某种暗示的力量——被禁止的记忆。

148. 吸血的狗。

149. 古城中阴森的小巷和封闭的院子——犹尼昂或米利根。

150. 拜访住在偏远野外的人——从驿站骑了一整夜的马——进入闹鬼的山岗——山下水边或丛林边的小屋——里边住着恐怖的东西。

151. 人们被迫在奇怪的房子中避难。主人有浓厚的胡子，戴着墨镜。离开了。夜晚客人起床看到主人的衣服——之前的脸只是用来遮盖真正外表的面具。恐惧。

152. 剔除了自主神经系统和潜意识的头部。疯狂的外科医生砍了一个男人的头，让他继续活着，并用潜意识控制。避免抄袭威廉·钱伯斯·莫罗的故事。

1928 年

153. 黑猫在黑暗海湾附近的古客栈院子里。嘶哑地叫着——引诱着画家进入黑夜中的神秘世界。最后死于年老。困扰着画家的梦——引诱他跟随——奇怪的结局（永远不会醒来？或者离奇地发现一个三维空间外的神秘古老世界？）[德怀尔用过了]

154. 特罗弗尼乌斯——洞穴。参阅分类。字典。《大西洋月刊》。

155. 远方的夕阳处隐约可以看到古老的城镇——夜间却没有光亮。可以看到有船只出海。

156. 脱离肉体的灵魂冒险——飘过有些熟悉的城市和陌生的沼泽——穿越时间和空间——最后到达了其他星球或宇宙。

157. 当眼睛闭上时，依旧可以看到模糊的灯光、几何图案等。这是其他维度的射线在刺激视觉神经，还是其他星球传来的讯息？如果他知道如何去往那里，究竟是什么让他与另一种生命或存在相连？他害怕闭上眼睛——他曾到过一个可怕的地方，这种令人恐惧的感觉仍然存在。

158. 他有一个可怕的巫师朋友，对他不断施加影响——为了保护自己的灵魂，他杀了那个巫师——把巫师的尸体埋在古地窖的墙壁里——但是——死去的巫师（他的灵魂还在体内低吟）和他互换了身体……把他的灵魂留在了地窖中。[门外之物]

159. 某种来自 19 世纪七八十年代的低沉而又神秘的音乐，唤起了属于那个时代的画面——客厅里死气沉沉，月光洒在地板上，破败的商业街道还有亮着的煤油灯，等等——可怕的场景。

160. 一本人一旦阅读就会睡着的书——不能阅读——有人依然决定要读——最后疯了——长者采取了预防措施——用咒语保护了起来。

161. 时间和空间——过去的事件——150 年以前——难以解释。如今——人们极度怀念过去，他们说过、做过的事在精神上传递到了过去，并引发了过去发生的事件。

162. 极度恐怖——祖父从意外的旅途中返回——房屋中神秘的——风和黑暗——将祖父和祖母吞没——禁止追问这件事——困倦——调查——灾难——突然听到尖叫。

163. 他的钱神秘地消失了。他告诉他的家人必须再回到那个他当初发现金子的地方（恐怖、凶险、其他维度）——暗示可能有跟踪的人——或者他可能回不来了。他还是去了——记录下发生了什么——或是他回家后发生了什么。或许可以和之前的话题联系在一起。可以加一些奇幻元素或类似邓塞尼的创作。

164. 那些在公共场所观察到的有某些特征（戴着戒指或珠宝）的人，也许是已经被埋葬了很久（或许已经好几代）的人。

165. 去往古代被遗忘墓穴的死亡之旅。

166. 在巨大的瀑布和悬崖边的恐怖城堡中居住着的可怕的家族。

167. 男孩在神秘的氛围中长大。相信父亲已经死了。突然被告知父亲就要回来了。奇怪的准备——后果。

168. 在东北海岸的阴森岛屿，恐怖的港口——影响宇宙力量的前哨。

169. 从远古的蛋中孵化出了些什么。

170. 古城中的一个怪人拥有可以破坏一切的恐怖之物。

171. 令人害怕的古书被发现了——将会唤起某些惊人的东西。

1930 年

172. 在沙漠中发现的史前人类雕像。

173. 雕像在博物馆中以某种方式移动。

174. 旅鼠的迁移——亚特兰蒂斯。

175. 在古老的爱尔兰沼泽中挖掘出了绿色的凯尔特人小塑像。

176. 有人被蒙上眼睛关进了封闭的出租车或汽车里，被送到了一个古老神秘的地方。

177. 一个人在梦中创造了一个怪异、不正常的世界，另一个人，另一个做梦者，在梦中进入了这个世界。他找到了些什么。根据那里居民的信息，他们得依靠第一个造梦者才能活着。他究竟为何死去？

178. 一个非常古老的墓穴，坐落在一个 17 世纪弗吉尼亚的庄园附近。在里面发现了从未腐烂的、膨胀的东西。

179. 一个古老的神出现在人迹罕至的地方——一座庙宇的废墟中。气氛与其说是恐怖，不如说有些美丽。进行微妙的处理——通过微弱的声音或阴影显示其存在。场景变化？被孩子看见？无法再次抵达被认出的地方？

180. 一个恐怖的大房间——不知名的犯罪——声音——后来的租客——（弗拉马里翁）。（小说的长度？）

181. 另一个世界的居民——脸上戴着面具，也许拥有类似人类的皮肤，又或者经由外科手术改变成了类似人类脸部的形状，但长袍下的身体仍与人类不同。到达地球后试图与人类杂交。某种可怕的启示。

182. 在古代地下城中，他发现了腐朽的用英语书写的史前记录，笔迹却是自己的，上面讲述了一个令人难以置信的故事。从现在到过去的旅行。这个或许可以实现。

183. 埃及莎草纸中提到了关于大祭司卡内弗墓中的秘密。墓最终被发现并确认——石头地面上有可以开门的机关——阶梯，以及无尽的黑色深渊。

184. 探险队在南极或其他奇怪的地方失踪了。多年以后骸骨被发现。相机中的胶卷被使用了，但是未冲洗。发现者冲洗了照片——发现奇怪又恐怖的事。

185. 都市的恐怖场景——苏勒角街或尚普兰街——魁北克——崎岖的峭壁——苔藓、发霉、潮湿的房子——房子的一半在悬崖边上。

186. 来自大海的东西——在黑暗的房子里，有人发现门把手黏黏的，摸到什么潮湿的东西。他曾经是一个船长，曾经在某个火山岛上发现了神秘的祭坛。

1931 年

187. 梦到在陌生建筑的大厅中醒来，地板被木板盖着——位置看起来与自己家的相似。地板下似乎有着什么非人形的恐怖生物。其中的一个突然跳了出来并把遮挡物扔开——似乎不是地球的生物。建议：这个人似乎也不是人类——灵魂已经被传送到了其他星球物种的身体之中。

188. 沙漠中的岩石——悬崖上的史前之门，山谷中数不清的动物尸骨，现代的和史前的——有些带有咬痕。

189. 古老的墓地——山坡上的青铜门，在月光的照射下就会打开——对面古老的镜头正在监视这里？

1932 年

190. 博物馆的古木乃伊——在游客面前醒来，并与其换了位置。

191. 一个人的手上突然出现奇怪的伤口，没有明显的原因。传播。后果。

1933 年

192. 西藏“弱郎”[1]——巫师把尸体放入一个黑暗的房间——嘴对嘴地躺在他身上，重复一个神秘的步骤，去除他脑中所有思想。尸体慢慢复活并站起来。试图逃跑——跳跃、挣扎——但是巫师控制住了它——继续进行巫术的步骤。尸体伸出舌头，魔法师把它咬了下来。随后尸体倒下。舌头会成为一个宝贵的护身符。如果尸体逃跑——巫师也很快就会死去。

193. 古代的图书馆中发现了奇怪的恐怖书籍。里面有包含着恐怖意义的段落。之后无法再找到或验证文本内容。或许会在地板下、神秘的橱柜中，或是其他任何地方，发现尸体或奇怪的画面。是这本书中的古老巫术让人产生的幻觉。

194. 有人在漆黑中进入了（据称）自己的房子。进了房间关上了门后，突然感到莫名的恐惧——或者是打开灯后发现了外星人的痕迹。或是发现过去的重现、关于未来的暗示。

195. 奇怪的玻璃——这是一块被遗弃的修道院中的玻璃，被认为里面有着恶魔——在原始小国边境的一所现代的房子中，被供奉了起来——透过它看到的风景既模糊又怪异。它还能扭曲时空——可以看到原始的、消逝的文明。最后，可以通过它看到另外一个世界里丑恶的东西。

196. 恶魔，当他们渴望变成人形时，就会夺走人类的身体。

1 西藏的民间传说中一种类似僵尸的生物。

197. 失去记忆，进入一个神秘的世界，震惊，事故，阅读奇怪的书，参加奇怪的仪式，喝着奇怪的饮料。看见的东西有些模糊和令人不安的熟悉感。情况紧急，找不到回去的路。

1934 年

198. 山坡上的窗户里可以看到远处的高塔。每到夜晚蝙蝠就在周围聚集。观察者被吸引。一天晚上突然醒来，发现自己身在未知的黑色台阶上。在塔里吗？可怕的结果。

199. 夜里，一群长着黑色翅膀的生物飞进一个人的房子里。无法被找到也无法确认找不到——紧接而来的是微妙的进展。

200. 感知到看不见的东西——或看见他们的痕迹——在山顶或其他高处，难以触及的高度。

201. 由未知物质形成的星球。

202. 巨大的生物——被遭遇海难的幸存者在海边发现。

203. 回到如梦中的、恐怖的而且模糊昏暗的地方。死亡和腐烂——陷入黑暗的城镇——启示。

204. 令人不安的想法，认为所有的生命只是虚幻的梦境，背后隐藏着一些可怕阴沉的东西。

205. 凝视着窗外的人，发现城市和世界陷入黑暗和死亡（或出现奇怪的变化）。

206. 试图通过一个人的窗户确认并探访远方的景象——可怕的后果。

207. 在黑暗中，有什么东西被夺走——一个孤独的、古老的、恐怖的地方。

208.（梦到）一些汽车——火车、马车等——在头脑发昏或发烧时登上的，梦中都是关于过去和其他维度世界的片段——将乘客们带离现实——带入模糊的、年代久远的世界，或是带进令人难以置信的奇幻之中。

209.《纽约时报》特别通讯——1935 年 3 月 3 日：哈利法克斯，新斯科舍——新斯科舍省南部海岸，在大西洋中升起的一座小岛，已被海水深深蚀刻，这是加拿大海岸哈利法克斯出现的最奇特的岩石现象。风暴、大海与严寒都已经刻进了维京群岛的坚实的悬崖上，使它的轮廓看起来仿佛是圣母玛利亚怀抱圣婴。“这个岛屿的海岸陡峭，会对船只航行构成威胁，岛上无人居住。据了解，迄今为止，还没有人踏上过这片海岸。”

210. 古屋中挂着一个颜色发暗的油画——看不清画作的内容。清理干净后——

发生出乎意料的事。自白者。

211. 以讲述者的身份开始的故事——自己感到莫名其妙——处在完全诡异和恐怖的场景中。（梦？）

212. 生活在古屋或者远离城市的废墟中的奇怪人类（或生命），怀疑（根据外形和生活习惯）他们并不完全是人类。

213. 古老的冬季森林——苔藓——粗大的树干——扭曲的枝干——黑暗——坚硬的根茎——永远都在滴血。

214. 非洲会说话的岩石——在荒凉的丛林废墟中，说着古老的非洲神谕。

215. 在陌生、复杂的环境中失去记忆的人。对恢复记忆感到恐惧——一瞥……

216. 一个人不经意间塑造了某种奇怪的形象——某种力量在促使他塑造自己并不理解的古怪的东西。把它扔掉了——晚上有些东西出现。

217. 古代（古罗马？史前？）的石桥被（突然的或是古怪的）风暴摧毁了。几年前封存在石头里的东西被释放。有些事情发生。

218. 海市蜃楼——出现了曾经消失了的城市。

219. 雾或烟——在咒语中形成。

220. 古老的教堂或城堡的钟声被未知生物的手敲响——有个东西……或是某种无形的存在。

221. 昆虫或其他空间的生物攻击了一个人的头部，使他想起了外星人和某些奇异的事——可能人格已经被替代。

222. 约翰·巴肯的座右铭："夜晚、流动的水、灯火通明的城市、破晓时分、船只、大海，都能召唤起我们某种无法言明的愉悦和欲望。我们感觉应该发生些什么；我们不知道会发生什么，但会继续探求下去。"——罗伯特·路易斯·史蒂文森

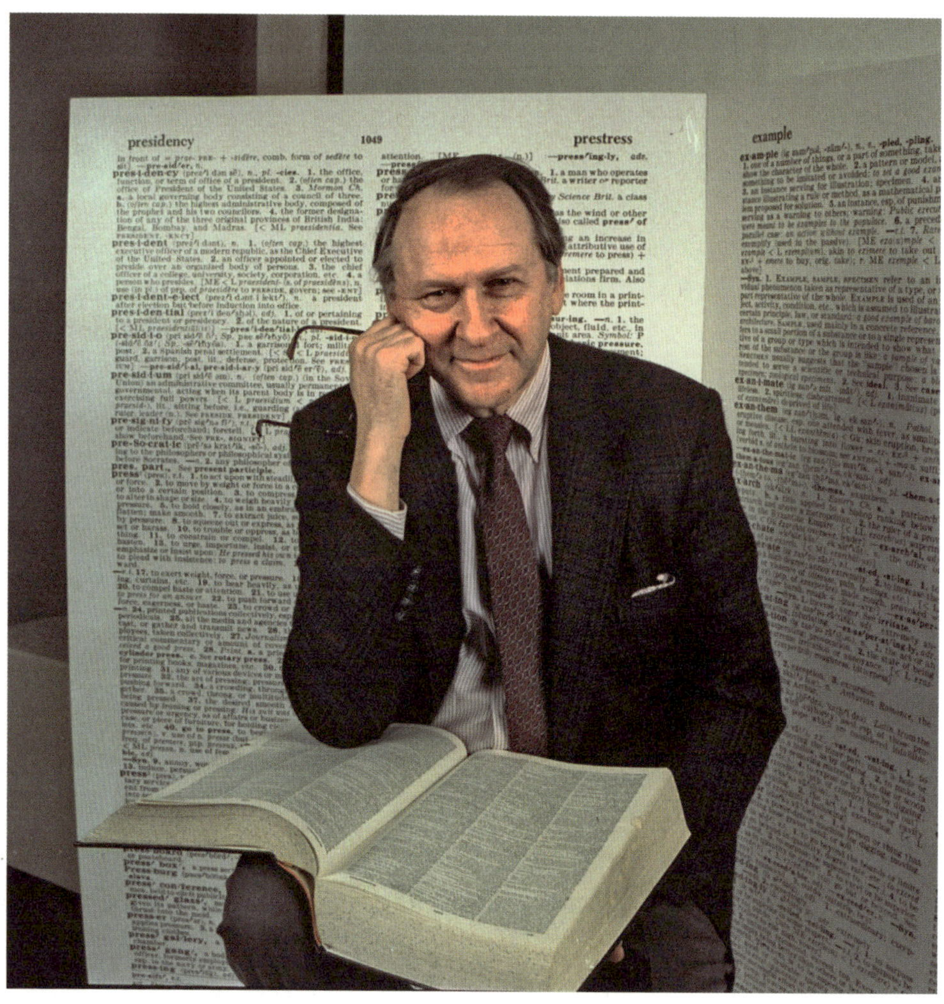

语法规则

威廉·萨菲尔 （William Safire）

1979 年末

1979 年末，《纽约时报》政治专栏作家、总统演讲稿撰稿人威廉·萨菲尔编写下了一份包含 36 条的“语法规则”——关于写作的规则，所有的规则都写得有些自相矛盾的幽默 ——并且发表在了他《纽约时报》的专栏“关于语言”上。10 年后，他出版了一本同名的书。下面的清单就是他写的关于语法的 36 条规则，之后的 18 条是后来发表在萨菲尔的书上的 :“一份轻松的语法指南和用法示例”。

1. Remember to never split an infinitive.

记得不要去拆分不定式。[1]

2. A preposition is something never to end a sentence with.

句子不要把介词放结尾在。[2]

3. The passive voice should never be used.

被动语态永远不该被使用。

4. Avoid run-on sentences they are hard to read.

避免连写句它们真的很妨碍阅读。

5. Don't use no double negatives.

不要不规避双重否定。

6. Use the semicolon properly, always use it where it is appropriate;and never where it isn't.

正确地使用分号，永远要用在合适的位置；不合适的地方千万别用。[3]

7. Reserve the apostrophe for it's proper use and omit it when its not needed.

适当使用撇号，不该用时别用。[4]

8. Do not put statements in the negative form.

不要把陈述句写成否定形式。

9. Verbs has to agree with their subjects.

动词形式要与主语一致。[5]

10. No sentence fragments.

句子要完整。

11. Proofread carefully to see if you any words out.

仔细阅读，检查有无漏词。[6]

---

1 为表达原句中自相矛盾的含义，本节中部分译文采用了与原文对应的误用。原句中不定式"to split"不应当拆开使用。

2 意指介词不应位于句末，原句中位于句末的是介词"with"。

3 原句中"properly"后的逗号应为分号，分号处应为逗号。

4 原句中撇号应删除。

5 原句中的"has"应为"have"。

6 原句中"any"前漏掉了"miss"。

12. Avoid commas, that are not necessary.
避免多余的逗号，它们没什么必要。[1]
13. If you reread your work, you will find on rereading that a great deal of repetition can be avoided by rereading and editing.
如果你重新阅读自己的作品，你会发现有很多原本可以通过反复阅读和修改进而避免的语义重复。
14. A writer must not shift your point of view.
作者不应该轻易转变你的视角。
15. Eschew dialect, irregardless.
甭管怎样，避免使用方言。
16. And don't start a sentence with a conjunction.
以及不要用连词开始一个句子。
17. Don't overuse exclamation marks!!!
不要滥用感叹号！！！
18. Place pronouns as close as possible, especially in long sentences, as of 10 or more words, to their antecedents.
代词在句子中，尤其是在包括十个或以上单词的长句中，要尽可能地靠近它的先行词。
19. Hyphenate between sy-llables and avoid un-necessary hyphens.
恰当地使用连字符，避免不必要的用法。[2]
20. Write all adverbial forms correct.
状语形式要写正确。[3]
21. Don't use contractions in formal writing.
在正式文本中甭用缩写。

1 原句中逗号应删除。
2 原句中的“sy-llables”和“un-necessary”并不需要用连字符。
3 原句中“correct”应为“correctly”。

22. Writing carefully, dangling participles must be avoided.

认真写作，避免使用垂悬分词。[1]

23. It is incumbent on us to avoid archaisms.

作文所忌者，古语也。

24. If any word is improper at the end of a sentence, a linking verb is.

如果有什么词不适合出现在句子的结尾，连系动词就是。

25. Steer clear of incorrect forms of verbs that have snuck in the language.

避免在句子中出现错误的动词形态。

26. Take the bull by the hand and avoid mixing metaphors.

避免用错混合隐喻。[2]

27. Avoid trendy locutions that sound flaky.

避免古怪的流行语。

28. Never, ever use repetitive redundancies.

永远不要出现冗余、重复。

29. Everyone should be careful to use a singular pronoun with singular nouns in their writing.

每个人在写作时，都得注意用单数代词对应单数名词。[3]

30. If I've told you once, I've told you a thousand times, resist hyperbole.

如果我曾跟你说过这句话，那我肯定说过成千上万次了，不要夸张。

31. Also, avoid awkward or affected alliteration.

亦不宜使用尴尬做作的头韵。

32. Don't string too many prepositional phrases together unless you are walking through the valley of the shadow of death.

不要把太多的介词短语串在一起，除非你正在穿过有死亡的阴影的山谷。

32. Always pick on the correct idiom.

永远要正确使用习语。[4]

---

1 原句中"writing"即为垂悬分词，宜用"written"。

2 原句中"Take the bull by the hand"，意指迎难而上，此处为误用。

3 原句中"everyone"与"their"不对应。

4 原句的正确表达是删掉"pick"后的"on"。

34. “Avoid overuse of ‘quotation “marks.”’”

“避免过度‘使用“引号”’。”

35. The adverb always follows the verb.

副词永远要跟在动词后。

36. Last but not least, avoid clichés like the plague; seek viable alternatives.

最后但最重要的是，要像躲避瘟疫一样远离陈词滥调；寻求可行的替代方案。

1. Never use a long word when a diminutive one will do.

当短的单词足够表达意思时，不要用长的单词。

2. Employ the vernacular.

使用白话文。

3. Eschew ampersands & abbreviations, etc.

避免使用符号 & 缩写等。

4. Parenthetical remarks (however relevant) are unnecessary.

插入语（无论是否相关）都没必要。

5. Contractions aren’t necessary.

没必要用缩写。

6. Foreign words and phrases are not apropos[1].

外语中的词汇和短语并不总是恰当的。

7. One should never generalize.

永远不要一概而论。

8. Eliminate quotations. As Ralph Waldo Emerson said, “I hate quotations. Tell me what you know.”

别总是引用。就像拉尔夫·沃尔多·爱默生说的：“我讨厌引经据典，告诉我你知道什么。”

9. Comparisons are as bad as clichés.

比较与陈词滥调一样，都不好。

10. Don’t be redundant; don’t use more words than necessary; it’s highly

1 “apropos”源自法语，此处宜用“appropriate”。

superfluous.

避免冗余，不要使用不必要的词，这非常多余。

11. Be more or less specific.

或多或少要具体点儿。

12. Understatement is always best.

有保留的陈述永远是最好的。

13. One-word sentences? Eliminate.

一个词的句子？删。

14. Analogies in writing are like feathers on a snake.

写作中的类比就像在蛇身上的羽毛。

15. Go around the barn at high noon to avoid colloquialisms.

对俗语应避之唯恐不及。

16. Who needs rhetorical questions?

谁需要反问句？

17. Exaggeration is a billion times worse than understatement.

夸张比轻描淡写烂十亿倍。

18. capitalize every sentence and remember always end it with a point

句子的开头要大写，结尾要加句号[1]

1 本句中“capitalize”应写作“Capitalize”，句末应补上英文点号“.”，译文亦应补上句号。

希钦斯的戒律

克里斯托弗 · 希钦斯 （Christopher Hitchens）

2010 年

克里斯托弗 · 希钦斯是一位知名的新闻记者、作家和评论家，他非常关心宗教问题，常常会因宗教相关的话题直言不讳地激情辩论。2010 年，他在《名利场》发表了一篇关于十诫的文章，名为“新戒律”，文章中用半开玩笑的口吻，提出应当对十诫进行修订，使其能与时代相符。文章以下面这些可用来替代十诫的建议结尾。

1. 不要因种族或者肤色而谴责别人。
2. 不要将人当作私有财产。
3. 鄙夷那些在两性关系中使用暴力或威胁手段的人。
4. 如果你敢伤害儿童，就只配掩面哭泣。
5. 不要因人的天性而非难他们——上帝难道会只为了折磨和毁灭他们，而创造这么多同性恋么？
6. 意识到你也是动物之一，要依赖自然的生态链存活，应该依此思考和行事。
7. 不要以为你用虚假的计划书骗取他人财富的行为，会比持刀抢劫更容易逃脱审判。
8. 关掉你的破手机——你根本不知道你的来电对我们来说多没必要。
9. 声讨所有的圣战者和十字军，他们实际上是有着肮脏妄想的心理变态和罪犯。
10. 如果有任何宗教戒律与上述任何一条相抵触，应自愿放弃对那位神灵或那个宗教的信仰。

奥林匹克胜利者名单

作者未知

公元 3 世纪

1897 年，在埃及的奥克西林克斯，考古学家们发现了一张写有希腊文字的莎草纸碎片，研究发现它的历史可以追溯至公元 3 世纪中叶。由于莎草纸破损很严重，已无法还原完整的记录，但我们知道的是，写在上面的是一系列比赛的胜利者——也就是列有古代奥林匹克各项竞赛中胜者名字的“胜利者名单”。名单从左上方开始，记录的是公元前 480 年第 75 届竞赛的获胜者，到右下方结束，记录着公元前 448 年第 83 届竞赛的获胜者。获胜者包括来自罗德岛的达马革托斯（拳击），来自克罗顿的阿斯堤洛斯（短跑），以及来自墨西拿的勒昂提斯枯斯（摔跤）。每年都有 13 项比赛项目，如下所列。

στάδιον	短跑（192.27 米）
δίαυλος	往返短跑（384.54 米）
δόλιχος	长跑（2000 米）
πένταθλον	五项全能
πάλη	摔跤
πύξ	拳击
παγκράτιον	角斗（拳击与摔跤结合）
παίδων στάδ	男子长跑
παίδων πάλ	男子摔跤
παίδων πύξ	男子拳击
ὁπλίτης	装甲步兵竞赛（穿着盔甲跑步）
τέθριππον	四轮马车竞赛
κέλης	赛马

如何变得时尚

埃德娜 · 伍尔曼 · 蔡斯
（Edna Woolman Chase）

1954 年

1914 年，埃德娜·伍尔曼·蔡斯从信件收发室一路升职，最终成为《VOGUE》时尚杂志的主编，并一直担任这个职务 38 年，直到退休。在辞职后的两年，她出版了自传《永远时尚》（*Always in Vogue*），在这本书中，她向女性提供了一份“如何变得时尚”的建议清单。

这里也许是个适合谈论这些的好地方，就像我曾做过的那样，简明扼要地告诉大家如何变得时尚。这是我在漫长岁月中，不断研究反复变化着的时尚趋势，能给出的一些最适合的意见。虽然很多时候时尚趋势显而易见，但每到新的一季，年轻的目光都会追求新的时尚，而我相信这其中就有不断重复的部分。

要点 1：像最苛刻的敌人一样仔细地研究你自己。你的脖子，是否对爱人来说，像天鹅一样细长，对不在意你的人来说，却像鹤一样奇怪地向前伸？又或者，那让你显得十分可爱的短短的脖子和顺从的小下巴，随着岁月的流逝，是否变得厚重，轮廓不清地连在一起，还带着些中年人的驼背？你的腿或手臂是太瘦还是太胖？你是否有漂亮的手和指甲，可以做出吸引眼球的手势或戴上夺目的珠宝？还是说它们又大又有力，可以让你从一份体面的工作中获利？你的发型呢？是性感的还是实用的？这份调查或许有些不确定性，但其中包含的观点，我认为十分清晰。

用不带感情的目光和各个角度的镜子来仔细研究你自己。这或许有些折磨人，但是很值得。你的敌人、你的对手一直在全方位地观察着你。请确保你至少与他们一样棒。

要点 2：这和衣服本身没有关系，这关乎良好的仪容，它是时尚的重要组成部分，在我看来也效果显著。把你的梳妆台放在窗户附近，这样你化妆时，日间的光线就会均匀地洒在你的脸上。如果因为房间格局无法做到这一点，那就将梳妆台放在两侧都有光线照射的位置，无论是灯光还是自然光。这可以帮助你画出更自然的妆容，做出更漂亮的头发造型。同时也要让你的小镜子摆在触手可及的位置，这样你可以像观察正面一样从侧面和背面看自己。

要点 3：选择适合自己的衣服，学会扬长避短。你有一双美腿，但是中间有点粗？或许你的臀部令你沮丧，但是你的腰部以上看起来像优雅的塔纳格拉陶俑？又或者你的侧面看起来像戴安娜一样瘦弱、轻盈？对于这一剪影，法国人有一个恰当的表达：“Beaucoup de monde au balçon.”——阳台上有许多人。你必须了解自己的优势和缺陷。了解自己并穿着得当，这是最重要的时尚法则。某些听起来陈词滥调的警告或许是正确的：如果你身材圆润，那么饱满的玫瑰印花可能并不适合你。如果你矮小纤细，那么说你只能戴“精致”珠宝的建议可以忽略。渴望大的饰品就去尝试吧。大的手镯会让苗条的手腕看起来更纤细。有些时候，真正懂得时尚的女人要通过打破传统来实现个人风格，但切记，革命需要经验的累积！当然还需要花钱，这有可能会让我们变得……

要点 4：时尚界无法包容你犯的错。虽然作为人类，总归会犯些错误，但是如果你想要以优雅著称，就要把这些错误掩藏起来。犯错的代价很高，是的，所以你更应该阅读《VOGUE》，这样你可以少犯些错，但你必须勇敢。如果你犯了愚蠢的错误，你买的裙子、帽子在店里看起来不错，到家后却看起来很蠢，不要再留着它们。把它们送给亲近的人，或是送到旧货店——就是不要穿它。想要被看作是很会穿衣的人，你必须一直保持水准，不能时高时低。

要点 5：找到符合自己生活状态的衣服。年轻人在品位成熟及预算充足之前，往往会选择大量不适合自己的服装。这种诱惑可能很强烈，甚至是在成熟之后，会因为想要买一件能够在某个重要场合一击即中的礼服，而在其余时间穿着不适合自己的衣服。除非你非常有钱，否则千万不要这样做。不过显然，如果感觉有件礼服你穿上后会迷人到让他向你求婚，那就别傻了，快买！

要点 6：预算的分配。衣柜里的某些物品，不仅可以，而且是应该挥霍的。当然，必须是在理智的前提下。请记住这是一个信徒在说话。一件好的羊绒衫可以穿很多年。你的冬季大衣应该买能力范围内最好的，它可以让你度过很多冬天，让你温暖，而且可以每天都穿。你的西装也是如此。它应该用上好的布料，被精致地裁剪。你的日常步行的鞋也应该买最好的，拥有轻便、舒适、中等高的鞋跟。为了在街道行走，它们不应该露出脚趾或脚跟，这种设计拙劣的时尚我已经详述过很多。好好打理你的鞋子，你可以延长它们的寿命。宴会舞鞋可以节约一点，毕竟它们本身就易坏，而且除非你是初入社交圈的少女，否则能穿的场合并不多。如果你初入社会，那么可以准备几双，但并不需要太贵的。

要点 7：别买太多。没有什么比穿上衣柜里偶尔穿的，或是很长时间都不穿的衣服更让你看起来沉闷和沮丧了。除了前面提到的几个重要产品——那些可以反复穿好几个季度的大衣、西装和日常鞋——平时只买你需要的、能更好地为你服务的衣物，摆脱那些旧衣服。

要点 8：仔细考虑你衣柜里的颜色搭配。如果你能学会克制，就可以过得又优雅又省钱，这并不意味着你就要穿得单调乏味。如果你的衣服是可以交替搭配的，鞋子和配饰能搭配的衣服或套装也不止一两件，那你就可以凭借更低的成本获得更具多样性的搭配。不要同时戴蓝色的帽子、背红色的包、穿棕色的大衣和黑色的鞋，他们作为单品都很棒，但是就像威士忌与葡萄酒一样不合适。要把你衣柜里的衣物当作整体来规划。不要只是买，把它们都搭配好。

要点 9：考虑颜色时，不要有你能穿或者不能穿什么颜色的具体观念。对黑色、棕色、深粉色或杏仁绿的衣物的固执是毫无意义的。如果我们选择了合适的粉底、腮红和口红，或许所有颜色的衣物我们都可以穿。另一件需要记住的事情是，随着年龄的增长，我们可以经常改换衣服配色，从而获得令人更满意的效果。

要点 10：A. 穿着要符合你的年龄。一顶属于成熟的、有思想的脸的帽子，比一顶可爱的小精灵帽子更讨人喜欢。相对年龄来说过于年轻的衣服，会让穿着者看起来更老气。请记住，有趣的男人们喜欢的是那些看起来很年轻的女孩儿，而不是那些女孩儿的可怜复制品。另一方面，过于精致的衣服并不能给年轻的穿着者带来她想要获得的性感的感觉，恰恰相反，会让她显得滑稽而孩子气。B. 随着年龄的增长，应该努力掩盖岁月给你带来的变化。衰老的肉体并不吸引人。一个迷人的年轻身体穿的比基尼是否端庄，与当下的社会环境、道德环境或是品位相关；它与美感无关。但是一个太瘦、太胖或太老的身体若穿着过于暴露，会显得有些可悲。对于年长的女士来说，晚上披的薄纱围巾或是小夹克、小披肩都是会令人感到愉悦的装饰品。

要点 11：A. 买帽子时要站起来。这听起来或许有些愚蠢，但确是智慧之举。有一些女孩，我们相信，傻到买帽子的时候没有像观察正面一样从侧面和四分之三的角度来看试戴的效果。很多女士根本就没有意识到帽子的样式应该与她的其他部分相符，要与她全身的比例相协调。如果你觉得镜子里的自己看起来很迷人，那么请暂时控制一下自己想买的情绪，站起来，向远处走几英尺，看看整体的效果。你是否个子不高，戴上宽檐帽之后，看起来奇怪得像伞菌下的小矮人？你是否个子很高，戴上小帽子后看起来让人想起扫帚柄上的嵌环？一些在某个角度看起来迷人的东西，在坐下之后，或许看起来完全是另外一个样子。B. 就像买帽子时要站起来一样，买裙子时你需要坐下来。当你站着的时候可能很好看，但是坐下来呢？是否会因太累赘而堆叠到地板上？裹裙是否会因坐下而散开？裙子是否太紧，以致坐下时会缩到膝盖之上？在镜子前坐一会儿，然后走一走，确保裙子不会太过束缚你的身体。没有什么比让喜欢随意走动的人穿一条过于紧绷的裙子更难受的了。

要点 12：减少不必要的东西。这并不意味着要避开鲜花和珠宝、围巾、饰片和发饰，而是要谨慎地使用它们，让它们和你的服装融为一体，成为你搭配中的完美点睛之笔。无论是看的人，或是你自己，都应该觉得你选择的搭配让你的形象更加完整，只要少了其中一样就会有些美中不足。这样做会比你随意穿戴上抽屉里堆叠着的一大堆饰品看起来效果更令人满意。

要点 13：假设你的衣柜从各个角度来看都已经无可挑剔，或者说，你很有钱，也已经像我在《VOGUE》提出的那样："比起有钱，更重要的是有品位。"但我们仍有许多很棒的着装理念可供参考，所以才会每年都推出关于"比起有钱，更重要的是有品位"的话题，并用一页又一页的时尚穿搭来传递这个观点。

我们在最近很受欢迎的特辑"年轻的穷光蛋"中也表达了同样的观点。不论在任何年龄，品位都比有钱更重要。如果你年轻，有姣好的外形，并且熟知时尚潮流，那么在成衣产业和《VOGUE》杂志的帮助下，你可以只花费很少的钱就穿得光彩照人。

然而，即便我们选择每篇文章时都考虑到了品位与潮流趋势，但仍有一条伟大的时尚法则应当永远铭记于心。就像烹饪或调酒一样，好的着装也是如此：秘密就在于搭配。永远不要穿着花哨的鞋子搭配运动服，用精致的帽子搭配简单裁剪的西装。外出旅行时不要戴太长的耳环，穿着夏款薄裙时不要背商务皮包。时刻问你自己，我的穿搭是否协调？是否符合即将要面对的事？是否已经摆脱了那些不必要的装饰？如果你可以诚实地回答"是"，那么你就是一个穿得很棒的女人。

The Bohemian Dinner.

The ride down town.
The Washington Square district.
The "bohemian" restaurant.
The descending steps.
The narrow hall-way.
The semi darkness.
The checking the hat.
The head waiter.
The effusive greeting.
The corner table.
The candle light.
The brick walls.
The "artistic atmosphere".
The man who plays the piano.
The wailing sounds.
The boy fiddler.
The doleful discords.
The other diners.
The curious types.
The long hair.
The low collar.
The flowing tie.
The loose clothes.
The appearance of food.
The groan.
The messy waiter.
The thumb in the soup.
The grated cheese.
The twisted bread.
The veal paté.
The minced macaroni.
The cayenne pepper.
The coughing fit.
The chemical wine.
The garlic salad.
The rum omelette.
The black coffee.
The bénédictine.
The Russian cigarette.
The "boatman's song".
The mock applause.
The 'tempermental' selection.
The drowsy feeling.
The snooze.
The sudden awakening.
The appearance of the check.
The dropped jaw.
The emptied pockets.
The last penny.
The bolt for the door.
The hat.
The street.
The lack of car fare.
The long walk up town.
The limping home.
The Bed.

波希米亚晚餐

查尔斯·格林·肖（Charles Green Shaw）

大约 1930 年

查尔斯·格林·肖 1892 年出生于纽约，是一位抽象派画家，其作品至今仍被众多著名的艺术博物馆收藏。除了抽象画家的身份，他还曾经当过作家、诗人、插图画家和记者。然而，对于本书来说最有趣的是，肖还是一个清单爱好者。下面这个有趣的例子，就是他用清单的形式描述了一次到曼哈顿某家“波希米亚风味”餐厅用餐的经历。

波希米亚晚餐

到了市中心。
华盛顿广场区。
“波希米亚”餐厅。
往下走几步。
狭窄的过道。
有点黑暗。
检查帽子。
服务员领班。
热情洋溢的问候。
角落的桌子。
烛光。
砖墙。
“艺术氛围”。
弹钢琴的人。
演奏得淋漓尽致。
拉小提琴的男孩。
忧伤的曲调。
其他食客。
各种各样。
长发。
低领。
松散的领带。
宽松的服装。
食物的样子。
抱怨声。
邋遢的服务员。
浸在汤里的拇指。
磨碎的奶酪。
麻花面包。
小牛肉馅饼。
肉末通心粉。
辣椒粉。
适合咳嗽。
化学制酒。
大蒜沙拉。
朗姆酒煎蛋卷。
黑咖啡。
法国廊酒。
俄罗斯的香烟。
“船夫之歌”。
漠视的掌声。
“喜怒无常”的选择。
昏昏欲睡的感觉。
打盹。
突然醒来。
整理衣服。
惊掉下巴。
口袋被掏空。
最后一个便士。
门上的门闩。
还是那顶帽子。
还是那条街道。
没钱付车费。
回家的漫漫长路。
一瘸一拐地抵达。
上床。

我最喜欢的十位作曲家

卢卡斯·阿莫里 （Lucas Amory）

2011 年 1 月

2011 年 1 月，《纽约时报》的首席音乐评论家安东尼·托马西尼完成了一个为期两周的项目，通过列下的一份世界上最优秀的作曲家名单，来和大家探讨究竟哪些可以名列前十。正如他预期的那样，这张清单引起了广泛的讨论。但是最令人印象深刻的，是下面这张由著名的中提琴演奏家米沙·阿莫里与黄心芸 8 岁的儿子卢卡斯·阿莫里所写的回信。

十位最伟大的作曲家
安东尼·托马西尼

1. 巴赫
2. 贝多芬
3. 莫扎特
4. 舒伯特
5. 德彪西
6. 斯特拉文斯基
7. 勃拉姆斯
8. 威尔第
9. 瓦格纳
10. 巴托克

您好，托马西尼先生：

我在报纸上看过您的文章，我很喜欢您，也很热爱音乐。所以我写了两份清单：十位最伟大的作曲家，以及我最喜欢的十位作曲家。让我们先从十位最伟大的作曲家开始。

1、2、3：这几位您说对了——巴赫、贝多芬和莫扎特。

4：这一位我不认同，我认为海顿更合适。他和莫扎特一样棒，但是得排第四。

4A：如果伤害了您的感情，那我很抱歉。

5：这一位是我爸爸替我选的——舒伯特。我得说，这个我不得不同意。我也不知道为什么，但必须同意。

6：这一位让我很为难。我选勃拉姆斯。他本来应该排后一些，但是当我知道他烧了他的乐谱……

7：柴可夫斯基。没错，他是个了不起的作曲家。

8、9：肖邦第八，舒曼第九。

10：李斯特？

Nr. 33[b]. B. W. 25[1]. In doppelt langen Notenwerthen: Seite 73 Takt 4 — Seite 74 Takt 28. Blatt 139.

翻过来就是我最喜欢的十位作曲家。

1： 虽然我最喜欢的是柴可夫斯基的小提琴协奏曲，但还是有人和他一样棒——舒曼。舒曼赢了。[附了一幅画]

1A：哈哈，您看到我的画了。

2： 柴可夫斯基。

3： 拉赫玛尼诺夫。

4： 李斯特 。

5： 肖邦。

6： 舒伯特。

7： 您不会相信的——帕格尼尼。

8： 罗西尼。

9： 普罗科菲耶夫。

10：格里格。

好的，就是这些。

真诚的，

卢卡斯·阿莫里

P.S. 我在露西摩西学校上学。我 8 岁。

瑟伯的法则

詹姆斯·瑟伯 （James Thurber）

1949 年

作为一名成功的、十分受欢迎的畅销书作者和漫画家，同时也是经常在《纽约客》发表作品的讽刺作家，詹姆斯·瑟伯经常会收到一些有抱负的作家自行寄来的手稿。事实上，他在 1949 年出版的作品《瑟伯的国度》（*Thurber Country*）中，曾这样写道："在 20 多年的时间里，我从陌生人那里收到了许多幽默的文章和故事，这给了我灵感，让我立下了一些关于幽默的规则。"

1. 应该让读者能读懂故事在讲什么。

2. 文章开头五百字就应该让人略知全文大意。

3. 如果作者决定将故事主角的名字从凯彻姆改成麦克塔维什，那么凯彻姆在之前的部分也不应该突然出现。消除这种混乱的方法是在发送之前仔细阅读自己的文章，并彻底删除凯彻姆这个名字。它的存在很让人厌烦。

4. 类似“I'll”这样的词，不应该写成“I”在一行，“'ll”在另一行，否则读者的注意力在被断开的“I'll”分散后，很难再次集中起来。

5. 读者的注意力也很难从类似“安 · S. 塞提克”（Ann S. Thetic）、“莫德 · 林恩”（Maud Lynn）、“萨莉 · 福斯”（Sally Forth）、“贝莎 · 特温斯”（Bertha Twins）[1] 等名字中恢复。

6. 应避免这类漫画故事：将水管工人当作外科医生，害怕枪声的警长，被女病人逼疯的精神科医生，一见血就晕倒的医生，比父亲更了解性行为的青春期的少女，两百磅重的摔跤选手的父母是侏儒。

7. 我对那些没什么想法就开始写开头段落的人特别谨慎，他们总试图根据那样的开头来创造一个故事。这类句子通常很容易就会被发现，例如：“庞森比太太以前从来没有把狗放进过烤箱。”“‘我有一棵酒红色的树，如果你想看看的话。’基林沃思先生如此说道。”和“杰克逊突然决定，没有别的原因，真的，要给他老婆买辆三轮车。”我从未在我收到的有类似开头段落的故事中，进一步探寻那个故事或人物之后的发展。但是，就像你们一样，我对这些故事将会发生什么、不会发生什么，心里很清楚：“狂吠的烤箱”“勃艮第树”和“妈妈的三轮车”。

1 上述提到的几个名字在英文中还有其他含义，作者此处举例应是为了说明，当故事中有这类名字出现时，读者会对其实际含义感到混淆。

教父

弗朗西斯·福特·科波拉
（Francis Ford Coppola）

约 1970 年

在电影史上，很少有电影能像《教父》（*The Godfather*）那样广受赞誉。这是著名导演弗朗西斯·福特·科波拉执导的作品，讲述的是 20 世纪 40 年代纽约的犯罪故事。电影的各个方面都堪称完美，包括马龙·白兰度、阿尔·帕西诺、詹姆斯·凯恩还有罗伯特·杜瓦尔在内的出色演员阵容。但是，原本的情况大有不同。下面是在科波拉的笔记本上发现的一份清单，上面列着原本有可能的演员阵容，写在电影开拍之前。

演员阵容

唐·柯里昂：	马龙·白兰度
约翰·马利	劳伦斯·奥利弗
卡洛·蓬蒂 *	* 弗兰克·代·科瓦
迈克·柯里昂：	阿尔·帕西诺
	斯科特·马洛
罗伯特·德尼罗	迈克·玛戈特
阿特·吉诺维斯	（理查德·罗马诺）
达斯汀·霍夫曼	詹姆斯·凯恩
迈克·帕克斯	~~马于·辛~~ 詹姆斯·凯恩
桑尼·柯里昂：	* 詹姆斯·凯恩
托尼·洛·比安科	卡尔麦·卡里迪
~~彼得·福克~~	* 斯科特·马洛
艾尔·勒提埃里	* 唐·戈登
	*（安东尼·泽布）
	* 卢·安东尼奥
	（保罗·班托）
	罗伯特·维豪罗
	（鲁迪·索拉里）
	约翰·萨克松
	约翰·布拉西亚
	约翰尼·塞特
	亚当·罗克
哈里·古蒂诺	本·加萨拉
汤姆·海根：	本·皮耶萨
	* 罗伯特·杜瓦尔
	安东尼·泽布
	* 彼得·多纳特

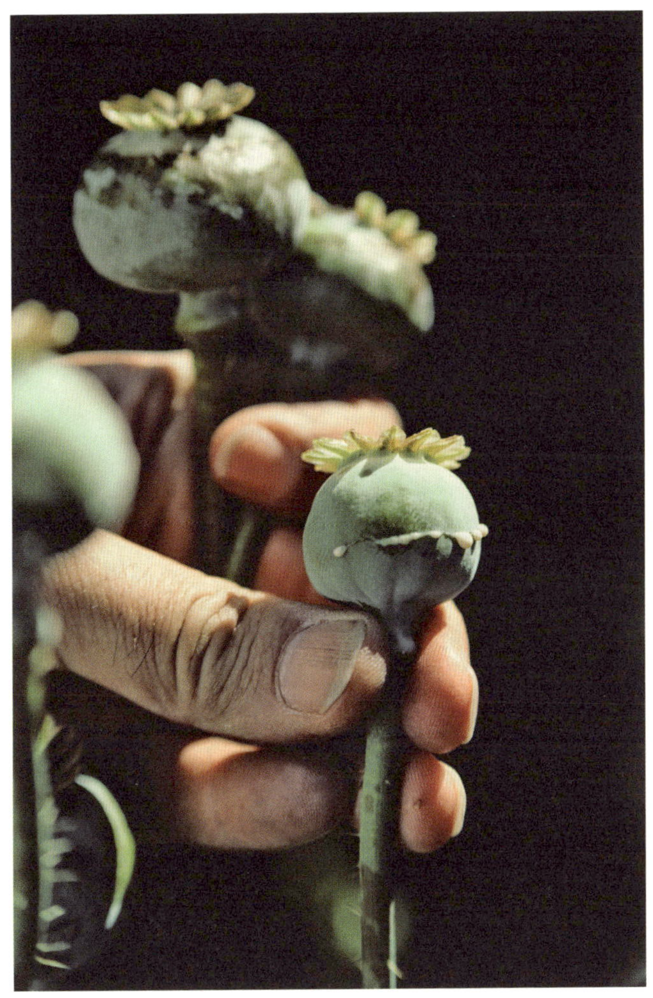

鸦片的秘密

约翰 · 琼斯 （John Jones）

1700 年

1700 年，英国医生约翰 · 琼斯博士写下了《鸦片的秘密》（*Mysteries of Opium Reveal'd*），这可能是第一本论述鸦片问题的作品。虽然大家都知道鸦片有很多副作用，但因其可以免费获取，依旧有许多人用它来治疗各种疾病。琼斯博士的作品大部分都是以列表的形式书写的，下面我们将看到其中两篇 :《鸦片摄入过量的影响》和《鸦片矛盾的两面性》。

鸦片摄入过量的影响

1. 胃部发热。
2. （有时）感到胃部下坠。
3. 一开始觉得有些想笑。
4. 之后开始大笑。
5. 浑身无力。
6. 精神错乱。
7. 记忆丧失。
8. 眼睛看不清。
9. 眼角膜病变。
10. 身体出现多种颜色。
11. 眼睛无法视物。
12. 舌头失控。
13. 昏睡。
14. 脉搏混乱。
15. 血色红润。
16. 下巴和嘴唇松弛。
17. 嘴唇肿大。
18. 呼吸困难。
19. 愤怒和疯狂。
20. 性饥渴。
21. 阴茎异常勃起。
22. 异常瘙痒。
23. 恶心。
24. 头昏。
25. 眩晕。
26. 呕吐。
27. 打嗝。
28. 脉搏不稳定。
29. 抽搐，出冷汗。

30. 晕厥。
31. 呼吸冰冷。
32. 死亡。

戒除的时候通常会：
33. 腹泻。
34. 汗液中有鸦片的味道。
35. 皮肤异常瘙痒。

鸦片矛盾的两面性

1. 它会导致嗜睡，或令人精神十足。
2. 它可以导致出汗或止汗。
3. 它能让人松弛，或不再松弛。
4. 它可以治疗体液异常，但也可以成为引发异常的原因。
5. 它会让人的感觉变得愚钝，但是会刺激性欲。
6. 它可以让人行事愚钝或敏捷，可以让人精神抑郁或平静。
7. 它可以刺激神经，也能使其平静。
8. 它非常热，但可以让人退烧。
9. 它热、苦，但也会让人减少食欲，即使是在胃寒的时候。
10. 它可以抑尿，也可以利尿。
11. 它会让人放松或变得虚弱，但也会让人有精力去工作或旅行。
12. 它可以安胎，或导致流产。
13. 它可以治疗呕吐，但也会导致最严重、最剧烈、最危险的呕吐。
14. 它可以抑制腹泻，但有时也会引起腹泻。
15. 它会导致刺痛，但有时（像大家说的）可以缓解剧烈的疼痛。它可以缓解持续的刺痛。
16. 它会导致疯狂的行为，但也可以稳定情绪。
17. 它会导致水肿，然而有时又能治疗水肿。（就像威利说的一样。）
18. 它会导致麻痹，但我知道它还能治愈某种麻痹。
19. 它会导致口干舌燥，但在发烧时可以抑制饥渴。

20. 它可以治疗或引起打嗝。

21. 它可以止血，但也可以引起出血（如因其产生的皮肤发红或皮疹），还会止住月经和产后出血。

22. 我们有很多它促进又阻碍了疾病治疗关键的例子。

23. 它可以使那些虚弱的人恢复生命力（对那些做什么都没用了的人来说是如此），也可以杀死那些虚弱的人。

24. 它可以导致或治疗抽搐。

25. 它会导致同一个部位或松弛或收紧。

26. 它让人放松，但会使阴茎僵硬、紧张和勃起等。

可用的名字

查尔斯·狄更斯 （Charles Dickens）

1855—1865 年

在辉煌的一生里，狄更斯在他的小说和戏剧中创造出了数百个人物。可以想到的是，光是想这些人物和作品的名字，就是一件相当复杂的工作。因此，狄更斯将自己的想法都列了出来，以便在将来有需要时使用。下面这些内容就是他在 1855—1865 年间记在一个被他称为备忘录的本子上的，其中也有些故事的构思、对话的片段和头脑风暴。

可用的名字

书的标题：

储藏室

一个人的行李

直到被要求离开

想要的东西

物极必反

无人犯错

磨石

洛克史密斯的铁匠铺

我们共同的朋友

煤渣堆

两代人

破碎的陶器

尘埃

内政部

年轻人

机不可失

我的邻居

父亲的孩子们

禁止通行

枢密院教育名单上的女孩名：

莱利亚

美尼拉

鲁比娜

艾丽斯

丽贝卡

埃蒂

瑞宾娜

西巴

波西娅

阿拉曼达

多丽丝

巴兹娜

普莱曾特

金特拉

枢密院教育名单上的男孩名：

多科特

霍姆

奥登

布拉德利

所罗巴伯

马克西米利安

厄宾

萨米利亚斯

皮克尔斯

奥林奇

费瑟

女孩和男孩名，同上：

阿曼达

埃瑟琳尼达

波伊修斯

波提图斯

其他的男孩名：

罗伯特·兰德尔

乔利·斯提克

比尔·马瑞戈尔德

史蒂芬·马奎克

乔纳森·诺特威尔

菲利普·布朗德瑞斯

亨利·戈斯特

乔治·马瑟尔

沃尔特·阿什斯

泽弗奈亚·法瑞

威廉·怀

罗伯特·格斯佩

托马斯·法瑟里

罗宾·斯克鲁班恩

其他的女孩名：

莎拉·戈尔德萨克斯

罗塞塔·达斯特

苏珊·格罗瑞恩

凯瑟琳·图

玛蒂尔达·瑞恩伯德

米里亚姆·迪奈尔

索菲亚·多姆斯戴

爱丽丝·索尼沃尔

萨丽·金贝尔特

维里蒂·莫克娅德

布莱迪·纳什

安博罗西娜·伊文茨

阿保利娜·弗农

内尔泰伊·阿什福德

无标题的清单：

汤德林

穆德

古夫

特里伯尔

奇尔比

斯佩西弗

伍德尔

威尔福德

芬纳克

甘纳森

钦克伯尔

宾特里

弗莱德森

希尔

布瑞丽

穆兰德尔

特雷斯林汉姆

布兰寇尔

西特恩

多斯特恩

凯 - 朗

斯诺威尔

洛特朗姆

拉默尔

弗洛瑟

霍尔布雷克

马利

瑞德瓦茨

瑞德福特

塔巴斯

廷克林

达德尔

哲布斯

鲍德希尔

格里默尔

斯库塞

蒂特科姆

克拉布尔

斯万诺克

图兹恩

特姆罗

斯夸伯

杰克曼

萨格

布雷姆米奇

西拉斯 · 布洛杰特

梅尔文 · 比尔

巴特里克

埃德森

桑罗恩

莱特沃德

蒂特布尔

班汉姆

凯尔 - 奈尔

佩波尔

马克西

洛克史密斯

奇弗瑞

斯莱恩特

奎迪

贝斯塞尔瑟

马斯提

格劳特

特修斯 · 乔博

阿蒙 · 海德森

斯特雷肖特

希格登

默菲特

戈德斯特劳

巴瑞尔

英奇

江普

吉金斯

伯恩斯

科伊

道恩

泰特金

乔维

帕德西

瓦伯勒

皮斯——史皮斯

甘纳威

弗林克斯女士

弗林克斯

吉

哈登

默尔登

马尔登

托普沃什

波达奇

杜瑞特——杜丽

卡顿

米尼菲
斯林格
卓德
肯奇
麦格
彻里森
布莱纳姆
巴多克
斯尼格斯沃斯
斯文顿
卡斯比 - 比奇
罗利
皮格瑞恩
耶伯里
普罗尼什
马龙
班迪
斯通伯里
马戈维奇
米格斯
潘克斯
哈格盖奇
普罗维斯
斯蒂廷顿
派德西
邓卡夫
特里克班克
萨普西
雷迪霍夫
达夫蒂
福吉

特温
布朗斯沃德
皮尔特里
萨德
西尔弗曼
金伯
拉弗雷
莱斯索克
蒂平斯
明尼特
拉德罗伊
普拉彻特
莫黛特
沃曾汉姆
斯蒂尔特沃克
斯蒂尔廷斯托克
斯蒂尔斯托金
雷文德
波德斯内普
克拉赖克
康佩里
斯特赖维尔
彭波契克
旺勒
博芬
班廷克
迪布顿
威尔弗
格里贝瑞
马尔维
霍里克

杜尔格
甘纳里
加格里
威尔沙德
赖德霍德
普拉特斯通
钦克伯
沃普塞尔
沃普斯
惠尔平顿
盖维里
韦格
霍布尔
厄里
基布尔
斯基费恩斯
沃德尔
埃特瑟尔
阿克谢姆

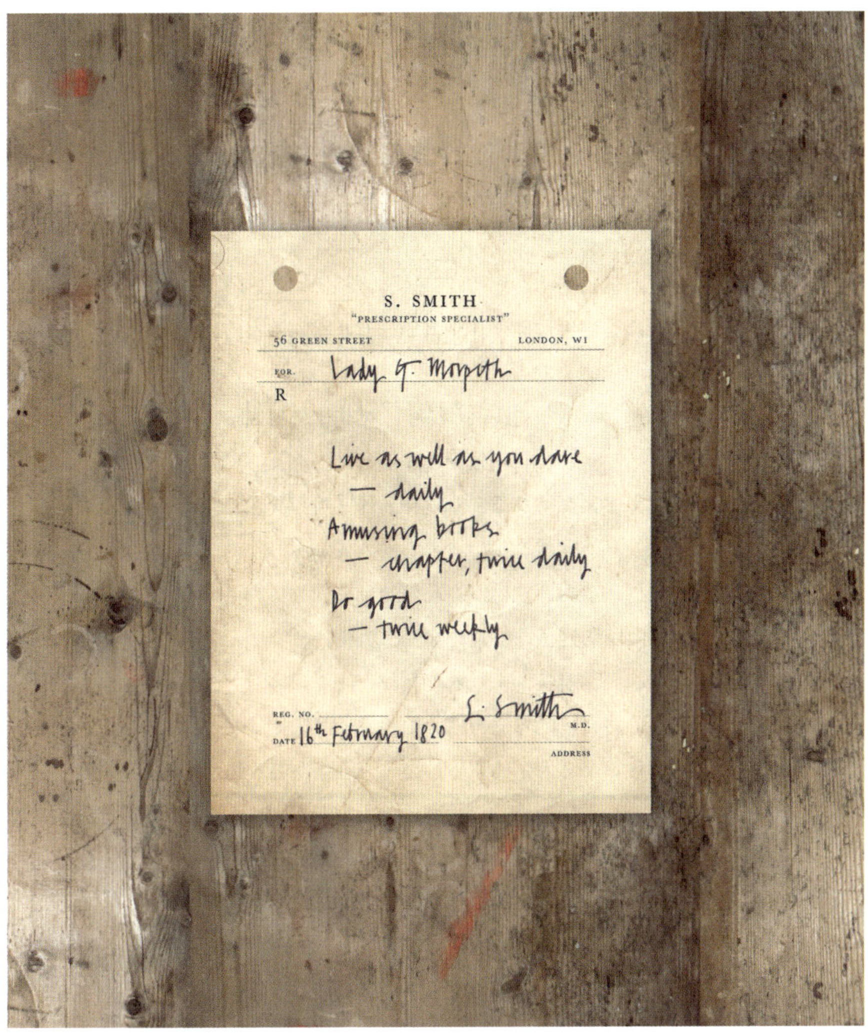

S. SMITH
"PRESCRIPTION SPECIALIST"

56 GREEN STREET LONDON, W1

FOR. Lady G. Morpeth

R

Live as well as you dare
— daily
Amusing books
— chapter, twice daily
Do good
— twice weekly

REG. NO. S. Smith M.D.

DATE 16th February 1820

ADDRESS

活得如你所愿

西德尼 · 史密斯 （Sydney Smith）

1820 年 2 月 16 日

1820 年 2 月，获知好友乔治亚娜 · 莫佩思女士被忧郁症折磨，英国散文家和牧师西德尼 · 史密斯给她写了一封珍贵的信，信中提了很多明智的建议，鼓励她努力克服“情绪低落”。史密斯将自己的人生智慧展现在了下面这份清单之中。

福斯顿，1820 年 2 月 16 日

亲爱的乔治亚娜，

我敢说，没有人比我更懂得抑郁症的痛苦，所以我非常理解你。下面是我能给出的建议。

1. 活得如你所愿。
2. 走进淋浴间，让少量的、有些冰凉的水给你一丝冷的感觉。
3. 读有趣的书。
4. 对生活想得少一些——不要超出晚餐或茶。
5. 尽可能让自己忙碌起来。
6. 多跟那些尊重和喜欢你的朋友在一起。
7. 还有那些让你感到开心的熟人。
8. 不要跟朋友隐瞒自己情绪低落，要更自由地谈及它们——出于自尊而隐瞒这些往往会让你变得更糟。
9. 要注意茶和咖啡对你精神产生的影响。
10. 将自己的际遇与别人的相比较。
11. 不要对人生的期望过高——有些遗憾才是最好的。
12. 尽量回避诗歌、戏剧（除了喜剧）、音乐、严肃小说、性格忧郁的人，以及一切可能会让你的感觉或情绪消极的事物。
13. 多做善事，努力让周围的人也过得幸福。
14. 在不疲劳的前提下，尽可能多到户外活动。
15. 将你经常在的地方装点得令人舒适而愉快。
16. 一点一点地与懒惰做斗争。
17. 不要对自己过于严苛，或看低自己。要公正地看待自己。
18. 一直保持高涨的热情。
19. 在理性的宗教信仰中保持坚定。
20. 要相信我，亲爱的乔治亚娜，你最真挚的朋友，西德尼·史密斯。

I - FIRST I RECOGNIZED THAT YOU WERE VERY CLEVER

II - THAT YOU WERE VERY HANSOME

III - THAT YOU WERE PERCEPTIVE

IV - THAT YOU WERE ENTHUSIASTIC.

V - THAT YOU WERE GENEROUS.

VI - THAT YOU WERE BEAUTIFUL

VII - THAT YOU WERE TERRIBLY WELL ORGANIZED

VIII - THAT YOU WERE FANTASTICALLY EFFICIENT

IX - THAT YOU DRESS VERY VERY WELL

IIIA - THAT YOU HAVE A MARVELOUS SENSE OF HUMOR

X THAT YOU HAVE A VERY VERY BEAUTIFUL BODY.

XI THAT YOU ARE UNBELIEVABLY GENEROUS TO ME.

XII THAT THE MORE ONE DIGS THE FOUNDATIONS THE MORE AND MORE ONE FINDS THE SOLIDEST OF GRANIT FOR YOU AND I TO BUILD A LIFE TOGETHER UPON

— I KNOW THIS IS NOT A GOOD SENTENCE.

爱情清单

埃罗 · 沙里宁 （Eero Saarinen）

1954 年

芬兰裔美国建筑师埃罗 · 沙里宁是非常知名的建筑设计师，他有许多结构令人惊叹的作品，其中最具代表性的便是密苏里州圣路易斯的大拱门——一个看起来背离地心引力的钢铁结构拱门，是世界上同类建筑中最大的一个。1954 年，沙里宁与艺术评论家艾琳 · 伯恩斯坦 · 洛凯姆结为夫妻，婚后不久，沙里宁为妻子写下了这份清单。

1. 首先，我知道你很聪明。
2. 你非常端庄。
3. 你很有洞察力。
4. 你很热情。
5. 你很慷慨。
6. 你特别美丽。
7. 你总是很有条理。
8. 你很会打扮自己。
9. 你还有些奇妙的幽默感。
10. 你的身材超级棒。
11. 你对我是那么宽容和体谅。
12. 地基挖得越深,就越知道我与你一起建立幸福生活的基础有多稳固可靠。(我知道这不是一个好句子。)

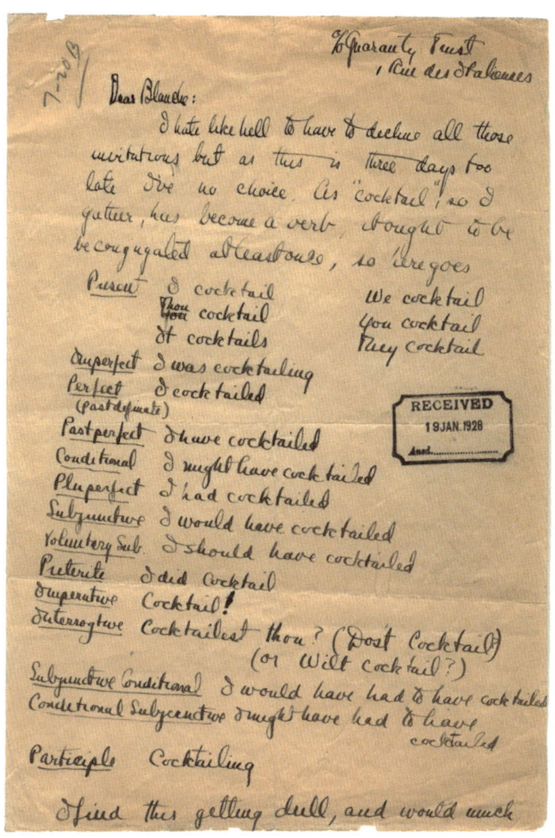

c/o Guaranty Trust
1 Rue des Italiennes

Dear Blanche:

I hate like hell to have to decline all those invitations but as this is three days too late I've no choice. As "cocktail", so I gather, has become a verb, it ought to be conjugated atleast once, so here goes

Present — I cocktail — We cocktail
Thou cocktail — You cocktail
It cocktails — They cocktail
Imperfect — I was cocktailing
Perfect (past definite) — I cocktailed
Past perfect — I have cocktailed
Conditional — I might have cocktailed
Pluperfect — I had cocktailed
Subjunctive — I would have cocktailed
Voluntary Sub. — I should have cocktailed
Preterite — I did cocktail
Imperative — Cocktail!
Interrogative — Cocktailest thou? (Dost cocktail) (or Wilt cocktail?)
Subjunctive Conditional — I would have had to have cocktailed
Conditional Subjunctive — I might have had to have cocktailed
Participle — Cocktailing

I find this getting dull, and would much

RECEIVED
19 JAN. 1926
Ansd.

鸡尾酒！

弗朗西斯·斯科特·菲茨杰拉德
（Francis Scott Fitzgerald）

1926 年 1 月

菲茨杰拉德是 20 世纪最知名的小说家之一，曾创作出《了不起的盖茨比》（*Great Gatsby*）和《夜色温柔》（*Tender is the Night*）这样经典的作品。但他同时也因为在“咆哮的二十年代”[1] 过度饮酒而臭名昭著，十年间的大部分时间都在喝酒，这最终损害了他的健康。在写给布兰奇·克诺普夫的一封信中，他列举了“to cocktail”（喝鸡尾酒）的变化形式。

1 指北美地区 20 世纪 20 年代这一时期。

1. 现在时态

I cocktail	We cocktail
我喝鸡尾酒	我们喝鸡尾酒
Thou cocktail	You cocktail
你喝鸡尾酒	你们喝鸡尾酒
It cocktails	They cocktail
它喝鸡尾酒	他们喝鸡尾酒

2. 未完成时

I was cocktailing

我当时在喝鸡尾酒

3. 完成时（一般过去时）

I cocktailed

我喝了鸡尾酒

4. 过去完成时

I have cocktailed

我已经喝了鸡尾酒

5. 条件语气

I might have cocktailed

我或许喝了鸡尾酒

6. 过去完成时

I had cocktailed

我已经喝了鸡尾酒

7. 虚拟语气

I would have cocktailed

我本会喝些鸡尾酒

8. 自愿性虚拟语气

I should have cocktailed

我本该喝了鸡尾酒

9. 过去时态

I did cocktail

我喝了鸡尾酒

10. 祈使句

Cocktail!

喝鸡尾酒!

11. 疑问句

Cocktailed thou? (Dos't Cocktail?) (or Wilt Cocktail?)

你喝鸡尾酒了吗? (没喝鸡尾酒吗?)(或威尔特喝鸡尾酒了吗?)

12. 虚拟条件句

I would have had to have cocktailed

我本来不得不喝些鸡尾酒

13. 条件句中的虚拟语气

I might have had to have cocktailed

我可能不得不喝些鸡尾酒

14. 分词

Cocktailing

喝鸡尾酒

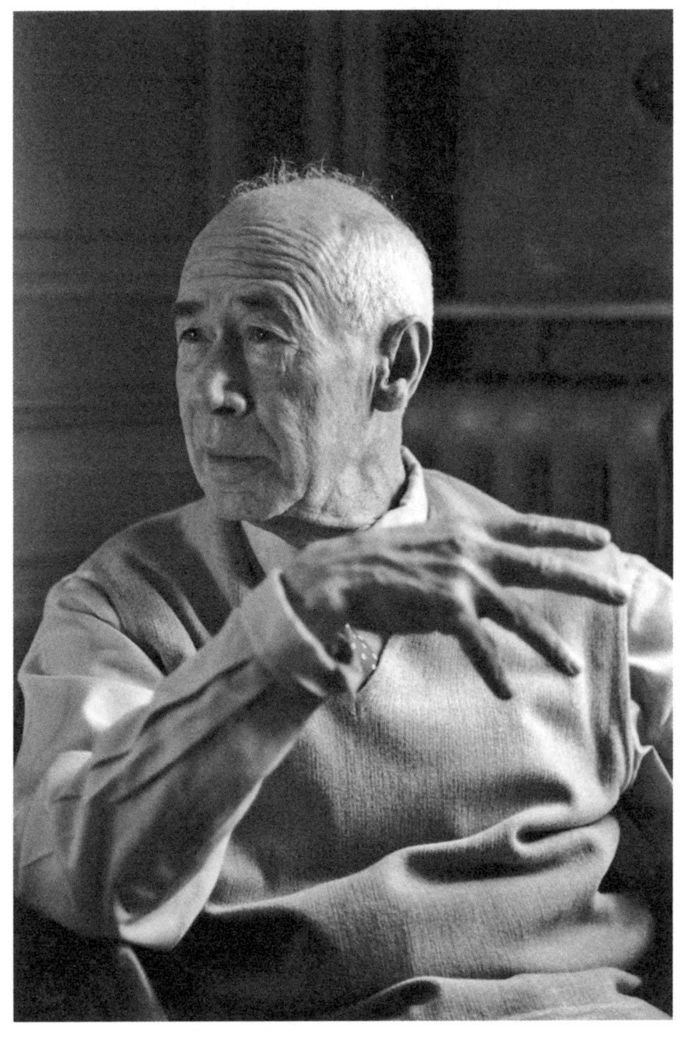

亨利·米勒的十一条戒律

亨利·米勒（Henry Miller）

约 1932 年

亨利·米勒是一个敢于创新的作家，喜欢打破规则。他的经典小说曾被列为禁书，直到 1964 年，最高法院才裁定他的小说不属于淫秽作品。然而，他也有属于自己的规则。在 20 世纪 30 年代早期，他完成自己的第一本极具影响力的小说《北回归线》（*Tropic of Cancer*）时，列下了 11 条戒律，要求自己遵守。

戒律

1. 一次只做一件事，直到这件事完成。
2. 暂时不写新书，也不再给《黑色的春天》[1] 增加新素材。
3. 别紧张，工作时要快乐、冷静，专注地处理手上的事。
4. 根据计划而不是心情工作。到定好的时间就休息！
5. 当你觉得无法创作时，就去工作。
6. 每天巩固一点点，比不断添加新肥料更好。
7. 像正常人一样！去见见朋友，到处走走，如果想喝酒也可以喝点儿。
8. 别像匹挽马一样！要带着愉悦的心情工作。
9. 当你想放弃某项计划时就放弃吧——但第二天应该再去试试。集中注意力、缩小范围、排除不必要的东西。
10. 忘掉你想写的书，只考虑你正在写的书。
11. 总是把写作放在第一位。绘画、音乐、朋友们，还有电影，都是之后才要考虑的。

1 亨利·米勒的自传小说集，由十个独立的部分组成。

Cap. 144.

¶ A Rule to knowe what thinges are good and holoſome for the Braine.

+ To ſmell to Camamill or Muſke, + To eate Sage, but not ouermuch, + To drinke Wine meaſurablie, + To keepe the Head warme, + To waſhe your Hands often, + To walke meaſurablie, + To ſleepe meaſurablie, + To heare litle noiſe of Muſicke or ſingers, + To eate Muſtarde & Pepper, + To ſmell the ſauour of Red-roſes, & to waſhe the Temples of your Heade often with Roſe-Water.

Cap. 145.

¶ Theſe Thinges are ill for the Braine.

+ All maner of Braines, + Gluttony, + Drunkennes, + Late Suppers, + To ſleepe much after meate, + Anger, + Heauines of minde, + To ſtande much bare-headed, + Corrupt Aires, + To eate ouermuch or haſtely, + Ouermuch heate in Trauaylinge or Labouringe, + Ouermuch Watching, + Ouermuch Colde, + Ouermuch Bathing, + Milke, + Cheeſe, + Garlicke, + Oynions, + Ouermuch Knocking or Noiſe, & to ſmell to a white Roſe.

大脑

医疗行业从业者

（Practitioner in Phisick and Chirurgerie）

1596 年

这张清单来自一本名为《自助医疗》（*Self-Help Medical*）的书，这本书是一个关于疾病治疗的宝库。有许多被允许用于治疗疾病的药物，作用被隐藏了很长时间，直到有了这本书后才被发现。现在，让我们来看看这本为那些无法接受治疗的病人带来巨大便利和安慰的自助手册中的两个清单：第一张，是 1596 年写的，对大脑有益的物质；第二张上列的是认为对大脑有害的物质。

大脑

对大脑有益的行为或物质

闻甘菊或者麝香的气味，食用适量的鼠尾草，喝适量的酒，保持头部温暖，经常洗手，有规律的散步，有规律的睡眠，听一点噪音、音乐或歌声，吃一些芥末和胡椒，闻红玫瑰的香味，用玫瑰水按摩太阳穴。

对大脑有害的行为或物质

脑部的各种活动，暴食，酗酒，过晚的晚餐，饭后过多的睡眠，愤怒，过度用脑，光着脑袋站太长时间，污浊的空气，吃饭过多或过快，在太热的环境中工作或劳动，用眼过度，太冷，洗澡太频繁，牛奶，乳酪，大蒜，洋葱，超负荷的敲击声或噪音，闻白玫瑰的香气。

伦敦生活守则

鲁德亚德·吉卜林 （Rudyard Kipling）

1908 年 6 月 9 日

鲁德亚德·吉卜林是现代最知名的作家之一，1894 年，他写了一本名为《丛林之书》(*The Jungle Book*)的故事集，受到数百万人的喜爱。但这只是他无数的诗歌、故事和散文中的一册。1908 年 6 月 9 日，他写了一篇特别重要的文章：一封写给他年幼的小女儿，12 岁的埃尔西的信，因为她很快就要到距离遥远的伦敦旅行。信中包括了一份名为“伦敦生活守则”的清单。

我亲爱的小鸟：

我给你列了几条在伦敦生活的简单守则。

1. 早起，常用热水和肥皂洗脸。
2. 不要在公园的草地上打滚，这会把你的裙子弄脏。
3. 不要在公交车上吃小面包、牡蛎、海螺或薄荷糖，这会影响别的乘客。
4. 对警察要温和，你永远不知道会因为什么被抓起来。
5. 别用脚拦公共汽车，这不是槌球。
6. 不要试图从国家美术馆的墙上把画拿下来，也不要试图拿掉国家历史博物馆里蝴蝶标本的盒子。如果你这么做了，很快就会被发现。
7. 不要回家太晚，别吃腌鲑鱼，别去公众聚会和拥挤的十字路口凑热闹，离下水道和洒水车远一点，还有别吃太多。

永远爱你的

爸爸

查尔斯·狄更斯的假书

查尔斯·狄更斯　（Charles Dickens）

1851 年 10 月

1851 年，狄更斯和家人搬到了塔维斯托克的房子里，在那里他完成了《双城记》（*A Tale of Two Cities*）、《荒凉山庄》（*Bleak House*）和《小杜丽》（*Little Dorrit*）的创作。那所房子一切都近乎完美，但有一个小问题：他没有足够的书来填满新居内的书架。与购买大量新书的做法不同，狄更斯想出了一个极具创意的解决办法，他创造出了一些假书来填补空位。他列下了一些诙谐的标题，然后写信给当地一个名为托马斯·罗伯特·埃尔斯的书商，让他们提供这些假书。

1.《大法官法庭诉讼简史》
2.《威灵顿公爵雕像档案》
3.《在中国的五分钟》(三卷)
4.《在金字塔的四十个瞬间》(两卷)
5.《宪法中的阿伯内西》(两卷)
6.《格林先生远方的信》(两卷)
7. 库克船长的《原始生活》(两卷)
8.《木匠的长凳》(两卷)
9. 图特的《环球信件》(两卷)
10. 奥森的《礼仪的艺术》
11. 唐尼斯特的《完美计算器》
12.《中世纪史》(六卷)
13. 约拿的《鲸鱼的故事》
14. 帕瑞船长的《冷焦油的优点》
15.《鲍沃多姆》，一首诗
16.《挑剔的评论》(四卷)
17.《火药杂志》(四卷)
18.《斯蒂尔》,《伊昂》的作者所写
19.《切削牙齿的艺术》
20. 马修的《儿歌》(两卷)
21. 帕克斯顿的《灯笼裤》(五卷)
22.《古代诗人对墨丘利[1]的运用》
23. 德西的《无事可追忆》(三卷)
24. 海维赛德的《小人物对谈录》(三卷)
25.《远古居民札记簿》(两卷)
26.《粗暴的咆哮者》，有附录(四卷)
27.《摩西和他的儿子们》(两卷)
28. 伯克(爱丁堡)的《论崇高与美丽》(两卷)

1 罗马神话中众神的使者，罗马十二主神之一。

29. 蒂泽尔的《评论集》

30.《亨利国王是基督教徒的八个证据》(五卷)

31.《比菲恩小姐的品行》

32. 莫里森的《药剂研究进展》(两卷)

33.《骑马的戈黛娃夫人》

34. 孟乔森的《现代奇迹》(四卷)

35. 理查森的《戏剧文学作品》(十二卷)

36. 汉萨德的《深度睡眠指导》(卷数越多越好)

不要做的事和要谨慎考虑的事

美国电影制片商和发行商协会
（Motion Picture Producers and Distributors of America）
1927 年

1927 年，美国电影制片商和发行商协会制作并公开了一份名为“不要做的事和要谨慎考虑的事”的清单，旨在缓和好莱坞出现的日益严重的争议，帮助解决电影公司与所在地审查委员会之间可能出现的冲突。清单中包括了 11 件在电影中应当完全避免的事，以及 25 件在拍摄影片时需要谨慎考虑的事。然而令他们生气的是，因为这张清单上的要求无法执行，所以它在某种程度上被大家忽视了。1930 年，它被《电影制片法典》取代，之后又被我们熟知的美国电影协会的电影评级制度取代。

不要做的事和要谨慎考虑的事
美国电影制片商和发行商协会，1927 年

下列清单中所列事项不应出现在协会成员拍摄的影片中，无论经过了何种形式的处理。

1. 直接的亵渎——无论是电影名还是台词——包括词语："God"（上帝）、"Lord"（主）、"Jesus"（耶稣）、"Christ"（基督）（除非是在适当的宗教仪式上以虔诚的方式出现），"hell"（见鬼）、"damn"（该死）、"Gawd"（上帝）或其他任何亵渎及庸俗的表达，无论这些词如何拼写。
2. 任何淫乱的场面或是有暗示性的裸露——无论是直接的画面还是剪影，以及电影中其他角色淫乱放纵的行为。
3. 非法贩运毒品。
4. 任何看起来反常的性行为。
5. 白人奴隶。
6. 种族间通婚（白人和黑人之间的性关系）。
7. 性卫生和性病。
8. 实际的分娩场景——直接的画面或剪影。
9. 儿童的性器官。
10. 嘲讽神职人员。
11. 故意冒犯任何国家、种族或信仰。

为了进一步解决争议，要特别注意下列问题的处理，消除其中的粗俗和暗示性因素，强调良好的品位。

1. 国旗的使用。
2. 国际关系。（避免给其他国家的宗教、历史、制度、知名人物和公民带来不好的影响。）
3. 纵火。
4. 枪支的使用。
5. 盗窃、抢劫、撬保险箱以及炸火车、矿山、建筑等。（请记住，对这些场面过于具体的刻画，可能会对一部分人产生不好的影响。）

6. 惨不忍睹的暴行。
7. 任何关于杀人的方法和技巧。
8. 走私的方法。
9. 逼供的方法。
10. 对罪犯实行绞刑或电刑的写实画面。
11. 对罪犯的同情。
12. 对公众人物和机构的态度。
13. 骚乱。
14. 对儿童或动物的虐待。
15. 将人或动物品牌化。
16. 买卖妇女，或是妇女出卖自己的初夜。
17. 强奸或试图强奸。
18. “第一次”的场景。
19. 男女同床共枕。
20. 故意诱发人欲望的女孩。
21. 婚姻制度。
22. 外科手术。
23. 吸毒。
24. 与执法机关或执法者有关的台词或场景。
25. 过度的激吻，特别是当其中有角色表现得特别沉醉于此时。

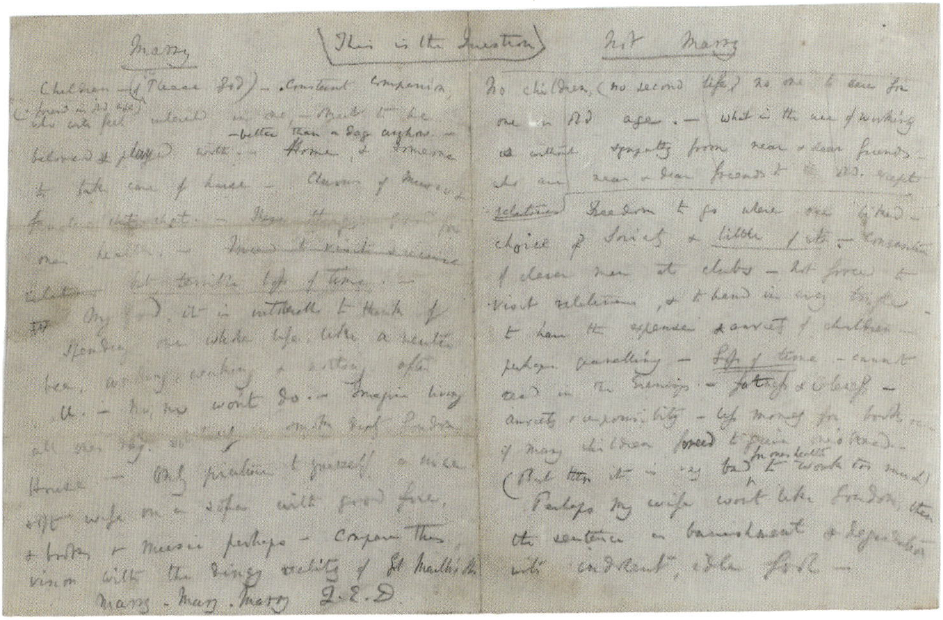

Marry (This is the Question) Not Marry

Children — (if it Please God) — Constant companion, (& friend in old age) who will feel interested in one, — object to be beloved & played with. — better than a dog anyhow. — Home, & someone to take care of house — Charms of music & female chit-chat. — These things good for one's health. — but terrible loss of time. —

My God, it is intolerable to think of spending one's whole life, like a neuter bee, working, working, & nothing after all. — No, no won't do. — Imagine living all one's day solitarily in smoky dirty London House. — Only picture to yourself a nice soft wife on a sofa with good fire, & books & music perhaps — Compare this vision with the dingy reality of Grt. Marlbro' St.

Marry — Mary — Marry Q.E.D.

No children, (no second life), no one to care for one in old age. — What is the use of working without sympathy from near & dear friends — who are near & dear friends to the old, except relatives.

Freedom to go where one liked — choice of Society & little of it. — Conversation of clever men at clubs — Not forced to visit relatives, & to bend in every trifle. — to have the expense & anxiety of children — perhaps quarelling — Loss of time. — cannot read in the evenings — fatness & idleness — Anxiety & responsibility — less money for books &c — if many children forced to gain one's bread. — (But then it is very bad for one's health to work too much) Perhaps my wife won't like London; then the sentence is banishment & degradation into indolent, idle fool —

结婚，还是不结婚

查尔斯 · 达尔文 （Charles Darwin）

1838 年 7 月

1838 年 7 月，在他开创性的《物种起源》出版前 21 年，29 岁的博物学家查尔斯 · 达尔文发现自己面临着一项艰难的抉择：是否要向他的一生挚爱，艾玛 · 韦奇伍德求婚。下面是他手写的一份清单——上面列出了结婚的利弊，其中包括“总比养条狗好”和“不用被迫去走访亲戚”等。事实上，结婚的好处实在多得难以忽视，6 个月后他们结婚了。他们一直保持着夫妻关系，直到 1882 年达尔文去世。他们总共有 10 个孩子。

这是一个问题

结婚：

会有孩子（如果上帝保佑的话）——对彼此感兴趣的一生的伴侣（以及老去后的朋友）——可以爱和玩耍的对象——不管怎样，总比养条狗好——家，有人照看家里——吸引人的音乐和与女人闲聊，这些都对健康有好处——被迫去发展或接受新的关系，只会浪费大量时间——上帝啊，如果一个人一辈子的时间都花在工作上，别的一无所有，就像一只被阉割的蜜蜂，想想就可怕——不，不会这样的——一个人在烟雾缭绕的、肮脏的伦敦的家里生活。想想看，会有一张柔软的沙发，上面坐着温柔的妻子，可能还有温暖的壁炉、书和音乐的陪伴。将这个画面与大万宝路街肮脏的现实相比较。

不结婚：

没有孩子，（没有第二次生命），老去后无人照顾——如果身边无人关怀，那工作还有什么意义呢？除了亲人，谁还能成为老去后身边亲密的朋友呢？——去喜欢去的地方的自由——选择自己的社交范围，可以与俱乐部里的聪明男人闲聊，不用被迫去走访亲戚或操心琐事——不用承担养育孩子的费用和焦虑，或者是争吵，也不会损失时间——可以在晚上读书——肥胖和懒惰——焦虑和责任——买书的钱会变少，如果要努力养家糊口的话——工作太辛苦对人的健康很不好。

也许我的妻子不喜欢伦敦，那么这些句子将会让我变成被放逐的、堕落的傻瓜。

结婚，结婚，结婚。

证明完毕。

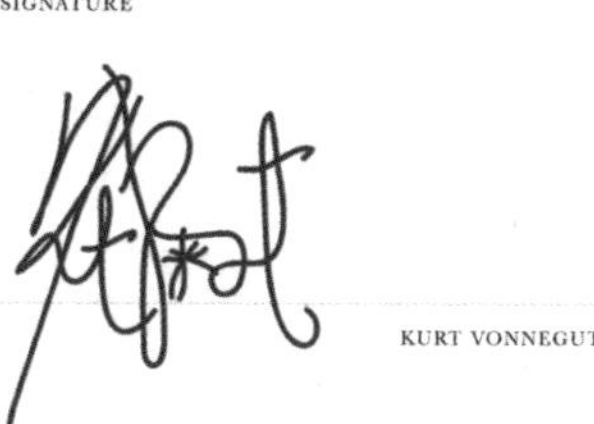

冯内古特的承诺

库尔特·冯内古特 （Kurt Vonnegut）

1947 年 1 月 26 日

1947 年 1 月，在第二次世界大战结束后不到两年，库尔特·冯内古特尚未开始他的写作生涯，此时的他刚与第一任妻子简结婚 16 个月，她还怀上了他们的第一个孩子。面对这一情况，冯内古特列下了一份清单，上面写着他要遵守的一些承诺——大体上都是些有趣的承诺，主要是他要承担的部分家务杂事。之后他们又有了 3 个孩子。冯内古特的姐姐死后，他们又收养了姐姐的 3 个孩子。

我，库尔特·冯内古特，在此发誓，我将遵守下面的所有承诺：

I. 在妻子同意不唠叨、质问、打扰我的前提下，我保证每周擦洗一次浴室和厨房地板，具体时间由我自己决定。不仅如此，我还会做得更好、更彻底，按她的要求清理浴缸、厕所后面、水槽下面、冰箱底部和每一个角落。我会将上述提到的地方摆着的可移动的物体暂时放到别处，以便清洁那些地方的底部，而不仅是清洁它们的周围。此外，在做这些家务时，我会努力克制自己，不说诸如“狗屎”或“该死的狗娘养的”这类粗俗的语言，这些脏话令人头痛，没有比需要面对它们更令人头疼的了。如果我不遵守这条约定，我的妻子就会一直喋喋不休，直到我被赶去擦地板——不管我有多忙。

II. 此外，我还发誓要遵守以下的日常行为：

a. 把不穿的衣服挂好，不穿的鞋子放进壁橱。

b. 我不会把没必要的脏东西带进屋子里，不会用外面的垫子擦脚，不会穿着拖鞋去外面倒垃圾，或者做其他的事。

c. 我会把用过的火柴盒、空烟盒、衬衫领子上的硬纸板等都扔进废纸篓，而不是把它们扔在椅子或地板上。

d. 剃胡子后，我会把剃胡子用到的东西都放回壁橱。

e. 浴缸上的一圈污垢也许是在我洗澡后才产生的，因此我将使用斯威夫特的清洁剂和刷子来擦拭浴缸，而不是用我的毛巾来除掉那一圈污垢。

f. 根据协议，我的妻子将会把要换洗的衣服集中在洗衣袋里，并把洗衣袋放在门厅。我在这些衣服出现在门厅的 3 天之内，要把它们送到洗衣房，并在两周内把这些送去洗的衣服拿回来。

g. 吸烟时，我会尽量把烟灰缸放在不会倾斜、凹陷、不平整、被弄湿或者有任何倾倒危险的表面。这样的表面包括椅子边缘成堆的书上，有扶手的椅子的扶手上，还有我自己的膝盖上。

h. 我不会把香烟随意扔到一边，也不会把烟灰倒进红色的皮革废纸篓，或是倒进我亲爱的妻子在 1945 年作为圣诞节礼物送给我的邮票图案的废纸篓里。因为这样的行为不但会损害它们的美丽，也会破坏它们的实用价值。

i. 如果我的妻子对我提出某种要求，这个要求是合理的，而且完全在一个男人的能力范围之内（当他的妻子怀孕的时候，就是这样），我会在妻子提出要求的 3 天之内就完成。当然在这 3 天之内，我的妻子除了表达感谢，不能再因为与此相关的事情而唠叨。然而，如果我在很长的时间都没有遵守要求，那么我的妻子就完全有理由唠叨和打扰我，直到我被赶去做我本应该做的事。

j. 一个关于 3 天约定的例外情况是，如果我要去倒垃圾，就像任何人都知道的，最好不要等那么长时间。假如妻子提出有垃圾需要清理，我需要在 3 个小时之内就把它们倒了。不过，若是我凭借自己的观察，主动发现并要求去倒垃圾，那就更棒了，这样我的妻子就不用再提出一个对她来说已经有些厌倦的要求。

k. 需要明白的是，如果我发现这些承诺有些不合理，或者过度约束我的自由，我应该按照宪法精神，试着提出意见修正它们，并与妻子进行礼貌的讨论，而不是通过某些突然的爆发或类似的行为，非法地终止我的义务，或是持续忽视我的承诺。

l. 这份合约将一直有效，直到我们的孩子出生（按照医嘱），以及妻子的身体完全恢复，有能力承担比现在更艰巨的事务之后。

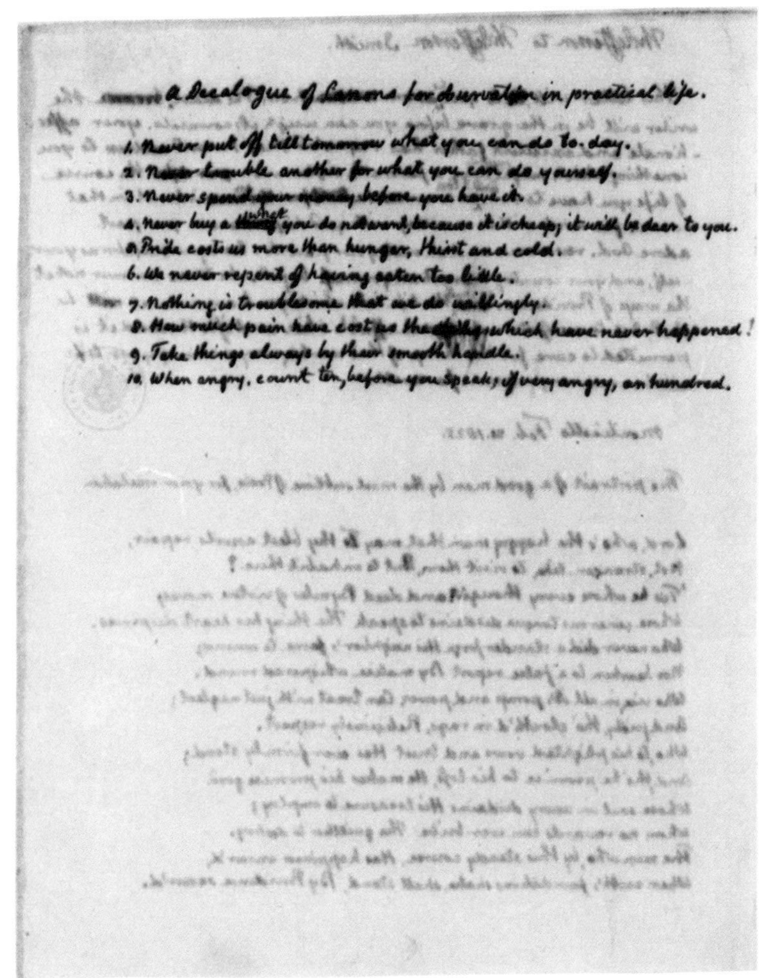

A Decalogue of Canons for observation in practical life.

1. Never put off till tomorrow what you can do to-day.
2. Never trouble another for what you can do yourself.
3. Never spend your money before you have it.
4. Never buy what you do not want, because it is cheap; it will be dear to you.
5. Pride costs us more than hunger, thirst and cold.
6. We never repent of having eaten too little.
7. Nothing is troublesome that we do willingly.
8. How much pain have cost us the evils which have never happened!
9. Take things always by their smooth handle.
10. When angry, count ten, before you speak; if very angry, an hundred.

现实生活中需要遵循的十诫

托马斯 · 杰斐逊 （Thomas Jefferson）

1825 年

1825 年，托马斯 · 杰斐逊——美国的第三任总统，同时也是美国的开国元勋之一——接到一位父亲的请求，希望他能为自己年幼的儿子写下一些人生智慧，他的儿子以总统的名字命名，叫作托马斯 · 杰斐逊 · 史密斯。杰斐逊和蔼地手写了一封回信，在信的末尾，他对这个孩子提出了十条建议，以“现实生活中需要遵循的十诫”为题。

现实生活中需要遵循的十诫

1. 今天能做的事绝不拖到明天；
2. 自己能做的事绝不麻烦别人；
3. 不花还未到手的钱；
4. 不要因便宜而购买自己不需要的东西，这对你来说也是一种昂贵；
5. 骄傲会比饥饿、干渴和寒冷让我们付出更多代价；
6. 我们永远不用因为吃得少而感到忏悔；
7. 只有心甘情愿才能把事做好；
8. 对于不会发生的事不要庸人自扰；
9. 做事要有条理；
10. 当你生气时，数到十再说话；如果特别生气，就数到一百。

吉他演奏的十诫

牛心上校 （Captain Beefheart）

20 世纪 70 年代末

牛心上校是一位音乐家和歌手，尽管他在商业上没有获得很大的成功，但他俘获了很多人的心，影响了一批他的追随者。他 1969 年发行的唱片《红鳟鱼面具复制品》（Trout Mask Replica）被许多人看作是杰作，并且在许多“最伟大的唱片”榜单中占有一席之地。1976 年莫瑞斯·泰珀加入了牛心上校的魔术乐团弹奏吉他，并一直在乐团工作，直到 1982 年牛心上校隐退。正是在此期间，泰珀收到了牛心上校亲手写给他的“吉他演奏的十诫”。

1. 听听鸟儿的叫声。

这是所有音乐的源头。鸟知道应该怎样发声和从哪里发声。观察蜂鸟，它们飞得很快，但是很多时候它们哪儿也不去。

2. 你的吉他不是真正的吉他。

你的吉他是一根魔杖。用它来寻找另一个世界的灵魂，并把它们带过来。一把吉他也是一根钓鱼竿，如果你善于使用，就会钓到一条大鱼。

3. 在灌木丛前面练习。

等月亮出来，再到外面去，吃一块谷物面包，然后对着灌木丛弹吉他。如果灌木丛没有摇晃，那么再吃一块面包。

4. 与魔鬼同行。

古老的三角洲布鲁斯演奏者把吉他放大器称为“魔鬼的盒子”。他们是对的。对你从另一个世界带回来的人来说，你应该当一个一视同仁的雇主。电会吸引魔鬼和恶魔，别的乐器能够吸引其他的灵魂。一把原声吉他可以吸引卡斯珀，曼陀林吸引温迪，但是电吉他则会吸引魔王。

5. 如果你耻于思考，你就出局了。

如果你的大脑是演奏音乐的一部分，你正在浪费它。你应该像个溺水的人，要挣扎着上岸。若你能捕捉到这种感觉，那么你已经懂了一些皮毛。

6. 永远不要拿你的吉他指向任何人。

你的乐器比闪电更有威力。弹奏一个大和弦，然后跑到外面听一听。但要确保你不是处在开阔的地方。

7. 永远带着通往教堂的钥匙。

这些是关键人物。比如单弦山姆（One String Sam），他就是一个。他是一名底特律街头音乐家，50 年代时用自制乐器在路边演奏。他的歌曲《我需要一百美元》（I Need a Hundred Dollars）令人温暖。另一个通往教堂的关键人物是休伯特·萨姆林，嚎叫野狼的吉他手。他光是站在那里，就像自由女神像一样——让你想一直盯着她的裙子，然后看看究竟是怎么做到的。

8. 不要擦掉你乐器上的汗水。

你需要那个臭味，然后把那个臭味融入音乐中。

9. 把你的吉他放在暗处。

当你不弹吉他时，把它盖住，然后放在阴暗的地方。如果你不弹吉他超过了一天，一定要放一碟水进去。

10. 你的乐器得有个罩子。

要记得使用罩子。罩子就像高压锅。如果你的房子有屋顶，那么热气就跑不出去了。就算是利马豆也需要一张湿的纸巾来帮助它成长。

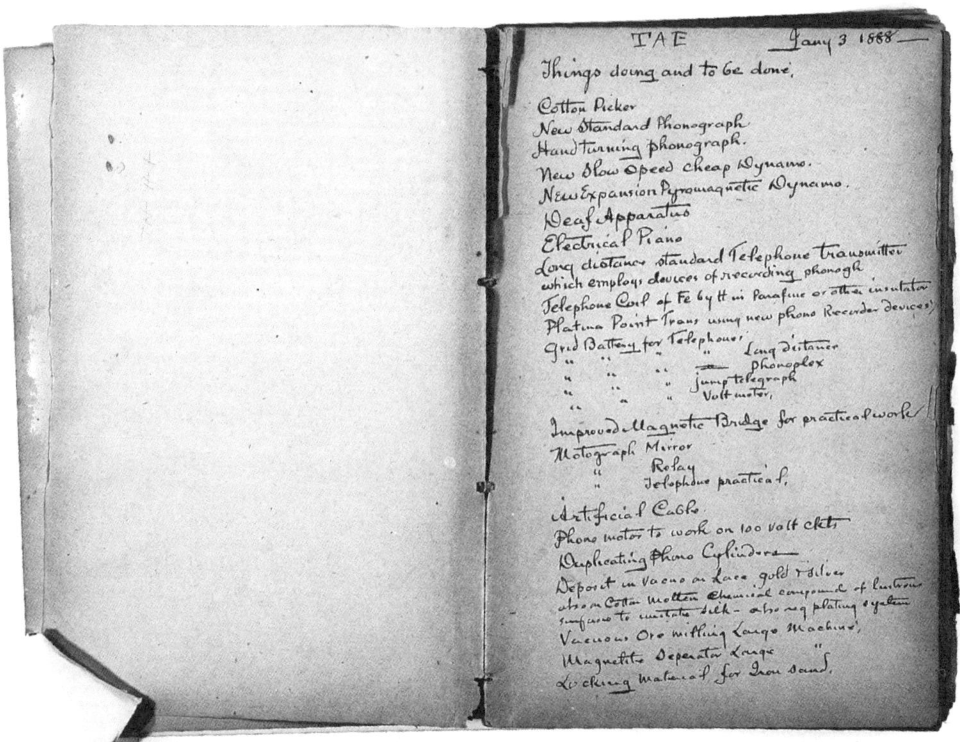

TAE Jany 3 1888

Things doing and to be done.

Cotton Picker
New Standard Phonograph
Hand turning phonograph.
New Slow Speed cheap Dynamo.
New Expansion Pyromagnetic Dynamo.
Deaf Apparatus
Electrical Piano
Long distance standard Telephone transmitter
which employs devices of recording phonogh
Telephone Coil of Fe by H in Parafine or other insulator
Platina Point Trans using new phono Recorder devices
Grid Battery for Telephones
" " " " Long distance
" " " — Phonoplex
" " " jump telegraph
" " " Volt meter.
Improved Magnetic Bridge for practical work
Motograph Mirror
" Relay
" Telephone practical.
Artificial Cable.
Phono motor to work on 100 volt ckts
Duplicating Phono Cylinders
Deposit in vacuo on Lace gold & silver
also on Cotton molten chemical compound of lustrous
surfaces to imitate silk — also on plating system
Vacuous Ore milling Large Machine,
Magnetite Seperator Large "
Locking material for Iron sand.

正在做和将要做的

托马斯 · 爱迪生 （Thomas Edison）

1888 年 1 月 3 日

托马斯 · 爱迪生出生于 1847 年，至今仍是历史上最多产的发明家之一，仅在美国就拥有令人震惊的 1093 项专利。他的一些重大发明包括留声机、第一个实用白炽灯的改进，以及早期的电影摄影机。因此，在意料之中的是，爱迪生工作时需要一张能够让忙碌的他感到相对轻松的任务清单。下面这个 5 页的清单是他 1888 年 1 月写的——包括著名的“电钢琴”“人造象牙”和“盲人墨水”等。[1]

1 因原笔记中字迹难以辨识，且个别术语疑无定译，在此仅尝试译出部分内容，并保留原文供参考。省略号处为笔记中无法辨识的内容。

- Cotton Picker［摘棉机］
- New Standard Phonograph［新型留声机］
- Hand Turning Phonograph［手摇留声机］
- New Slow Speed Cheap Dynamo［新型低速廉价发电机］
- New Expansion Pyromagnetic Dynamo［新型扩容热磁发电机］
- Deaf Apparatus［助听设备］
- Electrical Piano［电钢琴］
- Long distance standard telephone transmitter which employs devices of recording phonogh［采用可录音唱片设备的远距离送话器］
- Telephone coil of Fe by tt in parafine[1] or other insulator［供铁制电话线圈使用的石蜡或其他的绝缘材料］
- Platina point trans using new phone recorder devices［用于电话录音设备的铜镍合金接触点］
- Grid battery for telephones［电话用的栅极电池］
- Grid battery for long distance［远距离使用的栅极电池］
- Grid battery for phonoplex［多路音频设备使用的栅极电池］
- Grid battery for jump telegraph［跳跃式电报设备使用的栅极电池］
- Grid battery for voltmeter［电压计使用的栅极电池］
- Improved magnetic bridge for practical work［改进用于实际工作的磁桥］
- Motograph[2] Mirror［动力传话反射器］
- Motograph Replay［动力传话增益器］
- Motograph Telephone Practical［实际通话中使用的动力传话器］
- Artificial Cable［人造电缆］
- Phone motor to work on 100 volt ckts［能在 100 伏的电压下工作的电话电机］
- Duplicating Phono Cylinders［复式圆筒留声机］
- Deposit in vacuo on lace, gold + silver also on cotton molten chemical compound of lustrous surfaces to imitate silk——also reg plating system

1 疑为 paraffine（石蜡）。

2 用于制造扬声电话机的某种设备，此处暂译为动力传话器。

Artificial Silk
Artificial filiments
New 17' -
Uninflammable Insulating Material
Good wax for Phonogram
Phonographic Clock
Large Phonograph for Novels etc
Pig Iron Experiments with Electricity & Magnetism
Malleablizing Cast iron in Vacuo
Drawing fine wire.
Toy Phonograph for Dolls
Cable Motograph
Very Loud Motograph telephone, with 1/3 size phonograph motor.
practical Motograph
Magneto Telephone nearly actual contact end magnet compression of an adjustable rubber piece as in new phono
Snow Compressor
Glass plate water Ore Separator
Finished faced iron for Stove Castings
Refining Copper Electrically
Quad neutral relay
Cheap low induct Cap insulating material for Lead Cable people —
Constant mould for iron foundry

200 Volt 20 cp lamp
Cheap pressure Indicator
Recording Volt Indicator
Box balancing System
Alternating Machine & Transformer
Silver Surface Switches
Vulcanizing the 7c African Rubber adulterant.
Platinum wire Ice cutting Machine,
Silver wire wood cutting system
Silvering or Coppering bolting Cloth in Vac for durability
S Motor altered over with new devices for C speed
Expansion Mirror Plat-Irid. wire in Vacuo
Photography through Opaque Screens;
Photography by causing heat after Critical points-
Boron fil.
Hg out of lamp
Phonoplex Repeater
Squirting glass sheet tube etc Nickel moulds
Artificial Mother Pearl.
Red Lead pencils equal to Graphite
India Ink
Tracing Cloth
Ink for blind

［真空环境中，在蕾丝或棉线上附着的熔融金银化合物形成了拥有丝绸般光泽表层——也可以使用电镀系统］

- Vacuous Ore milling Large Machine［大型真空矿石研磨机］
- Magnetic Separator Large［大型磁选机］
- Locking material for iron sand［铁砂固定材料］
- Artificial Silk［人造丝绸］
- Artificial Filiments[1]［人造纤维］
- New 17'—[2]
- Uninflammable insulating material［不易燃的绝缘材料］
- Good wax for phonograph［供留声机使用的优质蜡］
- Phonographic Clock［时钟留声机］
- Large phonograph for novels,etc［供小说等使用的大型唱片］
- Pig iron expmts[3] with electricity + magnetism［生铁的电磁感应实验］
- Malleablizing cast now in vacuo［在真空环境下的铸件锻化］
- Drawing fine wire［细线拉丝机］
- Toy phonograph for dolls［玩具娃娃留声机］
- Cable Motograph［动力传话电缆］
- Very loud motograph telephone with 1/3 size phonogh motor［只有 1/3 的留声机电机大小，音量却非常大的动力传话电话］
- Magneto telephone with actual contact end magnet compression of an adjustable rubber press as in new phones［与新式电话一样，实际接触端带有磁压缩的可调节橡胶压件的磁石式电话］
- Glass plate water ore repeator［玻璃板中继器］
- Tinned faced... for stove castings［镀锡表面……为了炉具铸件］
- Refining Copper Electrically［电力炼铜］
- Quad Neutral Relay［四路继电器］
- Cheap low induct cop insulating material for lead cable people［为铅包

1 疑为 filaments（细丝）。

2 原文如此，不详。

3 疑为 experiments（实验）缩写。

电缆的人提供的廉价绝缘材料］

- Constant moved for... foundry［为……铸件而持续的运动］
- 200 volt 20 cp lamp［200 伏特 20cp[1] 的灯］
- Cheap... Indicator［廉价的……指示器］
- Recording Volt Indicator［电压指示器］
- Box Balancing System［箱式平衡系统］
- Alternating Machine + Transformer［交流机 + 变压器］
- ... Surface Switches［……表面转换器］
- Vulcanizing... African Rubber adullement
- Platinum Wire... Cutting Machine［铂丝……切割机］
- Silver Wire Wood Cutting System［银线木板切割系统］
- Silvering or coppering... cloth in vac for durability［在真空环境中对……布料纤维镀银或镀铜，以增强耐久性］
- S Mater attend own with new devices for c speed
- Expansion mirror plat... wire in vacuo
- Photoghy through opaque screens［透过不透明的屏幕摄影的摄影机］
- Photoghy by... central points［透过中心点……摄影的摄影机］
- Boron fil.[2]［硼纤维］
- Hg out of lamp［不含汞的灯］
- Phonaplex Repeater[3]
- Squirting glass sheet tube etc. Nickel...［玻璃喷射板管等，镍……］
- Artificial Mother Pearl［人造珍珠母贝］
- Red lead pencils equal to graphite［与石墨效果相同的红丹铅笔］
- India Ink［印度墨水］
- Tracing Cloth［描图布］
- Ink for blind［盲人使用的墨水］
- Fluffy incandescent burner for gas［汽灯使用的灯头纱罩］

1 亮度单位，candlepower（烛光）一词的缩写，多于 19 世纪中期的英国使用。

2 疑为 filament。

3 不详，疑为某种摄像机使用的中继器。

Fluffy Incandescent Burner for gas
Regenerative Kerosene burner
Centralized arc in arc Lamp
Cairns Tesla arc Lamp test
Straightening alternating Cts by steam Dynamo
ERR Continuous reducers
Electroplating Machine for Schenectady
Condenser Transformer
Sq ft diffraction gratings on silver by 5000 inch dia tool special precision lathe for ornamental purposes —
Photo Scintillations,
Cheap plan produce Mimeograph surfaces
Miners battery & Lamp
Sorting Coal from Slate Machine
Butter direct from Milk
Burning asphalt Candles by high chimney
Magnet RR signals
Soften ink of books transfer to Cop plate & plate to obtain matrix
Telephone Repeater
Substitute for Hard rubber
Artificial Ivory
Soften Vegetable Ivory to press in sheets
Various batteries on Lalande Type
Revolving Thermo

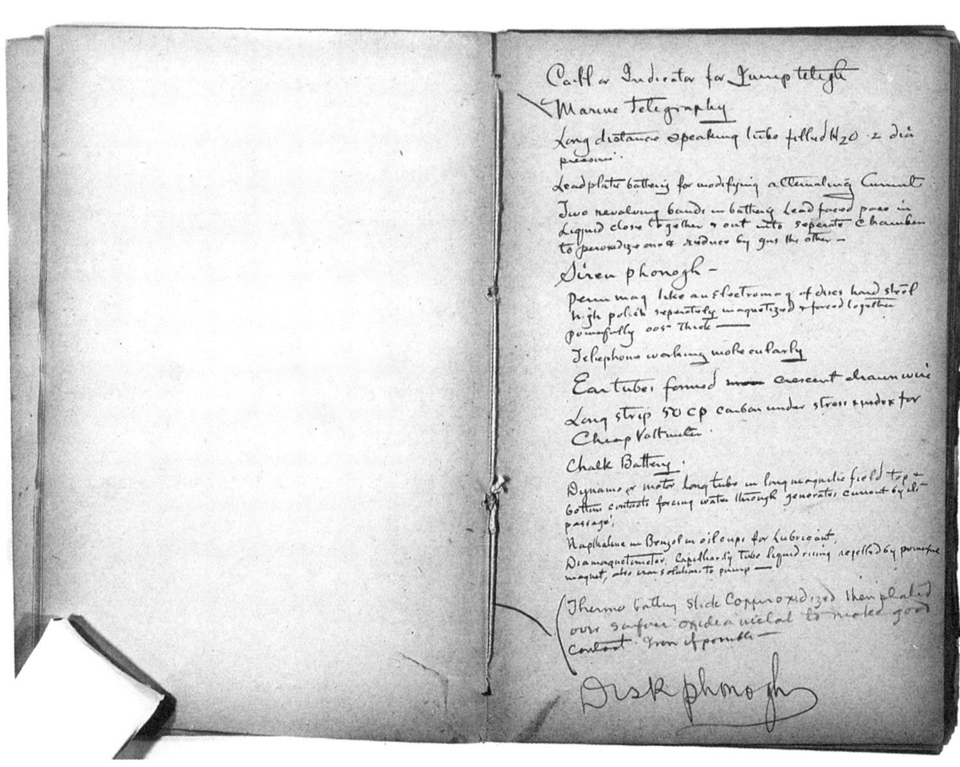
Call or Indicator for Jump telegh

Marine Telegraphy

Long distance speaking tube filled H_2O · 2 [illegible] pressure.

Lead plate battery for modifying alternating Current.

Two revolving bands in battery lead faced pass in liquid close together & out into separate Chamber to peroxidize one & reduce by gas the other —

Siren phonogh —

Perm mag like an Electromag of discs hard steel high polish separately magnetized & forced together powerfully .005" thick —

Telephone working molecularly

Ear tubes formed crescent drawn wire

Long strip 50 CP carbon under stress & index for Cheap Voltmeter.

Chalk Battery.

Dynamo or motor long tube in long magnetic field top & bottom contacts forcing water through generates current by its passage;

Napthaline in Benzol in oil cups for lubricant,

Diamagnetometer. Capillarity tube liquid rising repelled by permanent magnet, also iron solutions to pump —

Thermo battery slide Copper oxidized then plated over surface oxide a nickel to make good contact. Iron if possible —

Disk phonogh

- Regenerative Kerosene Burner［可循环使用的煤油灯］
- Centralized arc in arc lamp... tesla arc lamp test［弧度集中的弧光灯，……特斯拉弧灯试验］
- Strengthening alternating... by... dynamo［通过……发电机加强交流电］
- ERR Continuous Reducers
- Electroplating machine for schenectady［斯克内克塔迪电镀机］
- Condenser Transformer［电容式互感器］
- Sqr ft diffraction gratings in silver by 5000 each... tool special... lathe for ornamental purposes［5000 线每平方英尺的银制衍射光栅……特殊工具……车工的装饰性凹槽］
- Photo Sensitization［拍摄用的光敏材料］
- Cheap plan produce mimeograph surfaces［可以廉价印制产品的油印机］
- Miners battery + lamp［矿物电池 + 灯］
- Sorting coal from slate machine［通过石板机进行煤炭分选］
- Butter direct from milk［直接从牛奶中提取黄油］
- Burning asphalt candles by high chimney［通过高烟囱来燃烧沥青蜡烛］
- Magnets RR Signals［铁路磁力信号］
- Soften... of books transfer to Cop plate + plate to obtain matrix［……将书的内容转化到印版上 + 将印版制成字模］
- Telephone Repeater［电话中继器］
- Substitute for hard rubber［硬橡胶的替代品］
- Artificial Ivory［人造象牙］
- Soften vegetable ivory to press in sheets［将软化的植物象牙压成薄片］
- Various batteries on... type［各种类型的电池……］
- Revolving Thermo［循环热能］
- Caller indicator for jump telegh［跳跃式电报的来电显示器］
- Marine Telegraphy［航海电报机］
- Long distance speaking tube filled H_2O... pressure［在远距离用的传声筒中灌水……对其增压］
- Lead plate battery for modifying... current［通过铅板电池调整……电流］
- Two... in battery lead faced press in liquid close together+out into

separate chambers to peroxide one +reduce by gas the other[将铅板电池中的两个……并排放入电解液中 + 拿出来分别放入隔离槽中，使其中一个产生过氧化反应，另一个借由气体还原]

- Siren phonogh [汽笛留声机]
- Perm mag[1] like an electromag of discs hard steel high polish separately magnetized + forced together powerfully... [永磁体，如将高度抛光的碟形硬钢分别磁化 + 强力挤压在一起……]
- Telephone working more... [使电话工作得更……]
- Eartubes formed crescent... wire [新月形的听筒]
- Long strip 50 cp carbon under stress... for [在压力……下形成的 50cp[2] 的长条炭精棒]
- Cheap Voltmeter [廉价电压表]
- Chalk Battery [白垩电池]
- Dynamo or motor long tube in long magnetic field top+bottom contacts forcing water through generator current by its passage. [发电机或电机长管在长的磁场中上下接触，使水在其通路中生成水流]
- Thermo battery slick copper oxidized then plated over surface oxide nailed to make good contact [氧化热电池上光滑的铜，然后在表面镀上一层氧化物，来实现良好的接触]
- Disk Phonogh [圆形唱片]

1 疑为 permanent magnet，永磁体。

2 疑为 carbon potential（碳势）缩写。

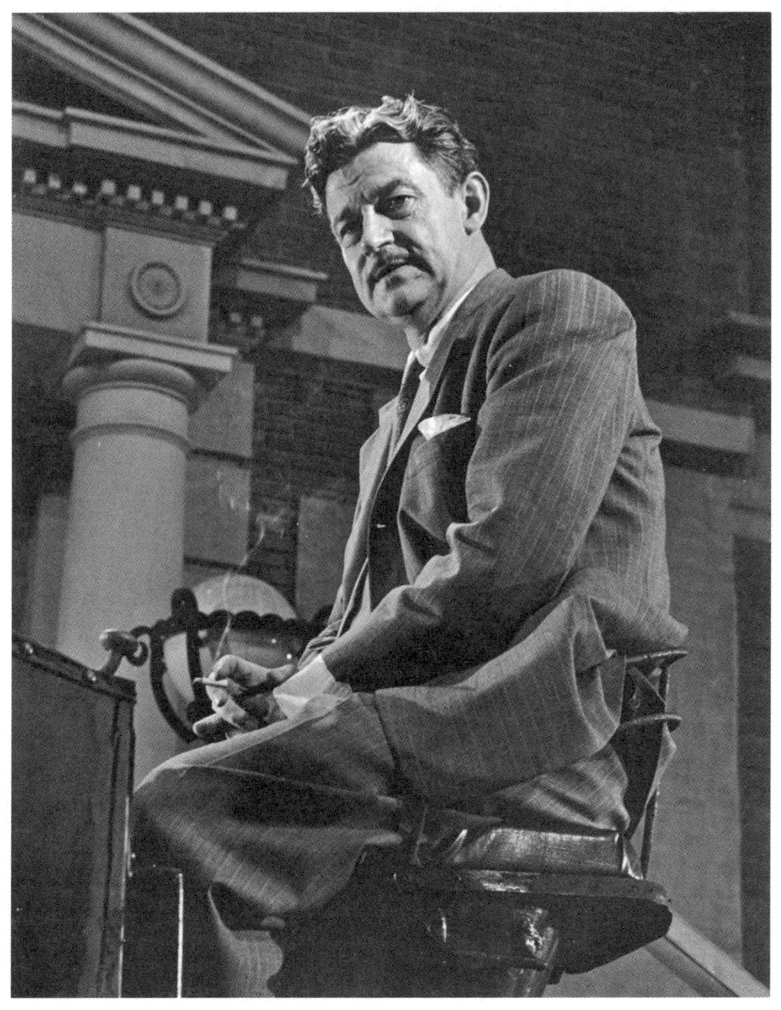

票房号召力的十一个规则

普雷斯顿 · 斯特奇斯 （Preston Sturges）

1941 年

1940 年，美国电影制作人，“脱线喜剧之父”普雷斯顿 · 斯特奇斯带着他的处女作《伟大的麦金蒂》（*The Great McGinty*）首次亮相，这一政治讽刺作品受到了评论界的广泛好评。电影艺术与科学学院也对这部电影表示了喜爱，尤其是斯特奇斯写的剧本，之后被授予奥斯卡奖。在接下来的几年里，斯特奇斯创作了很多好作品。1941 年，在他的事业蒸蒸日上时，他写下了这份清单：“票房号召力的十一个规则”。

1. 漂亮女孩比丑女孩好。
2. 腿比胳膊好。
3. 卧室比客厅好。
4. 抵达比离去好。
5. 新生比死亡好。
6. 追求比搭讪好。
7. 狗比风景好。
8. 小猫比狗好。
9. 婴儿比小猫好。
10. 亲吻比婴儿好。
11. 一次出丑比什么都好。

WILD ROGUES
DRUMMERERS
DRUNKEN TINKERS
SWADDERS
KINCHIN MORTS
ABRAMS
RUFFLERS
JARKMEN
UPRIGHTMEN
WHIPJACKS.

乞丐的分类

托马斯 · 哈曼 （Thomas Harman）

1566 年

1566 年，托马斯 · 哈曼发表了一部针对“流浪汉”的警示作品，旨在揭露他认为的对社会造成危害的那些阴险恶棍。书中除了讲述关于小偷的故事，详细介绍了他们的罪犯技巧，还提供了一份小偷的秘密语言词典（“小偷的黑话”），书中前 23 章的标题是按照哈曼划分的不同等级的流浪汉命名的。这些章节的标题很快就变成了下面的这份热门清单，正如威廉 · 哈里森在 11 年后的《英格兰综述》（*Description of England*）中所描述的那样。

无所事事的流浪汉的类别和阶层

1. 无赖（Rufflers，指乞丐小偷、盗贼团伙头目的手下）
2. 盗贼团伙的头目（Uprightmen）
3. 用钩者或者垂钓者（Hookers 或 Anglers，指用钩子从打开的窗户里偷东西的小偷）
4. 流浪汉（Rogues，指一般的流浪者）
5. 野生的流氓（Wild rogues，指出生于盗贼之家的人）
6. 盗马贼（Priggers of prancers）
7. 男女同行的乞丐（Palliards）
8. 弟兄（Fraters，指假装成代理人，装作为治病筹款等）
9. 亚伯拉罕（Abrams，指假装成疯子的人）
10. 假装遭遇海难的乞丐（Fresh-water mariners 或 Whipjacks）
11. 假装成聋哑人的乞丐（Dummerers）
12. 醉酒的乞丐（Drunken tinkers，指以交易为幌子的盗贼）
13. 小商小贩（Swadders 或 Peddlers，指冒充小贩的盗贼）
14. 伪造证件的人（Jarkmen）或牧师（Patricoes，指假扮牧师的人）

女流浪者

1. 光或火的乞求者（Demanders for glimmer or fire，指假装遭遇了火灾的女乞丐）
2. 下流的篮子（Bawdy baskets，指女小贩）
3. 妓女小偷（Morts）
4. 结了婚的妓女小偷（Autem morts）
5. 未婚的妓女小偷（Walking morts）
6. 淫妇（Doxies，指从当盗贼团伙头目开始入行的妓女）
7. 年轻妓女（Dells，指年轻女孩，刚入行的妓女）
8. 乞丐小女孩（Kinchin morts）
9. 乞丐小男孩（Kinchin coes）

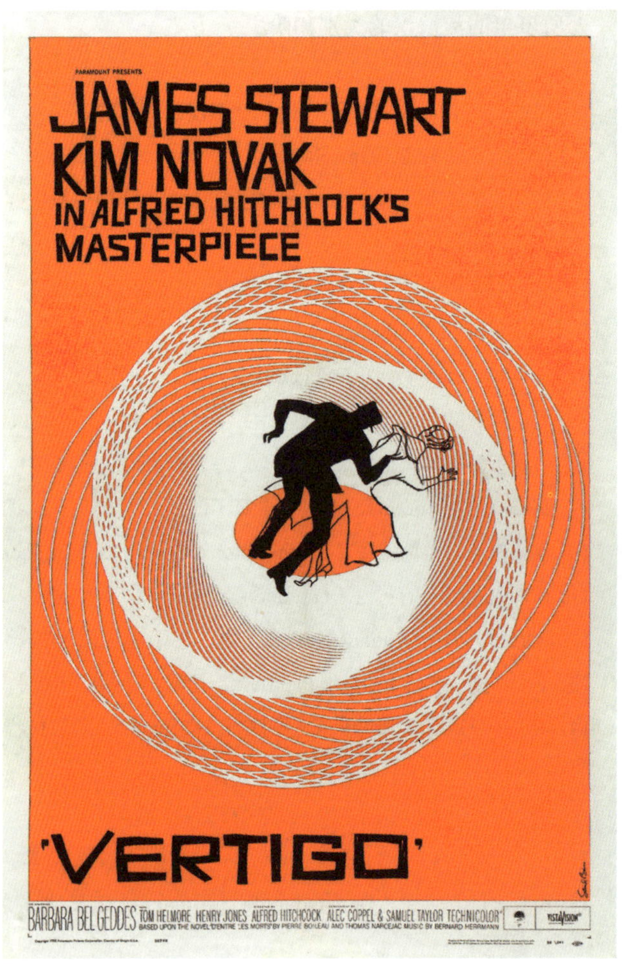

迷魂记

派拉蒙 （Paramount）

1957 年 10 月 24 日

1957年，当小说《来自死人之间》（*D'entre les morts*）被改编成电影时，在幕后，当时的导演阿尔弗雷德·希区柯克与派拉蒙公司进行了一场角力——都是因为这部电影的名字。希区柯克想要用“迷魂记”，别的都不想用。派拉蒙公司却不断否决这个名字，并提供了一系列别的名字供他选择，包括“今夜属于我们”和“疯狂的卡洛塔”，但希区柯克拒绝让步。几周后，在 1957 年 10 月 24 日，派拉蒙公司的首席执行官山姆·弗雷最后一次试图改变希区柯克的心意，并且把下面这张建议清单发给了他。

然而，希区柯克依旧坚定。最后派拉蒙公司认输。

- 畏惧爱情
- 独自在黑暗中
- 幽灵
- 面具之后
- 卡洛塔
- 败局
- 良心
- 屋顶上的哭声
- 黑暗之塔
- 欺骗
- 欺诈
- 骗局
- 别离开我
- 未完之梦
- 脸
- 变化
- 脚步声
- 最后一次
- 隐藏的生活
- 在阴影中
- 研究者
- 永恒的一生
- 诱惑
- 恶意
- 面具与脸
- 面具的幻觉
- 我的玛德琳
- 事实
- 永远不要离开我
- 夜影
- 没有永恒
- 现在和永远
- 过去、现在和将来
- 幻影
- 第二次机会
- 暗影
- 影子与实体
- 楼梯上骇人的影子
- 恐怖的台阶
- 再活一次
- 今夜属于我们
- 已经太晚了，我的爱人
- 两类女人
- 未知者
- 通缉犯
- 无迹可寻
- 目击者

社会七大罪状

莫罕达斯 · 甘地 （Mohandas Gandhi）

1947 年 10 月

1947 年 10 月，莫汉达斯 · 甘地交给前来拜访他的孙子阿伦 · 甘地一张清单，上面写着：一份包含了“人类社会犯下的七宗罪，导致了所有的暴力行为”的清单。第二天阿伦带着清单回到了南非，从此再也没有见过他的祖父。3 个月之后，甘地被暗杀。这份清单最初是 1925 在甘地的《年轻的印度》（*Young India*）上发表的，标题为“社会七大罪状 ”。

- 积攒财富却不愿劳动
- 追求享乐却无视他人
- 拥有知识却品德缺失
- 只顾买卖而不讲道德
- 研究科学却丧失人性
- 膜拜神灵却不愿奉献
- 玩弄政治而没有原则

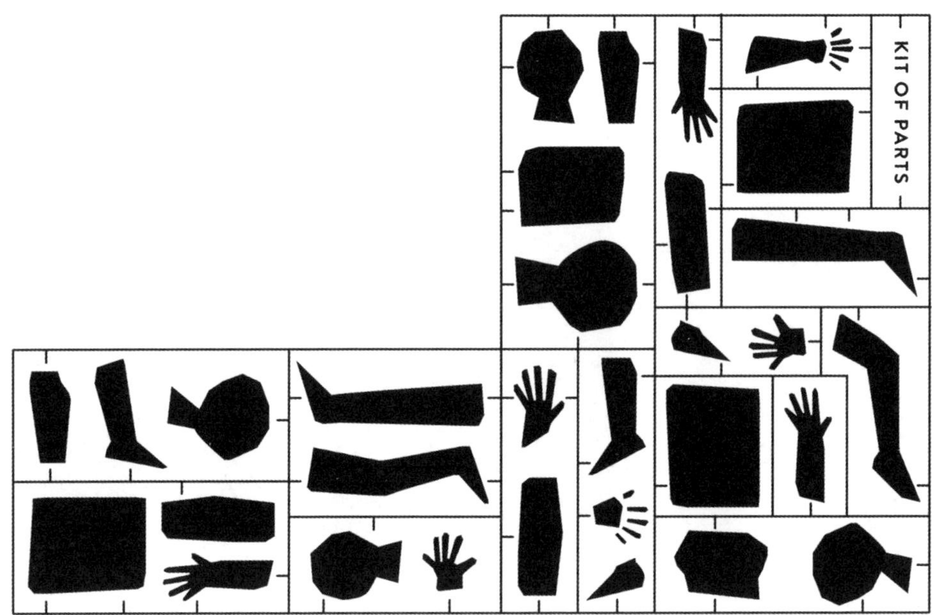

珍爱自己

蒂娜·菲 （Tina Fey）

2011 年

美国喜剧演员蒂娜·菲在 20 世纪 90 年代中期在《周六夜现场》以作者和演员的身份而成名。她在 2006 年创作的电视节目《我为喜剧狂》更为她赢得了无数的奖项。这里的两张清单——一个是女性所谓的缺陷，另一个是她感激的身体部位，都是菲所写的，发表在她 2011 年出版的自传《管家婆》（*Bossypants*）中。

在这个地球上的每一个时刻，都有女人在为自己的缺陷买单：

• 毛孔粗大
• 油性 T 区
• 脚踝
• 体毛
• 蝴蝶袖
• 乳头太大
• 乳头太小
• 胸部太大
• 胸部太小
• 一个乳房比另一个大
• 一个乳房比另一个小（这两个有什么区别吗？我不知道。）
• 法令纹
• “我的眉毛没有弧度！”
• FUPA[1]（令人没那么难过的大肚腩的首字母缩写）
• 腰部赘肉
• 蛛状静脉曲张
• 大腿外侧上方的肥肉
• 胯下饼干（这就是我所说大腿内侧不规则的三角形）
• 睫毛少
• 膝上无肉
• 发际线低
• 小腿太粗
• “没有小腿！”
• “我的皮肤是浅绿色的！”
• 还有我个人的最爱，“丑甲床”

1 FUPA，全称或是 fat upper pubic area，指因肥胖而挡住下体的肚腩。

如果你不是天生丽质，你最好饿出来一副正常的身材，再隆下胸，换口牙，晒黑些，丰唇植发，自称“年度玩伴女郎”。

我们该怎么挺过去？怎样告诉我们的女儿或同性恋儿子说他们原本的样子已经足够好了？

我们必须以身作则。不要强迫自己适应不可能实现的理想，而是要对自己身体所有健康的部位进行盘点，并且对此心怀感激：

希腊式直眉毛。从太阳穴的发际线处开始，不受约束地生长，可以直接从我的脸上一直长到你的脸上。

心形的屁股。不幸的是，这是一颗右倾的心脏，心尖在底部。

褐色的眼睛，迷惑那些捕食者，让它们以为我睡着了，准备明天再回来吃掉我。

常年在电脑前工作形成的圆肩膀。

一个圆圆的肚子，无论我做了多少仰卧起坐都消不掉。几乎没什么作用。

又细又高的腰。

自我减掉了“宝宝的体重”以后，一团下背部的脂肪就再也减不掉了。在未来10年的某一天，这块后背的肉将与前面的肉相遇，然后我会永远地失去我那又细又高的腰，正式变成我母亲。

下垂的胸虽然不大，但是一年中可以挺起来一两次去参加庆典。

这一辈子因为内八字走路而锻炼出来的强健大腿和健身教练那样粗的小腿。

宽大的德国屁股，看起来像有人用面团包住了一箱汽水。

与我父亲一样的脚。扁平、枯瘦、苍白。我不知道这是怎么来的，可是它就在我的鞋子里。

我不会和任何人交换这些小特点。不会和别人交换让我看起来像我外甥一样的小薄唇，甚至不会交换我右脸颊上的痘疤。因为在我的大学青春里，这些青春痘反复陪伴我的时间，比任何一个男孩都要长。

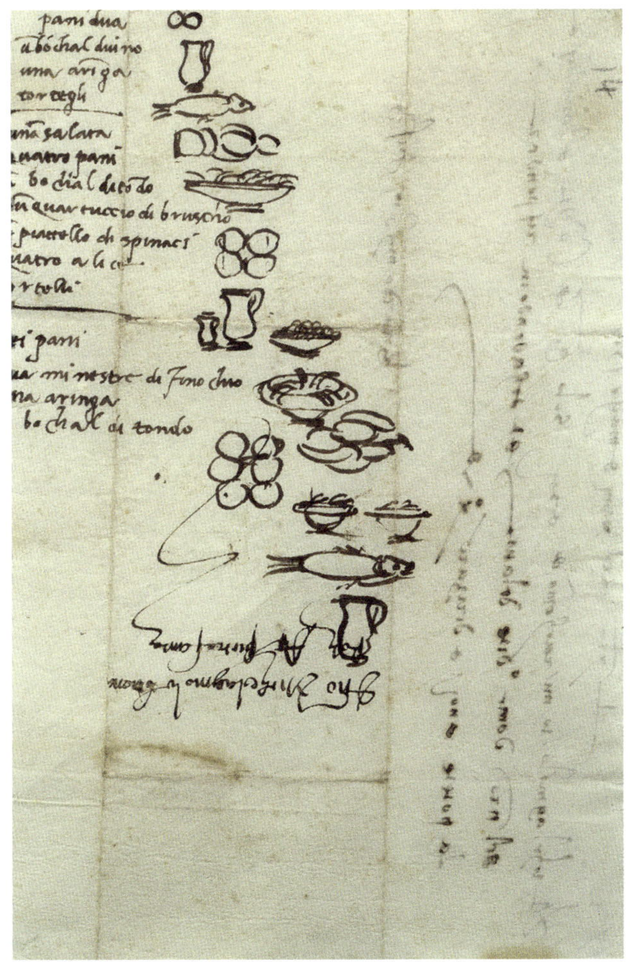

米开朗基罗的购物清单

米开朗基罗 （Michelangelo）

1518 年

受教皇利奥十世之命设计和雕刻圣洛伦佐的立面，意大利著名艺术家米开朗基罗长途跋涉，来到彼得拉桑塔，为这个最终未能完成的项目采集大理石。在这段令人沮丧的时期，他于 1518 年 3 月 18 日在一封信的背面写下了一张食物清单——有人认为这是一张三餐的购物清单，还给他目不识丁的仆人细心地画了插图；也有人认为这只是米开朗基罗在回忆吃过些什么的；还有人认为，这可能只是一个饥肠辘辘的艺术家随手涂鸦。我们永远不会知道这到底是什么。

两个面包卷

一壶酒

一条鲱鱼

饺子

一份沙拉

四个面包卷

一壶满的酒

干葡萄酒

一盘菠菜

四条凤尾鱼

饺子

六个面包卷

两盘茴香

一条鲱鱼

一壶满的酒

比喻修辞

雷蒙德 · 钱德勒 （Raymond Chandler）

日期未知

雷蒙德 · 钱德勒，是一位深受喜爱的美国推理小说家，著有《长眠不醒》（*The Big Sleep*）、《再见，吾爱》（*Farewell, My Lovely*）等，他的小说多以难忘的词句藻饰故事，以连珠妙语和抒情比喻手法见长。钱德勒经常把自己想到的比喻手法记在笔记本上，以供将来择用，这里是其中一例。

- 像手套中的手指一样安静
- 比獾的蛋蛋还低（粗俗——肚子）
- 像女人数钱一样斤斤计较
- 几乎像甜甜圈一样的法国人（换言之，根本不是法国人）
- 他的脸长到足以在脖子绕两圈
- 像海龟一样性感
- 鼻子像乘客拉吊环时的肘部
- 像天使的脖子一样干净
- 像个无底洞一样聪明
- 肺萎陷似的脸
- 帽子太紧，摘下来时，他的头发出了一声尖叫
- 像修女的裤子一样凉
- 高得能在他身上下雪
- 像俱乐部女会员的鼻子一样闪亮
- 他像蜂鸟在卷叶上饮露一样小口地抿
- 像按摩师的图纸一样华而不实
- 嘴像蔫了的生菜
- 他的笑容，有四分之三英寸宽
- 细线般的微笑
- 和芬尼根的脚一样冷
- 像肥胖的快递员一样少见（柔弱胆小的男子）
- 松鼠般的三角眼
- 比去暹罗一个来回还要远
- 像个洗澡盆一样可爱
- 像五十节货运车的守车一样孤独
- 长得像高大绞刑架一样的男人，脸色憔悴眼神萎靡
- 一只晕船的信天翁

菲茨杰拉德的火鸡食谱

弗朗西斯·斯科特·菲茨杰拉德
（F. Scott Fitzgerald）

日期未知

当美国小说家弗朗西斯·斯科特·菲茨杰拉德未能再写出像《了不起的盖茨比》和《夜色温柔》这样的经典之作时，他常常试着在笔记本上写满各类轶事、笑话、歌词，以及对生活的观察和对未来作品的想法。事实上，从这些在他死后发表的笔记上来看，自 1932 年起到 8 年后逝世，他似乎热衷于记录各种思想过程。他也写了一些清单，在下面可以看见一个例子，是关于处理吃剩下的火鸡的 13 种方法的小玩笑。

处理吃剩火鸡的几种稀有食谱

在这个节日季节，每家每户的冰箱里都塞满了大量的火鸡，这番景象让人头晕眼花。因此，现在正是我将处理这些剩鸡的经验分享给大家的好时候。这其中有些食谱已经传了好几代人（通常火鸡已经死后僵直了），是多年来从老旧的烹饪书、泛黄的清教徒祖辈的日记、邮购目录还有垃圾桶里搜集回来的。被试验过的食谱不止一种——全美国的墓碑都可以证明这个事实。

好，现在开始：

1. 鸡尾酒火鸡：往一只大火鸡里灌一加仑的苦艾酒和一大坛的安古斯图拉苦酒。摇晃。
2. 法国火鸡：取一只熟的大火鸡，抹上油，填入旧手表、链子还有猴子肉，就像做农家布丁一样。
3. 火鸡和水：取一只火鸡和一锅水。把水煮沸，然后放入冰箱。结冰之后，把火鸡放进去。开吃。在准备这道菜时，最好再准备些火腿三明治，以防出现问题。
4. 蒙古火鸡：取三块意大利腊肠和大火鸡的骨架，将羽毛和内脏都清理掉。放在桌子上，打电话给社区里的蒙古人，他们会告诉你接下来怎么做。
5. 火鸡慕斯：催熟一只趴着的大火鸡，仔细地取出骨头、肉、翅膀、肉汁等。用打气筒给它充气。收拾好外形，挂在前厅里。
6. 偷火鸡：快步离开市场，要是有人招呼你过去，你就笑着说，我没觉察到这玩意儿飞到我怀里了，然后扔下还带着一枚白蛋的火鸡。不管怎样，走为上策。
7. 奶油火鸡：提前一天准备奶油。用奶油将火鸡填满，放在高炉里烤上6天。用捕蝇纸包着上桌。
8. 火鸡碎：这是那些享受节日的美食家的最爱，但极少有人真的懂得做。像龙虾一样，必须把火鸡活活生地丢到沸水里，直到它变成亮红色或紫色之类的颜色，然后在颜色变淡之前，迅速地将其放进洗衣机里旋转，让它在自己的血中沸腾。只有这样接下来才能弄碎。弄碎的时候，要用锋利的大工具，比如指甲锉，若你觉得不够得心应手，用刺刀也可以。然后弄碎它！弄得稀碎！用牙线捆着上桌。

9. 羽毛火鸡：准备这道菜时火鸡是必备的，还需要一筒大炮用来强迫人吃它。烤羽毛，配上山艾树、旧衣服，还有你能扒拉出来的任何东西，然后坐下来，用文火慢煨。像吃洋蓟一样吃掉这些羽毛（不要把这和古罗马挠嗓子的习俗混淆）。

10. 马里兰火鸡：取一只丰满的火鸡，再找个理发师把它的毛剃光。如果是只母的，那么给它做个美容烫发。然后，在宰之前，用旧报纸之类填充，让它得以安歇。可以生吃或者熟吃，通常还会抹上一层厚厚的矿物油或外用酒精。（注：此配方是一个黑人老保姆给我的。）

11. 剩火鸡：这是最实用的食谱之一，虽然不是很“别致”，但我们可以按菜谱处理节后剩下的火鸡，并榨取最大的价值。把吃剩的火鸡（如果已经吃光了，就用装过火鸡和剩下部位的各种盘子），放在镁乳[1]中炖两小时，加些樟脑丸。

12. 威士忌调汁火鸡：这是一个适合四人聚会的食谱。一加仑的威士忌，放置几小时，然后就能享用了，每人分四分之一。第二天得加入火鸡，一点一点地加进去，不断地搅拌和烤制。

13. 用于婚礼或葬礼的火鸡：准备些小的白色盒子，类似新娘的蛋糕盒。把火鸡切成小块，烤、填、宰、煮、烘，再串成串。现在我们准备开始制作。在每个盒子里倒入定量的高汤，并放到顺手的地方。随着汤汁流失，把准备好的火鸡肉加进去，静待客人光临。盒子要用白色缎带系好，放在女士的手提包里，或在男士的侧袋里。

我想，关于火鸡我说得够多的了，希望再不会看到或听到什么火鸡。好吧，明年再见。

1 一种渗透性泻药。

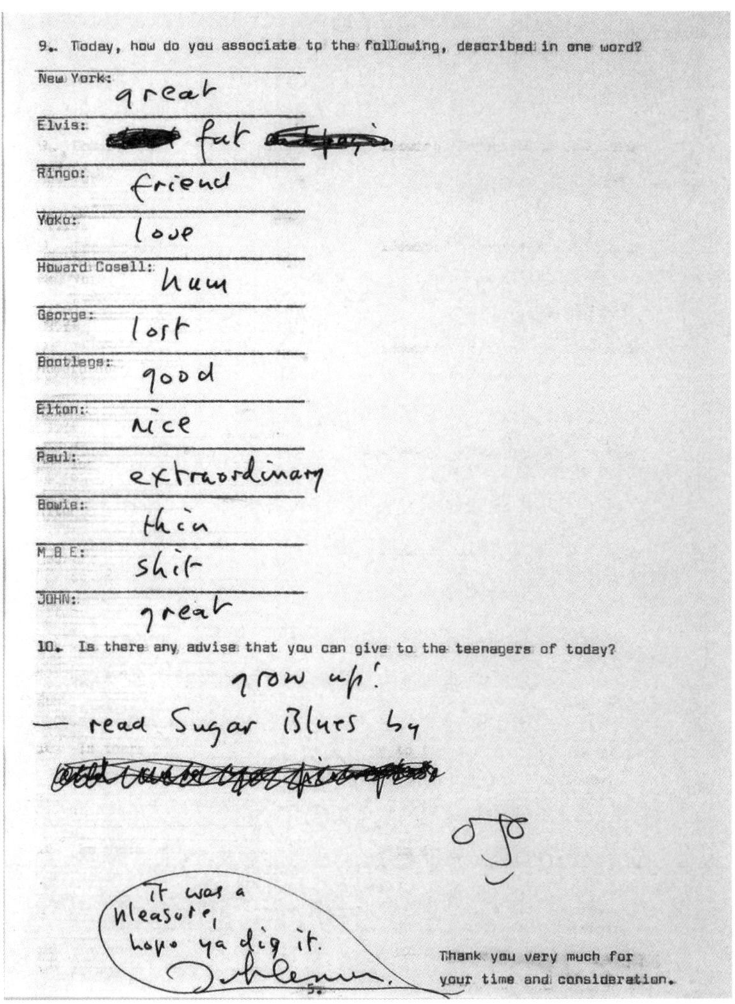

9. Today, how do you associate to the following, described in one word?

New York: great

Elvis: fat

Ringo: friend

Yoko: love

Howard Cosell: hum

George: lost

Bootlegs: good

Elton: nice

Paul: extraordinary

Bowie: thin

M.B.E: shit

JOHN: great

10. Is there any advise that you can give to the teenagers of today?

grow up!
— read Sugar Blues by

It was a pleasure, hope ya dig it. John Lennon

Thank you very much for your time and consideration.

5.

埃尔维斯： 胖子

约翰 · 列侬 （John Lennon）

1976 年

1976 年，一个叫斯图亚特的年轻男子抓住机会，将一份 6 页的采访问题寄给了地球上最著名的人物之一——约翰 · 列侬。令他大为吃惊的是，他很快就收到了回信。在这里我们可以看到问题 9，当时他列出了十余个条目，让列侬分别用一个单词去形容。有趣的是，4 年之后，正是霍华德 ·“哼”· 科塞尔在美国橄榄球赛的电视直播中向百万美国人宣布了列侬逝世的消息。

9. 如果要用一个词形容以下的人和事物，你会想到什么？

纽约：赞

埃尔维斯：胖

林戈：朋友

洋子：爱

霍华德·科塞尔：哼

乔治：失去

私制唱片：很好

埃尔顿：亲切

保罗：特别棒

鲍伊：瘦弱

大英帝国勋章：狗屎

约翰：赞

10. 你对今天的年轻人有什么建议？

长大！

—读《食糖蓝调》

非常感谢您为我耽误的时间及对我的关照。

不客气，

希望你看得懂。

约翰·列侬

该读的书

欧内斯特 · 海明威 （Ernest Hemingway）

1935 年

1934 年的春天，一位 22 岁的名叫阿诺德 · 萨缪尔森的小说家，为了见他的偶像欧内斯特 · 海明威，从明尼苏达州来到了佛罗里达的基韦斯特，希望能与这位“最伟大的作家”共处 10 分钟。很快萨缪尔森意就感到了震惊，因为这位他十分崇拜的作家很照顾他，并让他在自己的“比拉号”度过了愉快的一年。在见面的第一天，海明威就向这位年轻的访客提出了建议：当他得知萨缪尔森还没读过《战争与和平》（*War and Peace*）时，海明威说，“那真是一本该死的好书，你应该读读，等我们回到我的工作室，我会给你写一张应读的书的书单”。

1. 《蓝色旅馆》《海上扁舟》——斯蒂芬 · 克莱恩
2. 《包法利夫人》——居斯塔夫 · 福楼拜
3. 《都柏林人》——詹姆斯 · 乔伊斯
4. 《红与黑》——司汤达
5. 《人性的枷锁》——萨默塞特 · 毛姆
6. 《安娜 · 卡列尼娜》《战争与和平》——托尔斯泰
7. 《布登勃洛克一家》——托马斯 · 曼
8. 《欢呼和告别》——乔治 · 摩尔
9. 《卡拉马佐夫兄弟》——陀思妥耶夫斯基
10.《牛津英国诗集》
11.《巨大的房间》——爱德华 · 埃斯特林 · 卡明斯
12.《呼啸山庄》——艾米莉 · 勃朗特
13.《远方与往昔》——威廉 · 亨利 · 赫德逊
14.《美国人》——亨利 · 詹姆斯

Basket Ball.

The ball to be an ordinary Association foot ball.

1. The ball may be thrown in any direction with one or both hands.

2. The ball may be batted in any direction with one or both hands (never with the fist).

3. A player cannot run with the ball, the player must throw it from the spot on which he catches it, allowance to be made for a man who catches the ball when running at a good speed.

4. The ball must be held in or between the hands, the arms or body must not be used for holding it.

5. No shouldering, holding, pushing, tripping or striking, in any way the person of an opponent shall be allowed. The first infringement of this rule by any person shall count as a foul, the second shall disqualify him until the next goal is made, or if there was evident intent to injure the person, for the whole of the game, no substitute allowed.

6. A foul is striking at the ball with the fist, violation of rules 3 and 4, and such as described in rule 5.

7. If either side makes three consecutive fouls it shall count a goal for the opponents (consecutive means without the opponents in the meantime making a foul).

8. A goal shall be made when the ball is thrown or batted from the grounds into the basket and stays there, providing those defending the goal do not touch or disturb the goal. If the ball rests on the edge and the opponent moves the basket it shall count as a

篮球

詹姆斯 · 奈史密斯 （James Naismith）

1891 年 12 月 6 日

1891 年 12 月，加拿大教师詹姆斯 · 奈史密斯被要求为他的学生发明一种适合在冬季玩的新的室内游戏。奈史密斯写下了 13 条规则，并把它贴在了马萨诸塞州斯普林菲尔德的基督教青年会训练学校体育馆的墙上。实际上，他发明的这个游戏正是篮球。多年以来，这份规则不断变化，增加了包括运球、扣篮之类的规则。如今，经国际篮联认可的官方篮球规则已经长达 80 页。2012 年，这份最初的规则清单在苏富比交易行拍出了 430 万美元的价格。

篮球

与普通的足球类似

1. 可以用单手或双手向任何方向扔球。
2. 球员可以用单手或双手（但绝对不能用拳头）向任何方向拍球。
3. 球员不能带球跑动，球员如果在停止跑动时接球，须马上将球再次扔出。人在快速跑动时接球除外。
4. 只能用手持球，不允许用手臂或身体持球。
5. 不允许用肩撞、手拉、手推、手打、脚绊等方法来对付另一方的队员。任何队员违反此规则，第一次算作是犯规，第二次则取消比赛资格，直到场上命中一球后才能重新上场。如果是故意伤害对方队员，则取消整场比赛的参赛资格，且不允许替补。
6. 用拳击球是犯规的，违反第 3 条、第 4 条规则，如第 5 条规则所述。
7. 如果任何一方连续犯规三次，就要算对方进一球。（连续犯规的意思是，在一段时间里，对方未犯规，而本方连续犯规。）
8. 如果防守方未触碰或干扰到球，那么当球投入篮筐并停留在篮内时，球就算命中。如果球停在篮筐上，而对方队员触碰了篮筐，也算命中。
9. 当球出界时，球应由第一个触球者扔进场内。如果出现争论，则由裁判员将球扔进场内。投球者投掷时间应在 5 秒之内，若超时，则球判给对方。如果任意一方有意拖延比赛，裁判可判其犯规。
10. 副裁判员是场上球员的裁判者，要注意犯规的情况，当某队连续三次犯规时应通知主裁判。他有权力根据第 5 条规则，取消相应队员的比赛资格。
11. 主裁判是球的裁判者，可以决定什么时候能继续比赛，球是否出界，或属于哪一方，以及计时。主裁判可以决定进球是否生效，并与其他裁判员一起记录进球数。
12. 比赛分为两节，每节 15 分钟，中场休息 5 分钟。
13. 比赛中进球多的一方获胜。如果遇到平局的情况，在经过双方队长的同意后，比赛可延长至再进一球为止。

篮球规则初稿。挂在体育馆，以便男孩们记住规则。

1891 年，詹姆斯·奈史密斯。

#2.

goal.

9. When the ball goes out of bounds it shall be thrown into the field, and played by the person first touching it. In case of a dispute the umpire shall throw it straight into the field. The thrower in is allowed five seconds, if he holds it longer it shall go to the opponent. If any side presists in delaying the game, the umpire shall call a foul on them.

10. The umpire shall be judge of the men, and shall note the fouls, and notify the referee when three consecutive fouls have been made. He shall have power to disqualify men according to Rule 5.

11. The referee shall be judge of the ball and shall decide when the ball is in play, in bounds, and to which side it belongs, and shall keep the time. He shall decide when a goal has been made, and keep account of the goals with any other duties that are usually performed by a referee.

12. The time shall be two fifteen minutes halves, with five minutes rest between.

13. The side making the most goals in that time shall be declared the winners. In case of a draw the game may, by agreement of the captains, be continued until another goal is made.

First draft of Basket Ball rules. Hung in the gym that the boys might learn the rules - Dec 1891 James Naismith 6-28-31.

女骑手不要做的事

芝加哥非凡自行车俱乐部
（Unique Cycling Club of Chicago）

1895 年 6 月 21 日

1895 年 6 月 21 日，《纽瓦克周日倡导者报》与《纽约世界报》同时刊登了一个惊人的事件，报道了当时的一次芝加哥非凡自行车俱乐部的活动——活动上有两位女性骑手因为在灯笼裤上穿着短裙而被当众羞辱。从这个事件，以及下面的清单中，我们可以知道，在当时，为了更好地教育女性骑手，俱乐部制定了一份题为“女骑手不要做的事”的清单。

女骑手不要做的事

- 不要吓人。
- 不要在路上昏倒。
- 不要戴男性的帽子。
- 不要穿紧身的吊袜带。
- 不要忘了你的工具包。
- 不要尝试一百英里赛车。
- 不要滑行。这很危险。
- 不要批评别人的“腿”。
- 不要吹嘘自己的长途骑行。
- 不要穿色彩鲜艳的紧身裤。
- 不要养成“自行车脸”。
- 不要在爬坡时拒绝别人的帮助。
- 不要穿不合身的衣服。
- 不要在吃饭时“谈论自行车”。
- 不要忽视“关灯”的叫声。
- 骑行时不要佩戴首饰。
- 不要竞速。把这个留给那些喜欢飞快骑行的人。
- 不要以为每个人都在看着你。
- 不要穿着自行车服去教堂。
- 不要穿有花边的靴子，这非常令人讨厌。
- 不要在肮脏的尘土路面张嘴。
- 在极热的环境中不要交谈。
- 没有男伴的话天黑以后不要出去。
- 不要与有轨电车抢道。
- 不要戴花园派对帽和穿灯笼裤。
- 不要戴白羊羔皮手套。戴丝绸料子的。
- 不要嚼口香糖，私下里再锻炼你的腮帮子。
- 不要太靠近路边石，这很冒险。
- 不要问：“你觉得我的灯笼裤怎么样？”

- 不要使用骑车俚语，那是男孩子说的。
- 不要跟每个认识的男人都聊你的灯笼裤。
- 不要认为你看起来漂亮得跟时尚人物一样。
- 不要忘记带针、线和顶针出门。
- 不要让你可爱的小狗跟着你。
- 不要在你的座位上划火柴。
- 不要想让你身上的每一件衣物都“完美搭配”。
- 不要让你的金发披散在背后。
- 不要在公众场合骑车，直到你技术过关。
- 不要尝试穿你兄弟的衣服骑车，只是想“看看感觉如何”。
- 不要过度骑车。让骑自行车成为娱乐，而不是劳动。
- 不要因为你是女人就无视道路规则。
- 不要在滑坡时把你的腿放在车把上。
- 如果你遇到一头奶牛，不要尖叫。它看到你了就会跑开。
- 不要想什么东西都要是最时髦的，你只是在骑自行车。
- 如果你的兄弟能用与地面平行的方式骑行，不要想着跟他学。
- 如果你没有自信能轻松完成，就不要长途骑行。
- 不要和人比“纪录”和“破纪录”，这只是项运动。

清单 No. 103

TEMPERANCE.

Eat not to dulness: drink not to elevation.

	Sun.	M.	T.	W.	Th.	F.	S.
Temp.							
Sil.							
Ord.	*	*		*		*	
Res.	*	*	*		*	*	*
Fru.		*				*	
Ind.		*				*	
Sinc.			*				
Jus.							
Mod.							
Clea.							
Tran.							
Chas.							
Hum.							

富兰克林的十三种美德

本杰明 · 富兰克林 （Benjamin Franklin）

1726 年

本杰明 · 富兰克林是一个极为成功的人，在他一生的各个阶段中，有着各种各样的身份：科学家、音乐家、印刷工、作家、商人和政治家——各种各样的角色，都集中在他一人身上。这些似乎还不够，他甚至参与了美国的建立。这些都足以证明，他对生活和工作的态度值得每一个想让自己变得更好的人去学习。这份清单就是向他学习的一个完美的开始：1726 年，20 岁的富兰克林为了“在任何时候都不犯错地活着”，写下了这 13 种美德。直到 84 岁逝世，他都在践行这些美德，而他也一直在不断进步。

1. 节制：食不过饱，酒不过量。

2. 缄默：言必于己于人有益，避免闲谈。

3. 条理：让你拥有的东西，各有其位；让你要做的事情，各有其时。

4. 坚毅：该做的一定要做，一旦做就不许失败。

5. 节俭：对人或对己有益才可用钱，决不浪费。

6. 勤奋：珍惜光阴，做有益之事，避无谓之举。

7. 真诚：不做害人欺骗之举，思想纯洁而公正，说话亦如此。

8. 正直：不做不利于人的事，不逃避自己的义务。

9. 中庸：避免极端，容忍他人带来的伤害，并将此视为应该承受之事。

10. 整洁：保持身体、衣服和住所整洁。

11. 冷静：不因小事、寻常之事、不可避免之事而慌乱。

12. 节欲：少行房事，除非关乎身体健康或者延续子嗣；切忌过度伤身，勿损害自己和他人的安宁与名誉。

13. 谦逊：效法耶稣和苏格拉底。

营救礼节

马克·吐温 （Mark Twain）

1962 年

1962 年，幽默作家马克·吐温逝世 52 年后，一本他生前未发表过的作品集《来自地球的信》(*Letters from the Earth*) 出版了。书中收录了许多关于宗教和道德问题的文章，都是从他“未完成的关于礼仪的书”中提炼出来的，下面的清单，是吐温按照重要性列下的遭遇火灾时的 27 条人或物品的营救次序。

寄宿公寓失火时，真正的绅士总是会先去救那些年轻的女士们——此时不应按照个人魅力、社会地位或是否富有来排定营救次序——而是应该按照她们到来的先后次序，在礼节允许的前提下，尽快将她们救出火场。当然，所有的规则皆有例外。例外情况如下：

在火场救人，应优先予以营救的女子

1. 未婚妻。
2. 年轻绅士对之心怀爱意，但尚未宣之于口的女子。
3. 姐妹。
4. 同母异父的姐妹。
5. 侄女。
6. 近亲堂表姐妹。
7. 有残疾的年轻女子。
8. 远房堂姐妹。
9. 体弱多病的年轻女子。
10. 妻子娘家的年轻女眷。
11. 关系更远的堂表姐妹及家庭成员的年轻女性朋友。
12. 身份不明的年轻女子。

失火屋内其他的人或物，须按照下列顺序，依次营救

13. 婴儿。
14. 十岁以下的儿童。
15. 年轻寡妇。
16. 已婚的年轻女性。
17. 已婚的年长女性。
18. 年长的寡妇。
19. 神职人员。
20. 一般的房客。
21. 女用人。

22. 男用人。

23. 女房东。

24. 男房东。

25. 消防员。

26. 家具。

27. 丈母娘。[1]

1　本节译文引自肖聿《礼节套子》译本，部分内容根据原文有删改。

我最喜爱的书

伊迪丝 · 华顿 （Edith Wharton）

1909 年

小说家伊迪丝 · 华顿 1862 年出生于纽约，一直以作家身份在那里生活到世纪之交。直至 1920 年，她才到法国定居，并写下了她第 12 本小说《纯真年代》(*The Age of Innocence*)，这是她获得普利策小说奖的第一部作品，也是女性作家第一次获得该奖项。她还曾三度获得诺贝尔文学奖的提名。1909 年，她列出了一份自己最喜爱的书的书单。

我最喜爱的书

1909 年

1. 歌德：《浮士德》
2. 莎士比亚的作品
3. 但丁·阿利基耶里：《神曲》
4. 小塞涅卡的作品
5. 贾科莫·莱奥帕尔迪，约翰·济慈
6. 布莱士·帕斯卡：《思想录》《外省人》
7. 叔本华的作品
8. 查尔斯·达尔文：《物种起源》
9. 惠特曼：《草叶集》
10. 尼采：《善恶的彼岸》《道德谱系学》《权力意志》
11. 福楼拜的书信
12. 歌德与艾克曼谈话录
13. 司汤达：《红与黑》《帕尔马修道院》
14. 福楼拜：《包法利夫人》
15. 乔治·梅瑞狄斯：《利己主义者》
16. 列夫·托尔斯泰：《安娜·卡列尼娜》
17. 乔治·梅瑞狄斯：《哈利·里奇蒙历险记》
18. 亨利·詹姆斯：《一位女士的画像》
19. 邦雅曼·贡斯当：《阿道尔夫》
20. 普莱沃神父：《曼侬·雷斯戈》
21. 廷德尔的随笔

天朝仁学广览

豪尔赫·路易斯·博尔赫斯
（Jorge Luis Borges ）

1942 年

1942 年，阿根廷作家豪尔赫·路易斯·博尔赫斯写下了《约翰·威尔金斯的分析语言》（*The Analytical Language of John Wilkins*）。文章中，他讨论了人类一再尝试将一切存在的事物分门别类时遇到的困难。起初，他把重点放在了 17 世纪的哲学家约翰·威尔金斯提出的一种通用语言上。威尔金斯把宇宙万物分成 40 个大类，每一类以两个字母命名；之后这些门类又被分成 241 个中类，再增加一个字母；241 个中类又被划分成 2030 个小类，添上最末的第四个字母。例如，鲑鱼用 Zana 表示，Za 代表“鱼”（大类），Zan 代表“有鳞河鱼”（中类），Zana 代表“大型红肉类”（小类）。博尔赫斯对此不以为然，他嘲笑这套想法，与这个“模糊、冗余和有着种种缺陷的”系统相比，在《天朝仁学广览》（*Celestial Emporium of Benevolent Knowledge*）中发现的动物分类系统则让人眼前一亮，这本中国古代的百科全书并不为人所知，却影响深远，不过其实际内容只存在于博尔赫斯的想象之中。

1. 属于皇帝的
2. 涂了香料的
3. 驯养的
4. 哺乳的
5. 美人鱼
6. 出神入化的
7. 流浪狗
8. 归入本分类法中的
9. 像发疯般颤抖的
10. 不计其数的
11. 以非常细的骆驼毛笔画的
12. 诸如此类的
13. 刚打破了罐子的
14. 远看像苍蝇的

自由思想十诫

伯特兰·罗素 （Bertrand Russell）

1951 年 12 月 16 日

伯特兰·罗素是一个杰出的哲学家，曾写下一篇影响巨大的论文《论指称》（*On Denoting*）来讲述“哲学范式”。在一生中不同的时期，他还曾是数学家、社会评论家和教师。1951 年，他在《纽约时报杂志》上发表了一篇关于自由主义的文章，文末是让为人师表者传授的训诫。这篇文章后来收入他的自传中，题为“自由思想十诫”。

也许自由主义观点的本质可以用新的十诫来概括，这不是要取代旧的，而是用来补充。作为一名教师，我想宣扬的十诫列明如下：

1. 凡事不要抱着绝对肯定的态度。
2. 不要认为隐瞒证据是有价值的，因为证据最终会暴露出来。
3. 永远不要试图阻止你的思考，因为你总能有所收获。
4. 当你遭遇反对时，即使反对来自你的配偶或子女，也要尽力以理服人，而不是凭借权威获胜。因为靠权威获得的胜利是虚幻的。
5. 不要盲目崇拜任何权威，因为你总能找到与之相反的权威。
6. 不要用权力去压制你认为有害的意见，因为如果你这样做了，你已经受到了这些意见的压制。
7. 不要害怕自己的观点独特，因为现在人们所接受的每个观点都曾与众不同。
8. 理智地表示反对比被动地赞同别人的看法能带来更多的乐趣。因为如果你珍视自己的智慧，表达反对才是更为深刻的赞同。
9. 即使事实令人为难，也应当努力做到实事求是，因为要掩盖真相往往会更加麻烦。
10. 不要羡慕那些在愚人的乐园里享福的人，因为只有愚蠢的人才会以为那是真的幸福。

亨斯洛的清单

菲利普·亨斯洛 （Philip Henslowe）

1598 年 3 月 10 日

生于 16 世纪 50 年代的菲利普·亨斯洛是个著名的剧院老板，他建立的玫瑰剧院曾是莎士比亚的环球剧场的直接竞争对手。在我们现在所知的《亨斯洛日记》（*Henslowe's Diary*）里，他记录了 1592 年到 1603 年间的财务交易、票房收入等，这本日记是了解当时业界情况的最佳的历史文献。日记中有一段内容，记载着亨斯洛常驻海军大将剧团时期的那些精美的伊丽莎白时代的道具。

1598 年 3 月 10 日海军大将所有财产的清单

物品：1 块岩石，1 个笼子，1 块墓碑，1 个地狱场景。

物品：1 块圭多的墓碑，1 块狄多的墓碑，1 副床架。

物品：8 支长矛，1 副《法厄同》的梯子。

物品：2 座（教堂的）尖塔，1 组钟，1 座灯塔。

物品：1 头《法厄同》中的小母牛，死人的肢体。

物品：1 个地球仪，1 根金权杖，3 支棍棒。

物品：2 块杏仁饼，罗马城场景。

物品：1 团金羊毛，2 块球拍，1 棵月桂树。

物品：1 把短柄木斧，1 把短柄皮斧。

物品：1 顶木棚，老穆罕默德的头。

物品：1 张狮子皮，1 张熊皮，法厄同的四肢，法厄同的战车，阿耳弋斯的头。

物品：尼普顿的三叉戟和花冠。

物品：1 根神职人员的牧杖，肯特的木假腿。

物品：彩虹女神的头部，彩虹，1 个小祭坛。

物品：8 副面具，帖木儿的缰绳，1 把木鹤嘴锄。

物品：丘比特的弓和箭筒，太阳和月亮的布料。

物品：1 个野猪头和刻耳柏洛斯的三个头。

物品：1 根节杖，2 个长有苔藓的河堤，1 条蛇。

物品：2 柄羽毛扇，《贝林 · 邓恩》的马厩，1 棵金苹果树，坦塔罗斯的树，9 个铁靶。

物品：1 个铜靶，17 个金属薄片。

物品：4 个木盾，1 具护胫甲。

物品：1 个《红帽子妈妈》的指示牌，1 个小圆盾。

物品：墨丘利的翅膀，塔索的画作，1 顶有龙的头盔，1 个带有 3 只狮子的盾牌，1 把榆木弓。

物品：1 条龙的枷锁，1 支镀金矛。

物品：2 口棺材，1 个公牛头，1 只秃鹰。

物品：3 架双轮运货车，1 条《浮士德》的龙。

物品：1 只狮子，2 个狮子头，1 匹巨大的马，1 支低音喇叭。

物品：1 个《围攻伦敦》的车轮和木架。

物品：1 副装饰过的手套。

物品：1 个主教法冠。

物品：3 个皇冠，1 个朴素的皇冠。

物品：1 个幽灵皇冠，1 个有太阳的皇冠。

物品：1 副《黑约翰》标题的框架。

物品：1 只黑狗。

物品：1 口犹太人的大锅。

'97

Midwesternisms

"He'd like for you to call him"

- Pronouncing 'theater' like it had a y in it — theaytor
- Pronouncing 'vehicle' with an h — pronouncing the h in 'vehicle'
- Solecism: 'Itty-tiny.' 'An itty-tiny little man
- 'Because you know why?'
- Preceding a question with 'Question.': 'Question. Why aren't office supplies a revenue expenditure instead of an operating expense.'

Malaprops

- 'The office encouraged them that whoever had a problem should...'
- 'This stuff's all been mulling around in my head.'
- 'The more I keep coming, I realize how little I know'
- 'That irks my feelings.'
- 'He would have made short work of me in a hurry.'
- 'The thing is that I'm serious.'
- 'It just got all scrabbled up in my head.'
- 'Involved' for 'evolved.' 'And it involved into a bad situation.'
- 'I had a circumstance happen.'
- 'Whatnot.' 'and whatnot.'
- 'Set' for 'sit.' 'Set down. go on and set yourself down here.
- Academic Stutter (not a true stutter; the stutter of compression and density, the plosive a bottleneck —
'The the the the radical discontent of business under the New Deal.'
- 'Just let them get it under their belt and chew on it a while.'

中西部口音

大卫·福斯特·华莱士
（David Foster Wallace）
1997 年

在 2011 年 4 月，也就是大卫·福斯特·华莱士自杀差不多 3 年后，其未完成的小说《苍白的国王》（*The Pale King*）——讲述美国中西部国税局内充斥着的大量杂乱、复杂，通常还很艰难的工作——出版了。这本小说的前期准备早在 1997 年就开始了，那是他的代表作《无尽的玩笑》（*Infinite Jest*）出版之后的一年，当时小说的标题还是《约翰先生感觉不错》。在他的螺旋笔记本中，记下了他的一个首要任务：列出"中西部口音"的清单。

• 念 “theater”（剧院）时，好像有 y 在里面—— theayter/theyater

• 念 “vehicle”（车辆）时，带有 h 音—— “vehicle” 的 h 要发音

• 语法错误：“itty-tiny”（极小的）。“an itty-tiny little man”（一个极小的小男人）

• “Because you know why?”（因为你知道为什么？）

• 在问题之前加 “Question”：“Question. Why aren't office supplies a revenue expenditure instead of an operating expense.”（提问。为什么办公室不用营业支出替代营业费用呢？）

文字误用

• “The office encouraged them that whoever had a problem should...”

（办公室应该鼓励他们，不论谁有问题应该……）

• “This stuff's all been mulling around in my head.”

（这东西一直在我脑海中酝酿。）

• “The more I keep［?］, I realise how little I know.”

（我越注意，越意识到自己知道的太少。）

• “That irks my feelings.”

（这让我感到厌烦。）

• “He would have made short work of me in a hurry.”

（他会匆忙地给我安排一份短期工作。）

• “The thing is that I'm serious.”

（问题是，我是认真的。）

• “It just got all scrabbled up in my head.”

（我的脑子里一团糟。）

• “evolved”（发展了的）写成了 “involved”（涉及）。“And it involved into a bad situation.”（而且情况变得更糟了。）

• “I had a circumstance happen.”

（我遇到了一个情况。）

• “Whatnot.”（等等）“And whatnot.”（诸如此类）

• “sit”（坐下）变成 “set”（设置）。“Set down. Go on and set yourself down here.”（坐下吧。继续坐在这里。）

• 学术口吃（不是真的口吃；压抑和密集的口吃，被阻碍的爆破音。——“The

the the the radical discontent of business under the New Deal."（对新政下的商业活动极度不满。）

• "Just let them get it under their belt and chew on it a while."（就让他们完成这件事并且仔细考虑一会儿吧。）

T. A. EDISON.

Menlo Park, N. J., ...187

Auto-Electrograph = Electric Pen
Tel-autograph
Tel-autophone.
Polyphone = Manifold sounder
Autophone = Self sounder
Kosmophone = Universal sounder
Acoustophone = Sound hearer. = Audible speaker
Otophone = Ear-sounder = speaker.
Antiphone = Back-talker
Liquphone = Clear speaker
Minuttophone = minute-sounder
Meistophone = smallest sounder
Anchiphone = Near sounder or speaker
Palmatophone = Vibration sounder
Chronophone = Time-announcer = Speaking clock
Didaskophone = Teaching speaker = Portable teacher
Glottophone = Language sounder or speaker
Climatophone = Weather announcer.
Atmophone = Fog sounder. or Vapor-speaker.

留声机的命名

托马斯 · 爱迪生 （Thomas Edison）

1877 年 11 月

1877 年 11 月，多产的美国发明家托马斯 · 爱迪生开始了他最新的项目——旧式留声机，这是一个革命性的创造，它不仅可以记录声音，还能重播，直接影响了多年之后新式留声机的发展。为了给这个新发明找一个合适的名称，爱迪生和他的同事们想出了很多潜在可能的名字——大多都带有希腊和拉丁词根——都整理在了这张清单上。

Auto-Electrograph = 电笔

Tel-autograph

Tel-autophone

Polyphone = 多音器

Autophone = 自动音响器

Kosmophone = 宇宙音响器

Acoustophone = 听音器 = 可听扬声器

Octophone = 耳音器 = 扬声器

Anitphone = 回应器

Liguphone = 清晰扬声器

Minuttophone = 分钟音响器

Meistophone = 小型音响器

Anchiphone = 近处音响器或扬声器

Palmatophone = 振动音响器

Chronophone = 报时器 = 语音钟表

Didaskophone = 讲学扬声器 = 便携讲学器

Glottophone = 语言音响器或扬声器

Climatophone = 天气播报器

Atmophone = 雾气音响器或蒸汽扬声器

Palmophone = 钟摆音响器或发声钟摆

Pinakophone = 语音记录器

Hemerologophone = 语音年鉴

Kalendophone = 语音日历

Sphygmophone = 脉冲扬声器

Halmophone = 心跳音响器

Seismophone = 地震音响器

Electrophone = 电子扬声器

Brontophone = 雷电音响器

Klangophone = 鸣啭音响器

Surigmophone = 口哨音响器

Bremophone = 流风扬声器

Palmophone = Pendulum sounder or Sounding Pendulum

Pinakophone = Speaking Register.

Hemerologophone = Speaking almanac

Kalendophone = Speaking Calendar

Sphygmophone = Pulse speaker

Halmophone = Heart-beat-sounder

~~Teratophone~~ =

Seismophone = Earthquake sounder

Electrophone = Electric Speaker.

Brontophone = Thunder sounder

Klangophone = Bird-coy sounder

Surigmophone = Whistling sounder

Bremophone = Wind sounder

Bittako-phone = Parrot speaker

Krogmophone = Croaking or Cawing sounder

Hulagmophone = Barking sounder

Trematophone = Sound borer.

Bittako-phone = 鹦鹉扬声器

Krogmophone = 蛙鸣或鸦啼音响器

Hulagmophone = 犬吠音响器

Trematophone = 声音钻孔器

Telephemist telephemy telepheme

Electrophemist electrophemy electropheme

Phemegraph = 言语记录仪

Omphegraph-gram = 声音记录仪或记录器

Melodograph Melograph Melpograph-gram = 歌曲记录仪

Epograph = 言语、授课或布道记录仪

Rhetograph = 言语记录仪

Kinemograph = 移动记录仪

Atmophone = 蒸汽声

Aerophone = 空气声

Symphraxometer = 压力测试器

Synothemeter = 压力测试器

Orcheograph = 振动记录仪

Orcheometer

Telephemist. telephemy. telepheme.
Electrophemist. electrophemy electropheme.

(PHONOGRAPH)
(1877?)

Phemegraph. - speech writer.
Omphegraph. gram. - voice writer or recorder.

Melodograph. Melograph. Melpograph. - gram. song writer.

Epograph - speech writer lecture or sermon
Rhetograph - " " .

Kinemograph = motion writer.

Atmophone ~~aerophone~~ = vapor or steam sound.
aerophone = air - sound.

Symphroxometer - pressure measurer.
Synothemeter - = pressure measurer.
Orcheograph = vibration record
Orcheometer

菲茨杰拉德的家书

弗朗西斯·斯科特·菲茨杰拉德
（Francis Scott Fitzgerald）
1933 年

1933 年 8 月，只有 11 岁的斯科蒂在离家很远的地方野营，当时她收到了一封令人振奋的家书，是由她的爸爸菲茨杰拉德所写的，对于这位写出几部极受欢迎的小说的父亲而言，写信显然也是轻而易举的。这封特别的信，列出了一份温情脉脉而令人受益终身的清单，告诉他的女儿需要注意和不要在意的事。

要注意的事

- 注意要有勇气
- 注意干净
- 注意效率
- 注意练好骑术
- 注意……

不要在意的事

- 不要在意别人的想法
- 不要在意打扮梳妆
- 不要在意过去
- 不要担心未来
- 不要担心成长
- 不要在意别人超越了你
- 不要在意胜利
- 不要担心失败，除非是自己的过失造成的
- 不要害怕蚊子
- 不要害怕苍蝇
- 不要害怕那些虫子
- 不要担心父母
- 不要在意男孩子
- 不要担心失望
- 不要担心快乐
- 不要担心满足

需要考虑的事

- 我的真正目标是什么？
- 在以下这些方面，我和同龄人相比算做得够好吗？

A. 学问

B. 我真的能够理解别人并且和他们很好地相处吗？

C. 我是否足够努力，使身体成为有用的工具，还是我忽略了这件事？

最爱你的父亲

玛丽莲 · 梦露的梦中情人

玛丽莲 · 梦露 （Marilyn Monroe）

1951 年

1951 年，正当一群女生一边翻阅《演员指南》，一边大谈时下的演员时，当时 25 岁的冉冉升起的新星玛丽莲·梦露对她的室友兼演员谢利 · 温特斯说："像男人一样有许多床上伴侣，只睡那些最有魅力的男人，却不卷入任何感情，不是很棒吗？"然后，她们拿了支笔坐了下来，写下了这些满足上述条件的男人。以下是梦露的魅力男人清单。

1. 泽罗 · 莫斯苔
2. 埃里 · 瓦拉赫
3. 查尔斯 · 博耶
4. 让 · 雷诺阿
5. 李 · 斯特拉斯伯格
6. 尼克 · 雷
7. 约翰 · 休斯顿
8. 伊利亚 · 卡赞
9. 哈里 · 贝拉方特
10. 伊夫 · 蒙当
11. 查尔斯 · 比克福德
12. 欧内斯特 · 海明威
13. 查尔斯 · 劳顿
14. 克利福德 · 奥德茨
15. 迪恩 · 贾格尔
16. 阿瑟 · 米勒
17. 阿尔伯特 · 爱因斯坦

文明人的品质

安东 · 契诃夫 （Anton Chekhov）

1886 年 3 月

1886 年 3 月，当时 26 岁的备受赞誉的俄国作家兼医生安东 · 契诃夫给他那位有许多问题的哥哥写了一封十分真挚的信。他的哥哥尼古拉是一位极具天赋的画家和作家，尽管只有 28 岁，却饱受酗酒折磨，以致常睡在大街上，日子过得混混沌沌，白白浪费了他身为艺术家的天赋。下面的内容是信中的一张清单——文明人表现出的 8 种品质——事实上，契诃夫尝试用这封信来唤醒他哥哥逐渐忘记的品质。

然而，契诃夫的努力最终付诸东流，尼古拉在 3 年后去世。

在我看来，有教养的人应具备以下条件：

1. 他们懂得尊重，总是宽容、温柔、礼貌、顺从。他们不会因为找不到锤子或橡皮而乱发脾气。和别人一起生活的时候，他们不会表现得像施恩于人；当他们离开时，也不会说："没有人能和你一块儿住！"他们可以包容噪音、寒冷、过熟的肉、玩笑话，还能接受别人待在自己家里。
2. 他们不仅仅同情乞丐和猫，甚至会因为肉眼看不见的事物而感到痛苦。例如，彼得获知他的父母因为很少见他（每次看见他的时候他都喝醉了）而失眠并且更加苍老之后，赶回了家，并把伏特加都送给了魔鬼。他们会为了帮助波列瓦耶夫，为了替他们的兄弟付上大学的费用，为了让他们的母亲穿上体面的衣服而彻夜难眠。
3. 他们尊重他人的财产，偿还自己的债务。
4. 他们非常诚实，害怕谎言如同害怕瘟疫。即使是最微不足道的小事，他们也不会说谎。谎言不仅是对倾听者的侮辱，也使得说话者在倾听者眼中显得卑俗。他们不摆架子，在外面和在家里一样，不向后辈炫耀。他们知道何时选择沉默，从不强迫别人信任自己。出于对他人的尊重，他们通常保持沉默。
5. 他们不会为了引发同情而贬低自己。不会随意拨动别人的心弦，让别人为了自己而忧愁担心。他们不会说："没有人能理解我！"或"我把天赋都浪费在了没用的事上！我……"因为这都显得很廉价，是庸俗的、虚假的、过时的。
6. 他们不会沉溺于无用之事。他们不会羡慕那些像假珠宝一般的与名人的友谊，与喝醉的普列瓦科握手，因在万象厅邂逅第一个人而狂喜，或是努力保持在酒馆中的好人缘。他们听到"我代表媒体"时就会发笑，这句话只适合罗泽维奇和列文伯格之流。他们干一分钱的活儿，就不会想着从中抽取一百卢布。他们也不会吹嘘自己能进入别人进不去的地方。真正有才的人总是寻求默默无闻。他们会融入人群，从不炫耀。克雷洛夫说过："一个空桶比装满水的桶更响。"
7. 他们有才华，也珍惜才华。为了施展才华，他们牺牲了舒适的生活、美女、美酒和虚荣。他们自引才华为傲，所以从不会出去和职业学校的员工或斯科沃尔佐夫的客人饮酒作乐。他们意识到自己的使命在于对这些人产生积极的影响，而不是与他们在一处厮混。更重要的是，他们很讲究。

8. 他们致力培养美感。他们不能忍受穿戴整齐地睡觉，看见墙上裂缝中的臭虫，呼吸腐浊的空气，在满是唾沫的地板上走路，或是在煤油炉旁吃饭。他们尽力抑制、升华自己的性本能……忍耐女人的勾引，绝不受她们的迷惑。应该怎么说呢？教养好的人不那么粗鄙。女人在他们眼里并不只是床伴……不会在假装怀孕或不知疲倦地编造谎言上展现自己的聪明。他们——尤其是他们当中的艺术家——需要自发地、优雅地、具有同情心地，对待一个将会成为母亲的女人，不是一个……他们在任何场合都不会狂饮伏特加，也不会经常去嗅壁橱，因为他们知道自己不是头猪。他们只会在空闲时喝酒，还要看时机是否凑巧。因为他们需要“健全的精神寓于健全的身体”。

这些就是有教养的人的为人处世之道。如果你想变得有教养，不想降低自己的身份，光读《匹克威克外传》，记住《浮士德》的独白是不够的。即使你打算下周再次匆忙离开，仅是想叫辆车去亚基曼卡街都不够。

你必须日夜努力，切勿忘记阅读和学习，锻炼你的意志，时间很珍贵。

PRESIDENT ROOSEVELT'S
LIST OF BIRDS

SEEN IN THE WHITE HOUSE GROUNDS AND ABOUT WASHINGTON DURING HIS ADMINISTRATION

(*Denotes a species seen on White House grounds)

NIGHT HERON. Five spent winter of 1907 in swampy country about one-half mile west of Washington Monument.
MOURNING DOVE.
QUAIL.
RUFFED GROUSE. One seen on Rock Creek.
SHARP-SHINNED HAWK.
RED-SHOULDERED HAWK.
*SPARROW HAWK. A pair spent the last two winters on and around the White House grounds, feeding on the sparrows—largely, thank Heaven, on English sparrows.
*SCREECH OWL. Steady resident on White House grounds.
*SAW-WHET OWL. A pair spent several weeks by the south portico of the White House in June, 1905.
KINGFISHER.
*YELLOW-BILLED CUCKOO.
HAIRY WOODPECKER.
*DOWNY WOODPECKER.
*SAPSUCKER.
*RED-HEADED WOODPECKER. Nests (one pair) on White House grounds.
*FLICKER. Nests (several pair) on White House grounds.
WHIP-POOR-WILL.
NIGHTHAWK.
*CHIMNEY SWIFT.
*HUMMINGBIRD.
KINGBIRD.

总统罗斯福的观鸟清单

西奥多·罗斯福 （Theodore Roosevelt）

1908 年

1908 年，在美国历史学家露西·梅纳德撰写她的新书《华盛顿及其附近的鸟类》（*Birds of Washington and Vicinity*）时，曾询问西奥多·罗斯福是否可以说说他在白宫附近看见过些什么鸟。作为一位狂热的观鸟者，罗斯福答复说：“我能为你做到的远不止这个，我可以给你列一张从我到这儿以来所观察到的一切鸟类的清单。”下面这份清单，就是他在 7 年半的任期内，在华盛顿及其附近观察到的 93 种鸟类。

罗斯福总统的观鸟清单

任期内在白宫广场，以及在华盛顿看到的鸟

（标*项目为在白宫广场看到的品种）

夜鹭。1907 年华盛顿纪念碑以西 1.5 英里处的沼泽地，曾有 5 只在那里过冬。

哀鸠。

鹌鹑。

松鸡。在罗克溪见过一只。

条纹鹰。

赤肩。

* 食雀鹰。过去两年，有一对在白宫庭院里过冬，猎食麻雀——感谢老天，大都是英国麻雀。

* 角鸮。白宫庭院的常驻居民。

* 棕榈鬼鸮。1905 年，有一对在白宫南廊驻足了几周。

翠鸟。

* 黄嘴杜鹃。

长嘴啄木鸟。

* 绒啄木鸟。

* 吸汁啄木鸟。

* 红头啄木鸟。有一对曾在白宫筑巢。

* 扑翅鴷。有几对曾在白宫筑巢。

三声夜鹰。

夜鹰。

* 烟囱雨燕。

* 蜂鸟。

霸鹟。

大冠蝇霸鹟。

菲比霸鹟。

绿霸鹟。

角百灵。

* 乌鸦。

* 鱼鸦。

* 圃拟鹂。有一对曾在白宫筑巢。

刺歌雀。

红翅黑鹂。

* 巴尔的摩金黄鹂。

草地鹨。

* 紫鹩哥。在白宫筑巢。常在初春出现。

* 紫朱雀。

* 蓟鸟（金翅雀）。

黄昏雀鹀。

* 白喉带鹀。常啼，今年整个冬天不时啼啭。

* 树雀鹀。

* 棕顶雀鹀。筑巢。

原野雀鹀。

* 灯草鹀。

* 歌带鹀。筑巢。

* 狐色带鹀 。

* 主红雀。

唧鹀。

* 靛蓝维达雀。筑巢。

唐纳雀。

紫崖燕。

* 家燕。

树燕。

崖沙燕。

* 雪松太平鸟。

呆头伯劳。

* 红眼莺雀。筑巢。

* 歌莺雀。筑巢。

* 黑白森莺。筑巢。

* 黄背蓝林莺（森莺）。

* 栗颊林莺。

* 夏季黄雀。筑巢。

* 黑喉蓝林莺。

* 黑喉绿林莺。

* 黄腰白喉林莺。

* 纹胸林莺。

* 栗胁林莺。

* 栗胸林莺。

* 白颊林莺。

* 橙胸林莺。

草原林莺。

灶鸟。

水鸫。

黄腹地莺。

* 黄喉地莺。

蚁鵙。

* 蓝翅虫森莺。

* 加拿大威森莺。

* 红尾鸲。在白宫筑巢。

鹨。

嘲鸫。

* 猫声鸟。在白宫筑巢。

鸫鸟。

莺鷦鹩。

* 卡罗苇鷦鹩。

长嘴沼泽鷦鹩。

* 美洲旋木雀。

* 白胸鳾。

* 须针尾雀。在白宫筑巢。

* 山雀。

* 金冠戴菊。

* 红冠戴菊。

蚋莺。

* 画眉。在白宫筑巢。

* 蓝知更鸟。

* 知更鸟。在白宫筑巢。

学员的信条

弗兰克 · 劳埃德 · 赖特 （Frank Lloyd Wright）

1943 年

弗兰克 · 劳埃德 · 赖特可以说是有史以来最成功的建筑师之一。1932 年，他开办了弗兰克 · 劳埃德 · 赖特建筑学院（塔里耶森），并招了 23 名学生。接下来的 27 年里，直到他逝世前，赖特都一直和他的众多学生一起生活，其中有一部分学生在毕业之后进入他的公司工作。直到今天，塔里耶森还在招收和培养学生。赖特在 1943 年的回忆录《弗兰克 · 劳埃德 · 赖特：一部自传》（*Frank Lloyd Wright: An Autobiography*）中，列举了塔里耶森学员的信条。

学员的信条

1. 健康的身体与诚实的自我——良好的相关性
2. 对真理与自然的爱
3. 真诚和勇气
4. 行动能力
5. 审美意识
6. 赞同工作即创意，创意即工作
7. 富有想象力
8. 虔信与反叛的能力
9. 无视平庸（死板的）美感
10. 本能的合作意识

书店

伊塔洛 · 卡尔维诺 （Italo Calvino）

1979 年

伊塔洛 · 卡尔维诺在 1979 年出版的《如果在冬夜，一个旅人》（*If on a Winter's Night a Traveler*），是一本让人沉迷的小说。这本书的主角正是“你”，即读者，正想要买卡尔维诺的小说《如果在冬夜，一个旅人》，在小说第一章的特殊段落中，你进入了一间拥挤的书店，里面摆满了下列清单上的各种书，而你急于想从中找到卡尔维诺的书在哪里。

- 没有读过的书；
- 不需要看的书；
- 并非出于阅读目的而制作出来的书；
- 不用看就知道其内容的书，原因是它们尚未写出来时就已经属于看过的书之列；
- 如果你能活上几次的话也许会看的书，可惜你只有一次生命，活着的日子有限；
- 你想看的书，但要在看过别的书之后才会看；
- 当下价格昂贵，必须等到打折时才会买走的书；
- 出平装本时你才会买的书；
- 可以向人借到的书；
- 大家都读过，因此你也似乎读过的书；
- 你早已计划要看的书；
- 你多年来求而不得的书；
- 与你现在的工作有关的书；
- 你希望能放在手边随时查阅的书；
- 现在虽不需要，但或许可以在今年夏天看的书；
- 需要与放在书架上的其他书籍一同阅读的书；
- 莫名其妙突然产生强烈好奇心，让你想要购买的书；
- 早已看过但现在需要重读的书；
- 你一直谎称读过的，现在需要下决心一读的书；
- 对你有吸引力的作者或题材的新书；
- 作者或题材缺乏新鲜感的新书（对你而言或对大家而言都是如此）；
- 完全不了解的作家或题材的新书（至少对你来说是如此）。

清单 No. 117

to roll
to crease
to fold
to store
to bend
to shorten
to twist
to dapple
to crumple
to shave
to tear
to chip
to split
to cut
to sever
to drop
to remove
to simplify
to differ
to disarrange
to open
to mix
to splash
to knot
to spill
to droop
to flow

to curve
to lift
to inlay
to impress
to fire
to flood
to smear
to rotate
to swirl
to support
to hook
to suspend
to spread
to hang
to collect
of tension
of gravity
of entropy
of nature
of grouping
of layering
of felting
to grasp
to tighten
to bundle
to heap
to gather

动词汇编： 和自身相关的行为

理查德 · 塞拉 （Richard Serra）

1967—1968 年

20 世纪 60 年代末，美国雕塑家理查德·塞拉写下了“动词汇编：和自身相关的行为”——一个主要由动词不定式构成的清单，这些动词都能够用于描述艺术创造过程中的动作。他在之后的工作规划中用上了这份清单。

to roll	[滚]
to crease	[弄皱]
to fold	[折叠]
to store	[存储]
to bend	[弯曲]
to shorten	[缩短]
to twist	[拧扭]
to dapple	[打斑点]
to crumple	[弄皱]
to shave	[撕]
to tear	[割裂]
to chip	[削]
to split	[分裂]
to cut	[切]
to sever	[切开]
to drop	[滴]
to remove	[除去]
to simplify	[简化]
to differ	[相异]
to disarrange	[弄乱]
to open	[打开]
to mix	[混合]
to splash	[泼溅]
to knot	[打结]
to spill	[泼出]
to droop	[下垂]
to flow	[流]
to curve	[弯成弧线]
to lift	[抬起]
to inlay	[镶]
to impress	[印]
to fire	[燃烧]
to flood	[淹没]
to smear	[涂抹]
to rotate	[转动]
to swirl	[打转]
to support	[支撑]
to hook	[钩住]
to suspend	[悬挂]
to spread	[展开]
to hang	[悬垂]
to collect	[聚积]
of tension	[受张力作用]
of gravity	[受重力作用]
of entropy	[熵变]
of nature	[受自然力作用]
of grouping	[归类]
of layering	[分层]
of felting	[毡合]
to grasp	[抓取]
to tighten	[收紧]
to bundle	[捆绑]
to heap	[堆]
to gather	[收集]
to scatter	[散开]
to arrange	[排列]
to repair	[修复]
to modulate	[调节]
to distill	[提取]
of waves	[波动]
to discard	[丢弃]
to pair	[配对]

to scatter
to arrange
to repair
to discard
to pair
to distribute
to surfeit
to complement
to enclose
to surround
to encircle
to hide
to cover
to wrap
to dig
to tie
to bind
to weave
to join
to match
to laminate
to bond
to hinge
to mark
to expand
to dilute
to light

to modulate
to distill
of waves
of electromagnetic
of inertia
of ionization
of polarization
of refraction
of simultaneity
of tides
of reflection
of equilibrium
of symmetry
of friction
to stretch
to bounce
to erase
to spray
to systematize
to refer
to force
of mapping
of location
of context
of time
of carbonization
to continue

to distribute [分配]
to surfeit [过剩]
to compliment [称赞]
to enclose [封闭]
to surround [围绕]
to encircle [包围]
to hide [隐藏]
to cover [覆盖]
to wrap [包裹]
to dig [挖]
to tie [系]
to bind [绑]
to weave [编]
to join [加入]
to match [匹配]
to laminate [层压]
to bond [结合]
to hinge [连接]
to mark [做记号]
to expand [扩大]
to dilute [冲淡]
to light [上光]
of electromagnetic [受电磁作用]
of inertia [受惯性作用]
of ionization [电离化]
of polarization [极化]
of refraction [折射]
of simultaneity [同时发生]
of tides [受潮汐作用]
of reflection [反射]
of equilibrium [平衡]
of symmetry [对称]
of friction [摩擦]
to stretch [伸展]
to bounce [反弹]
to erase [抹去]
to spray [喷]
to systematize [体系化]
to refer [查阅]
to force [强迫]
of mapping [绘制]
of location [受位置作用]
of context [受环境作用]
of time [受时间作用]
of carbonization [炭化]
to continue [连续]

梦幻龟甲

玛丽安 · 穆尔 （Marianne Moore）

1955 年

1955 年，福特公司为了给寄予厚望的新车命名，决定找一位最意想不到的人来协助解决此事，他们找到了普利策奖的获奖诗人玛丽安 · 穆尔。福特公司市场调研部的员工罗伯特 · 扬的妻子认识穆尔，他通过妻子给穆尔写了一封信，穆尔同意帮忙，并向他们提供了许多有趣的名字。所有的名字都按照时间顺序在下面列出。她最后的建议，是在 12 月 8 日寄给扬的一个绝妙名字，叫“梦幻龟甲”。令人难以置信的是，福特无视了穆尔所有的主意，而将他们的新车命名为“埃德塞尔”，以失败收场。

The Ford Silver Sword	[福特银剑]
Hirundo	[燕子]
Aerundo	[燕子]
Hurricane Hirundo	[飓风之燕]
Hurricane Aquila	[飓风之雕]
Hurricane Accipter	[飓风之鹰]
The Impeccable	[无懈可击]
Symmechromatic	[对称色]
Thunderblender	[雷霆搅拌者]
The Resilient Bullet	[弹性子弹]
Intelligent Bullet	[智慧子弹]
Bullet Cloisonné	[珐琅子弹]
Bullet Lavolta	[伏尔特子弹]
The Intelligent Whale	[智慧鲸鱼]
The Ford Fabergé	[福特法贝热]
The Arc-en-Ciel	[彩虹]
Arcenciel	[彩虹]
Mongoose Civique	[公民猫鼬]
Anticipator	[先发制人者]
Regna Racer	[帝皇疾行者]
Aeroterre	[天地]
Fée Rapide Comme Il Faire	[迅疾如仙]
Tonnere Alifère	[羽翼雷霆]
Aliforme Alifère	[翼形翼]
Turbotorc	[涡轮发动]（此词在普利茅斯作形容词用）
Thunderbird Allié	[联合雷鸟]
Thunder Crester	[雷霆登峰者]
Dearborn Diamante	[钻石迪尔伯恩]
Magigravure	[魔法雕刻]
Pastelogram	[粉彩绿豆]
Regina-Rex	[女王—国王]

Taper Racer	[锐行客]
Taper Acer	[锐形械]
Varsity Stroke	[大学冲程]
Angelastro	[天穹使者]
Astranaut	[宇航者]
Chaparral	[短槲丛]
Tir à l'arc	[公牛之眼]
Cresta Lark	[造极云雀]
Triskelion	[三曲腿]
Pluma Piluma	[飞毛腿]
Adante con Moto	[流畅行板](形容好的发动机?)
Turcotinga	[绿松伞鸟]
Utopian Turtle-top	[梦幻龟甲]

编剧建议

比利 · 怀尔德 （Billy Wilder）

20 世纪 90 年代晚期

传奇的电影制作人比利 · 怀尔德编写和执导了一些好莱坞最具标志性的电影，例如被他施下了魔力的经典作品《桃色公寓》(*The Apartment*)、《热情如火》(*Some Like It Hot*)以及《双重赔偿》(*Double Indemnity*)，仅这 3 部，就足以让他成为史上获得最多学院奖提名的导演之一。在 50 年多产的电影生涯中，他都是好莱坞真正的自然力量和值得被聆听的声音之一。20 世纪 90 年代后期，他给编剧们传授有关电影制作的智慧，并写成了清单。

1. 观众的喜好变化无常。
2. 要扼住他们的喉咙，绝不要松手。
3. 为你的主角设计一条清晰的行动线。
4. 你要知道故事往哪儿发展。
5. 你把剧情点隐藏得越巧妙越从容，你就越是一个好编剧。
6. 如果你在第三幕遇到问题，那么真正的问题必出现在第一幕。
7. 来自刘别谦的小建议：让观众自己去把 2 和 2 相加，他们会永远爱你。
8. 做旁白时，注意不要讲述观众已经看到的东西。加上他们正在看的。
9. 第二幕发生的事件要能引发电影的结局。
10. 第三幕必须建立建立再建立在节奏和动作之上，并一直保持到最后一个事件，然后——就成了。别拖拖拉拉。

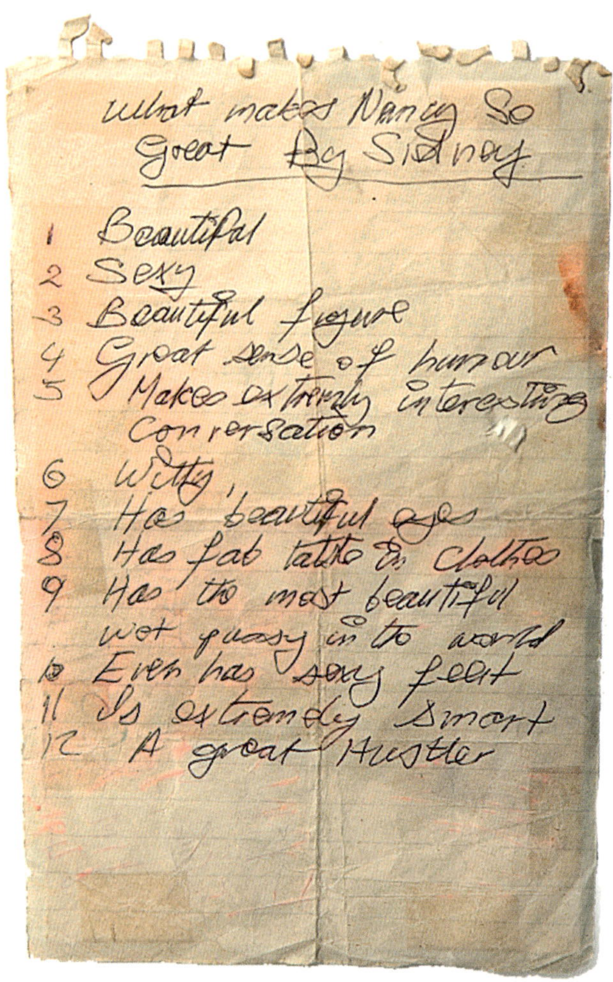

What makes Nancy So great By Sidney

1 Beautiful
2 Sexy
3 Beautiful figure
4 Great sense of humour
5 Makes extremely interesting conversation
6 Witty,
7 Has beautiful eyes
8 Has fab taste in clothes
9 Has the most beautiful wet pussy in the world
10 Even has sexy feet
11 Is extremely Smart
12 A great Hustler

是什么让南茜这么棒？

席德 · 维瑟斯 （Sid Vicious）

1978 年

1978 年，深陷困境的“性手枪”（Sex Pistols）乐队偶像贝斯手席德 · 维瑟斯手写了一张清单，列下了是什么让和他在一起两年的女友南茜 · 斯庞根“这么棒”。不幸的是，就在那年的 11 月，南茜被发现腹部中刀，死于他们合住的曼哈顿的酒店房间里。4 个月后，1979 年 2 月 2 日，在他因被指控涉嫌谋杀而受审之前，席德因吸食过量海洛因而亡。

是什么让南茜这么棒?

1. 美丽
2. 性感
3. 漂亮的身材
4. 非常幽默
5. 言谈风趣极了
6. 机智
7. 有双漂亮的眼睛
8. 衣服上的味道好闻
9. 有世界上“最湿的妹妹”
10. 甚至脚也很性感
11. 极其聪明
12. 一个厉害的小骗子

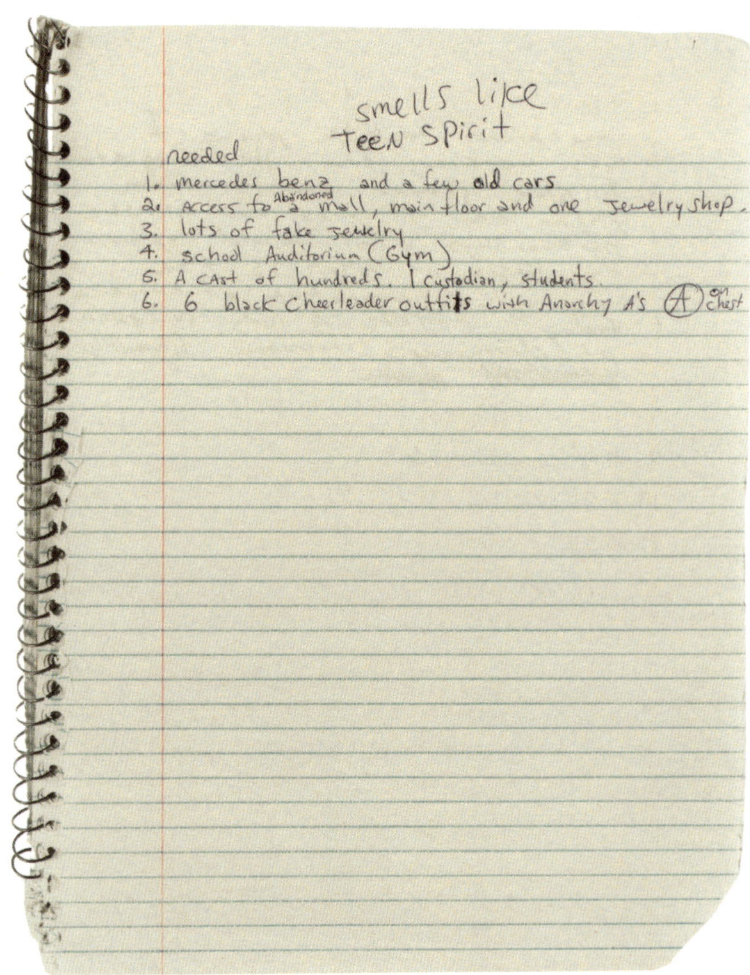

少年心气

科特 · 柯本 （Kurt Cobain）

1991 年

科特 · 柯本写下这张清单时，正值 24 岁，将要成为主流明星。清单内容是制作他乐队的第二张专辑《别介意》(Nevermind) 的主打单曲《少年心气》(Smells Like Teen Spirit) 的音乐短片所需的几样东西。他和队友们当时不会知道，这首单曲、音乐短片和这张专辑都将获得奖项，并成为经典。他的涅槃乐队成为那个世代最具影响力的乐队之一。

《少年心气》

需要

1. 梅赛德斯 - 奔驰和几辆旧汽车。
2. 进入一间废弃的购物中心，主楼层，以及一家珠宝店。
3. 很多假珠宝。
4. 学校礼堂（体育馆）。
5. 几百个演员。一名看守，学生。
6. 六名穿着胸前印有无政府主义标志的黑色衣服的拉拉队队员。

清单 No. 122

I don't give readings either unless I'm offered a very large fee. E.W.

EDMUND WILSON REGRETS THAT IT IS IMPOSSIBLE FOR HIM TO:

READ MANUSCRIPTS,
WRITE ARTICLES OR BOOKS TO ORDER,
WRITE FOREWORDS OR INTRODUCTIONS,
MAKE STATEMENTS FOR PUBLICITY PURPOSES,
DO ANY KIND OF EDITORIAL WORK,
JUDGE LITERARY CONTESTS,
GIVE INTERVIEWS,
CONDUCT EDUCATIONAL COURSES,
DELIVER LECTURES,
GIVE TALKS OR MAKE SPEECHES,
BROADCAST OR APPEAR ON TELEVISION,
TAKE PART IN WRITERS' CONGRESSES,
ANSWER QUESTIONNAIRES,
CONTRIBUTE TO OR TAKE PART IN SYMPOSIUMS OR "PANELS" OF ANY KIND,
CONTRIBUTE MANUSCRIPTS FOR SALES,
DONATE COPIES OF HIS BOOKS TO LIBRARIES,
AUTOGRAPH BOOKS FOR STRANGERS,
ALLOW HIS NAME TO BE USED ON LETTERHEADS,
SUPPLY PERSONAL INFORMATION ABOUT HIMSELF,
SUPPLY PHOTOGRAPHS OF HIMSELF,
SUPPLY OPINIONS ON LITERARY OR OTHER SUBJECTS.

10

遗憾的事

埃德蒙·威尔逊 （Edmund Wilson）

日期未知

随着知名度的上升，文学评论家埃德蒙·威尔逊发现自己似乎永远在回复邮件，以致无法专注于自己的工作。他最终的解决办法是，给所有因有所求与他联系，而他爱莫能助的人，寄去一张预先打印好的清单，上面列下了他虽然感到遗憾但不可能做到的事情。不幸的是，关于威尔逊这种独特的拒绝信件的消息很快便流传开了，一时之间，讨要这份清单的信件就将他淹没。

我不会读任何信件了，除非有人给我一大笔钱。E.W.

埃德蒙·威尔逊虽然感到遗憾但不可能做到的事

读手稿，
按要求写文章或书，
写前言或引言，
写用作宣传目的的文章，
做任何形式的编辑工作，
文学比赛评判，
接受采访，
举办教育课程，
讲课，
公共谈话或演讲，
做广播节目或上电视，
参加作家大会，
回答调查问卷，
组织、参加座谈会，或者任何形式的事务委员会，
为销售而捐献手稿，
给图书馆捐赠书稿，
给陌生人签名，
允许自己的名字被用在信头，
提供自己的个人信息，
提供自己的照片，
为文学或其他学科提出意见。

SATCHEL'S RULES FOR THE GOOD LIFE

1. Avoid fried foods cause they angers up the blood.
2. If your stomach disputes you, lay down and pacify it with cool thoughts.
3. Keep the juices flowin' by janglin' 'round gently as you move.
4. Go very light on vices such as carryin' on in society. The social ramble just ain't restful.
5. Avoid runnin' at all times.
6. Don't ever look back. Somethin' might be gainin'.

美好生活法则

萨奇 · 佩吉 （Satchel Paige）

时间未知

萨奇 · 佩吉是在黑人棒球联盟中公认的最成功的投手之一，他 20 岁时开始职业生涯，22 年之后才在美国职业棒球大联盟初次登台，成为大联盟史上出赛年龄最大的球员。1971 年他入选棒球名人堂，获得最高荣誉。在整个职业生涯中，他努力将自己的经验传授给尽可能多的人，在他递出的名片背面，印有他的建议清单。

萨奇的良好生活规则

1. 远离油炸食品，它们会激怒你的血液。
2. 如果胃和你吵架，那就放下争议，平心静气地抚慰它。
3. 在你运动时，需要轻度刺激以保持活跃。
4. 少些恶习，比如在社会上胡作非为，在社会里游走可不安宁。
5. 避免总是奔跑。
6. 永不回头，你有可能会被赶超。

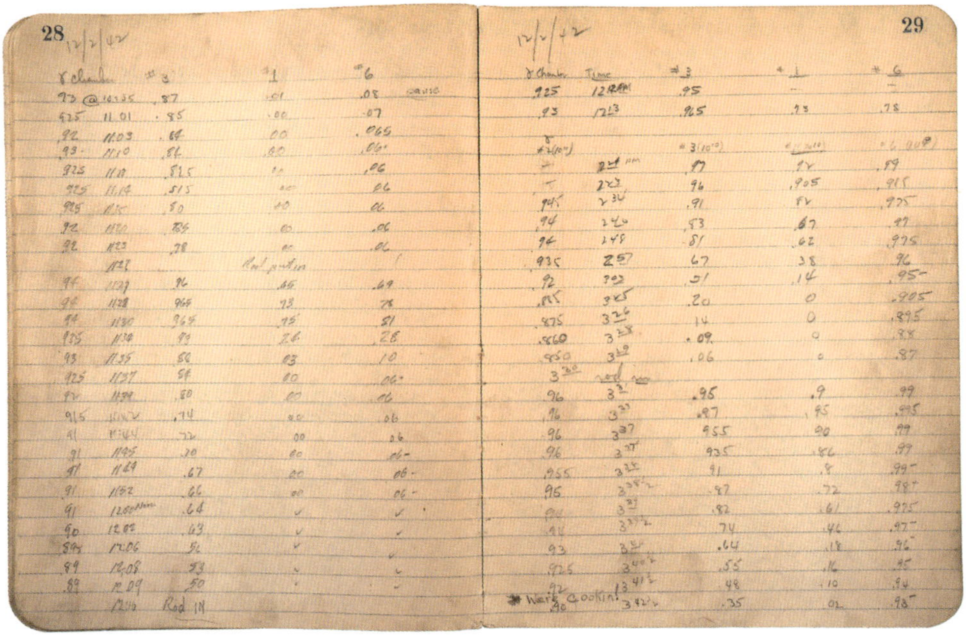

我们在煮饭！

理查德 · 瓦特 （Richard Watts）

1942 年 12 月 2 日

自 1939 年至 1945 年，因害怕德国会率先研制出原子弹，美国政府组织了一个庞大的团队，花费数十亿美元研发第一枚原子弹，这项计划被命名为“曼哈顿计划 ”。1942 年，计划取得了突破性的进展，物理学家们第一次成功地掌握了可操控的自给核反应链，理查德 · 瓦特把这次试验的结果记录在了他的笔记本上。这一页记录了当时核裂变反应的重要一刻，标注的是“我们在煮饭”。

在这张清单写成之后的第 3 年，" 曼哈顿计划 " 成功了，两颗原子弹投向日本，造成了超过 20 万人死亡。